学生・若手教師のための

特別支援教育のコツと技●（実践編）

辻 誠一［著］

フィリア

「特別支援教育のコツと技（教師力アップのために）」（日本文化科学社）を再刊行しました。

まえがき（改訂に当たって）

「私の専門は『体育』です。」

私の講義講演は、いつも決まってこの言葉から始まります。

部活の指導をしたくて、体育の教師になりたくて、毎日汗を流しながら運動に明け暮れた大学時代。

教員の世界で言う「体育の教師」になるという夢は果たせなかったものの、そのときの熱い想いは今でも忘れていません。

そして、その「体育の教師」へのこだわりと想いを忘れずにいたことが、光明の子どもたちと出会い、障がい児の体育に取り組む転機となりました。

今思えば、昭和54年養護学校義務制の年に赴任した宮城県立光明養護学校の子どもたちとの出会いと光明の教師としての在り方を示した次の言葉に「教育の心」や「教師としての生き方」の多くを学びました。

「光明の教育をとおして　人間の尊さと可能性を学び
　光明の教育をとおして　教師としての生き甲斐を知り
　　その子になくてはならない教師となり
　　　光明になくてはならない教師となれ！」

その後、子どもたちの成長を願い日々の授業や記録を実践としてまとめ続け平成４年に「実践ヒントシート96」を出版し、その後、平成15年に「特別支援教育のコツと技」の初版を出版、今回、さらに「特別支援教育のコツと技（実践編）」として出版することができました。

平成15年当初は、特別支援教育がスタートラインに立ったばかりの時期であり、全国どの都道府県でも、手探り状態で特別支援教育の理解啓発に全力を尽くしていたのを記憶しています。

その当時、ちょうど私自身も宮城県教育委員会で、この特別支援教育の推進充実に携わりました。真っ白のキャンバスに宮城県における特別支援教育推進の設計図を仲間と苦労しながら創り上げたのを覚えています。

あれから既に10年以上が経過し、この間、特別支援教育や発達障害に関するたくさんの書籍や研究物が出版されました。

また、各都道府県では、特別支援教育推進の手順や方法論の違いはあったものの、現在の特別支援教育の充実発展ぶりには目を見張るものがあります。

しかし、学校現場や教師の意識の現実はどうでしょう！

毎日の忙しさにかまけ笑顔や意欲が感じられない教師、子どもたちの指導よりＴＴ等の人間関係で悩んでいる教師、できないのは障がいのためと決めつけのレッテルを貼る教師等々、特別支援教育の充実発展に対応できるだけの教師一人一人の力量がまだまだ不十分だと感じています。

特別支援教育のさらなる充実発展の鍵もやはり「教育は人なり」です。いつの時代も教師の仕事は、目の前の子どもたちの成長・発達に責任を持ち、心の通った教育を実践することです。

特別支援教育というシステムの変化や目新しさにだけ気を奪われることなく、今まで障がい児教育の中で培った基本的ノウハウをもう一度しっかりと身に付け、特別支援教育をさらに充実させることを願っています。

そのためにもぜひ、教師を目指す学生の皆さんや若手教師の皆さんには、教師の仕事について再確認していただき、教師としての生き方や特別支援教育を担当する教師に必要な力量について理解し、「教育」という仕事に自覚と責任を持ち、「プロの教師」を目指して欲しいのです。

本書は、私の教職生活38年間を振り返り、私自身が実践し、経験した特別支援教育のプロの技と心をまとめたものであり、学生の皆さん、幼稚園・小学校・中学校・高等学校の全ての先生方にも具体的に分かりやすく、教師力アップが図れるよう特別支援教育に役立つ実践学を解説しました。

最後に教師という仕事や学校で行われている特別支援教育への取組を理解するために、ちょっと気になる子どもたちをお育てのお母さん・お父さん方にもご一読いただければ幸いです。

二〇一五年四月

辻　誠一

この本の利用の仕方

この本は、特別支援教育に少しでも関心のあるお母さん方や先生方に、特別支援教育のプロの技のノウハウをやさしく理解していただくための入門的な解説書です。

読者のみなさんがわかりやすいようにページの上や本文中の囲みのなかにポイントやヒントを多く盛り込みました。

ぜひ、今、あなたが知りたいページから、お読みください。

必ず、解決の糸口が見えてきます。

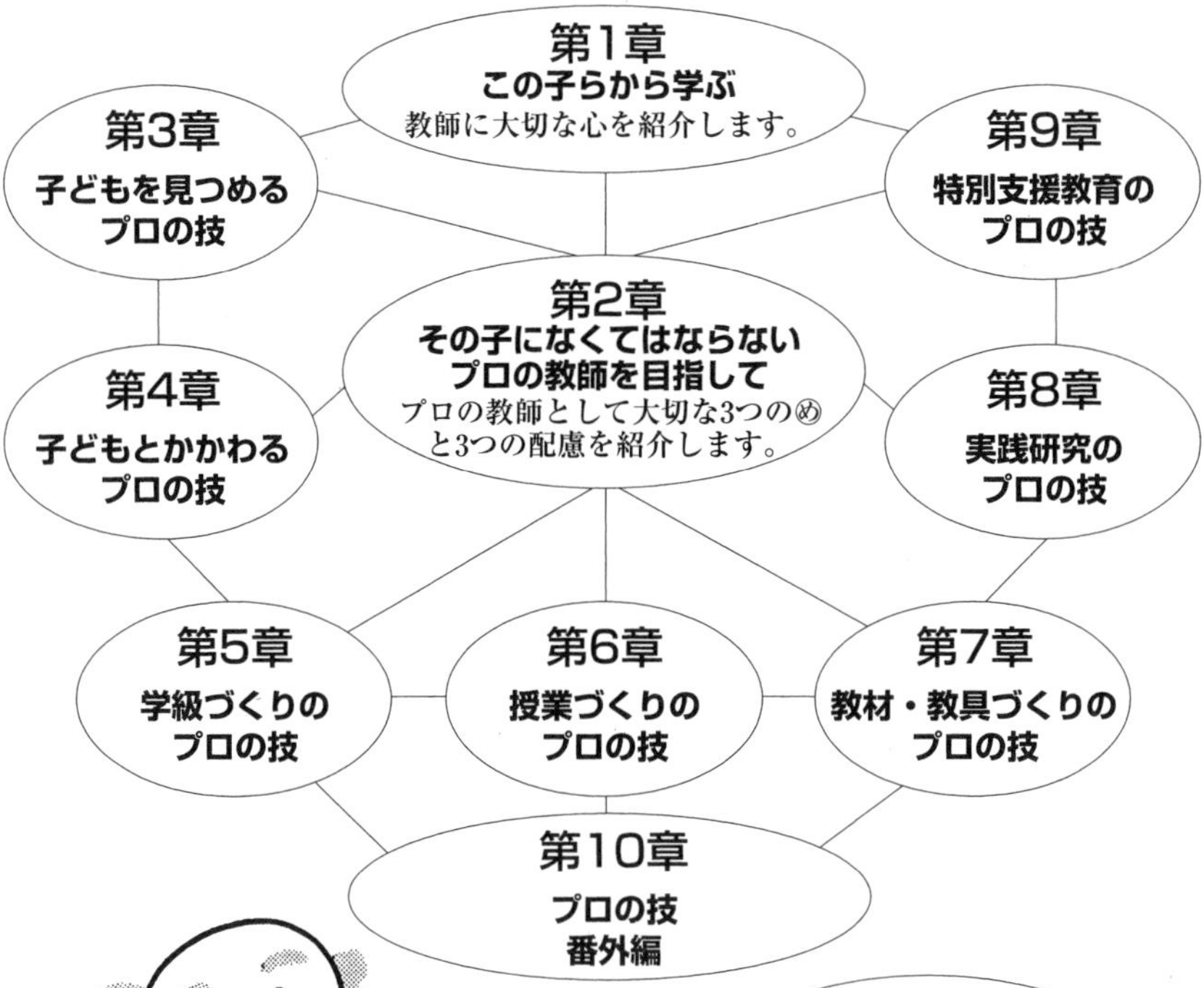
第1章
この子らから学ぶ
教師に大切な心を紹介します。
第3章
子どもを見つめる
プロの技
第9章
特別支援教育の
プロの技
第2章
その子になくてはならない
プロの教師を目指して
プロの教師として大切な3つの㋱と3つの配慮を紹介します。
第4章
子どもとかかわる
プロの技
第8章
実践研究の
プロの技
第5章
学級づくりの
プロの技
第6章
授業づくりの
プロの技
第7章
教材・教具づくりの
プロの技
第10章
プロの技
番外編

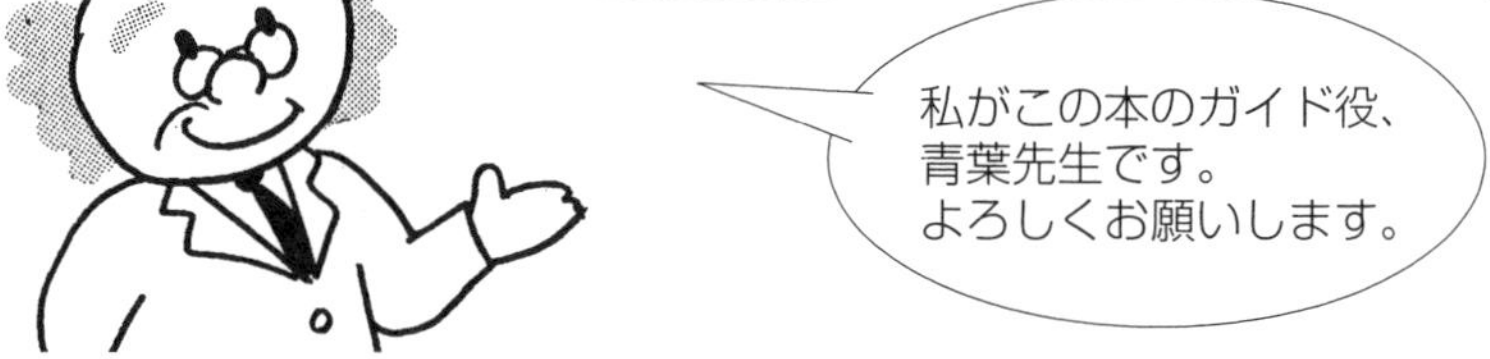
私がこの本のガイド役、
青葉先生です。
よろしくお願いします。

読者のみなさんに、本文をよりいっそうご理解いただくために、簡単に私の略歴を紹介いたします。

小学校勤務の後、昭和54年度（養護学校義務制の年）から養護学校に勤務し、重度・重複障がい児の教育に携わりました。その後14年間養護学校で小学部や高等部の教育及び進路指導にも携わり、この子らから学んだすべてが、教師としての大きな財産となりました。

第5章　学級づくりのプロの技

第6章 授業づくりのプロの技

第9章 特別支援教育のプロの技

第10章 プロの技 番外編

第1章

この子らから学ぶ

この章では、著者が体験した養護学校義務制時代を回顧し、プロの教師としての大切な心や技術のポイントをキーワードとして紹介します。

このキーワードが教育を支える教師の心やプロの教師の指導技術全体にかかわっていきますので、まずお読みください。

1　その子になくてはならない教師となれ

●涙の手づくり入学式
●泣き叫ぶ子ら、涙ぐむ母親―ぼくらも学校に来れたよ―

昭和五十四年、義務化の意味する教育の重さ

後から知ったことですが、障がい児教育について何も知らない私が宮城県立光明養護学校に縁があって赴任したのは、「養護学校義務制」といって今まで障がいが重くて学校に来れなかった子どもたちが全員学校に来れるようになった記念すべき年だったのです。

この記念すべき年が、どんなにすごい意味を持っていたのか、その時はまったく知りませんでした。しかも、この時はまだ、私自身がこれほど障がい児教育にのめり込んでいくとは予想もしていなかったのです。

赴任しての最初の仕事は入学式に向けての準備でした。私にとっては今まで経験したこともない全職員が協力しての大がかりな花づくりや看板書きだったのです。

私たちがつくりあげた手づくり装飾の会議室で四月八日入学式は始まりました。小学校での入学式しか経験のない私は、当然華やかで希望に満ちた入学式を想像していたのです。しかし、そのイメージは式が始まって一分もたたないうちに崩れさってしまったのです。からだを緊張させ、何もわからず泣き叫ぶ子、その子らを抱きすくめ涙ぐむ母親、「わが子も学校に来れてよかった」と安堵する母親。今までの親子の

教師の大きな宿題

苦労など何も知らない私の心にも緊張と感動が広がり、初めて知った養護学校義務化の重さに驚かされました。そして、この後、校長挨拶で、私は一人の教師として大きな大きな宿題を与えられたのです。

「保護者のみなさん、新入学のみなさん、安心してください。この学校はみなさんのための学校です。」

「そして、この学校には、愛情豊かでみなさんのために一生懸命にがんばれる先生方だけがそろっているのです。」

「教師諸君、光明の教育をとおして、人間の尊さと可能性を学び、光明の教育をとおして、教師としての生き甲斐を知り、その子になくてはならない教師となり、光明になくてはならない教師となれ！」

この時の校長の挨拶を今でも思い出し、この言葉の重みを胸に刻み込んでいます。不易と流行の言葉どおり、いつの時代も、教育は人と人との出会いから始まり、子どもたちのために一生懸命になれる教師だけがプロの教師となれるのです。

2　野生児アベロンちゃんとの出会い

- 初めての訪問教育
- 勉強ってなんだろう
- 教具第一号「カギ」と「メガネ」

養護学校に赴任して、初めて経験したのが聞いたことも見たこともない訪問教育というものでした。学校の教室で勉強するのではなく、いろいろな教材を持って子どもたちの自宅へ直接出向き、部屋の片隅でいっしょに勉強するのです。

私の最初の担当は「小学部一年のA君」でした。A君は、就学相談資料では、寝たきりで歩けないはずでしたが、なんと驚いたことに、つい最近歩くことができるようになり、落ち着きのない性格も手伝い、少しもじっとできずに走り回っているという多動状態になっていたのです。

子どもにとって勉強ってなんだろう

この時から、A君との楽しく思い出深いかかわりが始まりました。アベロンちゃんというあだ名はA君があまりに多動で野生児のようだったため、先生方で付けたニックネームでした。

このアベロンちゃんとの学習は、まず、近くの公園や自宅近くの学校まで散歩し、ラポートづくりから始めました。この散歩は地域の子どもたちとも交流ができ、大きな効果がありました。最初は「この子へん！」と遠くから見ているだけだった子どもたちが、だんだんといっしょに鬼ごっこをしたり遊んでくれるようになったのです。

しかし、いつまでも散歩だけでは勉強にならず、いつしかこの子にも何か学習らしいことができないかという想いが強くなってきました。でもどうやっても落ち着いて学習してくれません。（鉛筆とノートを使って学習することだけが勉強ではないのですが……。その当時、私の頭がまだ堅かったのかもしれません。）

この子にとって「勉強ってなんだろう」、「楽しいことってなんだろう」と本気で考えさせられた時期でした。悩んだ末、もう一度行動の様子をしっかり観察してみるとこの頃のアベロンちゃんは「カギ」と「メガネ」に固執し、誰かれかまわず、相手のカギやメガネをわしづかみにして自分の物にしてしまい、学校でも家庭でもその固執性と乱暴さに手を焼いていたのです。

待てよ！　この固執性をこの子の学習になんとかいかせないだろうか？　私はさっそくベニヤ板で教具第一号「カギ」と「メガネ」の型はめをつくり、弁別学習を試みてみたのです。なんとこれが大成功！　少しも落ち着いて椅子《いす》に座っていなかったアベロンちゃんが、この型はめ学習をきっかけに、集中して椅子に座り、○×の弁別学習や大小の学習に自分から取り組むようになったのです。

これは、私にとって教える楽しさを実感させ、障がい児の教育の原点を知ることができた出会いとなりました。

学習のヒントは実態から

3　がんばり屋の哲ちゃん

- がんばり屋の親子
- コミュニケーションって何

哲ちゃんは、ピカピカの一年生。わが学級の人気者。脳性マヒのために車椅子の生活ですが、いつもニコニコ、とても明るく、笑顔のかわいいがんばり屋です。

哲ちゃんは言葉もなく緊張が強いため、学習に参加するのは大変でしたが、持ち前のがんばりと明るさでなんにでも積極的でした。

実態を見抜く大切さ

最初の頃、言葉のない哲ちゃんに対して、「理解力はどうなんだろう?」、「本当に理解しているのかな?」と疑いを持っていました。しかし、それは大きな間違いでした。感情豊かで、内言語もとても豊富で、なんでも良く理解していたのです。

言葉や反応だけに目を奪われ、哲ちゃんの実態を判断し、何もできないというレッテルを貼ってしまった自分を深く反省しました。そして、表面的な見方しかできなかった自分の教師としての未熟さを思い知らされたのです。

親子の絆の深さ

その後、哲ちゃんとのかかわりのなかから、ダッコの仕方、食事のさせ方、オムツ交換の仕方、人間って、幸せって、親子って……など、本当に多くのことを教えてもらいました。

そして、哲ちゃん以上にがんばり屋でわが子に対する愛情こまやかなお母さん、オムツ交換の下手な私を笑って見守ってくれました。

二十年後、哲ちゃんとお母さんは颯爽《さっそう》と車椅子マラソンにチャレンジし、大活躍しています。人にいえぬ苦労や悔しさはたくさんあったと思いますが、さすが、障がい児とともに歩む親の生き方として、爽やかでカッコ良すぎます。

4 切磋琢磨

- 親の目、報道取材、プレッシャーに負けるな
- 時間は自分でつくりだすもの
- 教師のやりがいと財産

教師としての充実感

通常の小学校で、元気いっぱいの子どもたちを相手にしてきた私にとって、光明養護学校に赴任した一年間は、子どもたちとのかかわり方に不安があっただけでなく、次のような三つの大きなプレッシャーがありました。

①お母さん方が毎日、教室の後ろから、「この先生はうちの子に何をしてくれるのだろうか」と心配で見守っている、いや観察していること。

②新聞社やテレビ局からの取材が多く、テレビカメラ等で常に撮影されていること。

③一学期の終わりには、シロートの私も先輩教師とともに県内の先生方に「重度・重複障がいの教育について」の講義を担当する予定になっていること。

でも、ここでこのプレッシャーに負けるわけにはいきません。毎日ホッとひと息つく時間も余裕もなく、まず、この子らとの学習やかかわり方をどのようにしたらいいのか考えさせられ、同僚の先生方と障がい児教育について勉強づけの毎日でした。勉強といっても、当時はまだ、専門書も少なく、先輩教師といっしょに、県内の訓練士や医者の先生方に直接話を聞きに行ったり、大学に資料を求めたりと、今の恵まれた学校現場では考えられないような状態からのスタートでした。

教師として何をどのように勉強していったらいいのか、まったく手探り状態だったこの時代。私にとっては、先輩教師と毎日、指導法について熱く語り合い、切磋琢磨でき、最高にやりがいのある楽しめた時代でした。

忙しさのなかにも「時間は自分でなんとかつくりだすもの」との先輩教師の教えのもと、教師としての充実感を感じ、障がい児教育に熱中していたのを覚えています。

養護学校義務制が始まり、まだまだ教育の内容方法がほとんど未開拓で、子どもたちから学び、理解し、実践を積み重ねた者だけが「勝ち」だった時代でした。当然、勝ち負けの問題ではないのですが……。

自分自身、いつになっても、教育に対するこのハングリー精神を失いたくないものです。

教育へのハングリー精神

5　豊かな自然に恵まれた光明養護学校

●沼、田んぼ、森を学習に生かせ
●地域を知り、地域を生かせ

地域から学び地域を生かす

私が赴任した光明養護学校は、その当時、仙台市の北東部に位置し、市の中心地に近い場所で、しかも豊かな自然いっぱいのすばらしい学習環境でした。

段差を生かした校庭、そのすぐ脇に小高い丘を半分きりくずした杉林の斜面、すぐ歩いていける沼や田んぼ、近くの団地につながる散策コースの森など、仙台市内の緑地地帯とでも言うかのような環境だったのです。

当然、この豊かな自然は子どもたちの学習活動に大いに役立ちました。

体力づくりのための山道や谷、小川を利用したマラソンコース・散歩コース、作業学習での田畑の整備・落葉や木の実を利用した遊び学習、そして、地域の人たちも参加したバザーなど、計画的に単元化し、一年間の各種の活動に大いに利用しました。

地域に根ざした学校として、地域を知り、地域を生かすことの大切さを改めて痛感した時期でした。

この思い出がいっぱいつまった光明養護学校も、今は仙台の西部にある団地に移転してしまい、新たな歴史を歩み始めています。

今では、あの思い出いっぱいの校舎跡は雑草の伸びるがままの状態となり、昔、子どもたちの元気な声が響いていた思い出だけが寂しく残っています。きっと、あなたにも心に残る思い出の学校があるのではないでしょうか。

今後ますます、どこの養護学校・障がい児学級でも、地域と連携を深め、地域にしっかり根を下ろした教育実践が必要となってきます。ぜひ、プロの教師として地域から愛される学校・教師を目指し、お互いに努力していきましょう。

地域から愛される学校・教師

6 日曜出勤・授業案づくり

●本音で議論できる教師集団
●全員でつくりあげた授業案
●仲間づくりが実践力をアップさせる

教師の情熱

十名のスタッフで出発した光明養護学校・重複部(その当時は、光明養護学校では、障がいの重い子どもたちをいっしょの学部にしていました)の結束はすばらしく、いつも笑い声が絶えず、なんの行事や仕事に対しても、互いに助け合い、一致団結し取り組んでいました。

ふだんの学習や授業研究の準備でも、必ず、遅れている仲間を励ましいっしょに歩んでいきました。この体制は、S主事を中心として、全員がスクラムを組み、この新たな「重度・重複障がい児の教育」を自分たちの手でなんとかしようという情熱からでてきたものでした。

そのため、学部での話し合いも毎日夜おそくまで続くのです。養護学校義務制一年目。一番最初の授業研究は本当に大変でした。

たった一時間の授業を展開するためになん時間もなん日も費やし、お互いの考えや意見をだしあい議論しつくしたのです。そのため、毎日の放課後だけの話し合いでは間にあわず、いつしか夜になり、しまいには日曜出勤へとなっていったのです。でも、この時の話し合いが、さらに学部の団結を強くし、本県における重度・重複障がい児教育の基礎をつくっていきました。

もちろん子どもたち一人一人を取り上げたケース会議や事例研究会でも同様に議論しあい、私は、この時の話し合いから多くを学び、現在の自分があるような気がします。

教師同士の切磋琢磨

教師同士の切磋琢磨という言葉がぴったりする重複部でした。「仲間づくりが実践力をアップさせる」の言葉どおり、一人学級の先生方も大規模養護学校の先生方も、もう一度、自分の周りを見回し、お互いに切磋琢磨できる仲間をつくりましょう。

7　親も子も教師も燃えた大運動会

- 深夜まで続く道具づくり、応援合戦
- よく学ぶ者こそ人の師足りうる
- 施して求めない愛情

なんにでも子ども以上に教師が団結し、燃え上がる光明養護学校そして重複部。当然、初めての運動会は、子どもたちが障がいのため自由に動けない分、教師のアイデア・発想が成功するかどうかのカギを握ることになりました。授業研究準備以上に、子どもたちにとっても教師にとっても楽しい運動会にしようと、準備段階から燃えに燃えました。

校庭の土手斜面に応援合戦用としてつくった二十メートル四方の幕を垂らし、重複部の車椅子の子どもが紐をひっぱるだけで瞬時に全面色が変化する工夫のすばらしさは映画のシーン顔負けのものでした。

運動会当日は、この大がかりな仕掛けに親も子も大喜びで、教師としてのやりがい・生きがいを感じたものです。

「よく学ぶ者こそ人の師足りうる。」

「施して求めない愛情。」

この言葉こそ、光明養護学校を支えてきた精神です。

仕事を楽しむ心の大切さ

教師の情熱とがんばり

この脈々と光明養護学校そして重複部の教師に受け継がれてきた教育への情熱は、今でも消してはならないものです。この精神をいつも忘れず、教師は仕事を楽しむ余裕をもって熱い心で燃えたいものです。

障がい児教育の内容方法が大きく変わろうとも、そして教師自身の価値観が多様化しようとも、やはり必要なものは教師の情熱です。

8　できることを生かす学芸会

●どの子も主役、手づくり学芸会
●教師は芸術家・作家、そして感性豊かな人間

できることを生かすことの大切さ

自分では手も体も動かせない。そして言葉もない。一見「ない」「ない」という言葉だけが脳裏をめぐり、「こんなに障がいの重い子どもたちにとっての学芸会ってなんだろう。」、「一体何ができるんだろう。」と当時は本気で悩みました。

その悩みを救ってくれたのが、動かない体を一生懸命動かそうとする子どもたちの明るく元気な笑顔でした。そこで、まず、その子ができることをもう一度チェックし、その子の良さをたくさん集め、自作の台本をつくるところから再出発したのです。

初めての学芸会でも、小道具づくりやバック絵書きでは運動会同様、チームワークを生かした共同作業（残業）が始まったのです。

そんなわれわれを見かねたのか、お母さん方から、協力の申し出があり、衣装づく

りに一生懸命取り組んでくれました。当然、子どもたちができることを生かした手づくりの学芸会は大成功。当日はどの子も自分のできることを生き生きと発表してくれました。そして、どの子も舞台のなかで主役となり、光り輝いたのです。

「教師は芸術家であり、作家であり、感性豊かな人間でなくてはならない。」

学芸会の台本づくりや大道具小道具づくりのなかで、先輩教師が教えてくれたこの言葉をいつまでも忘れません。

教師こそ感性豊かな人間であれ！

9　楽しく遊ぼう・野球ゲーム

●野球ゲームを工夫しよう
●光、音が効果大、大成功

野生児アベロンちゃんから「カギ」「メガネ」の型はめ教具の効果と授業を工夫する楽しさを教えられた私は、次に自力で動けない子どもたちのためにも何か楽しい活動を工夫しようとチャレンジを開始しました。

その当時、わが学級の子どもたちは、哲ちゃんをはじめ全員が、ボール遊びが大好きで、特に野球の話になると目を輝かせたり、ボールの転がる様子に興味を示す子どもたちがたくさんいました。しかし、子どもたちは体にハンディがあるため、自分では実際にバットを振ったり、ボールを投げたりできません。

でも、自力では動けないこの子どもたちに、なんとか野球ゲームの雰囲気だけでも味わわせたい、いっしょにゲームを楽しませたいという想いが強くなりました。そして、その想いがいつしかお母さんや子どもたち、教師の共通の願いに変わっていったのです。

教師の工夫 アイデア勝負

その後は当然のこと、自分たちの知識と技術を総動員してアイデアをひねりだし、この子どもたちでも楽しく遊べる「野球ゲーム」を工夫することができました。光や音の効果を利用し、効果音や雰囲気づくりにも気を配り、教室が東京ドームに変身してしまったのです。マヒのある哲ちゃんも紐を引くと簡単にバットが回転する教具に大満足で、なん度も挑戦してくれました。

教師のアイデア一つで授業が変わり、子どもたちが変わることを身をもって体験できた実践でした。

子どもも教師も明日を楽しみにできる学校を目指して

教師自身も授業の工夫を楽しみ、学習内容や教材・教具を工夫すれば、子どもたちも楽しく活動に参加してくれることを改めて学び、教師の生きがいを知ることができました。

子どもたちにとっても教師自身にとっても明日を楽しみにできる学校こそ、本物の学校なのかもしれません。この時の実践のまとめは、各障がい児関係の雑誌にも掲載されました。

10　研究の挫折、そして出発

●全職員「一人一研究」

●挫折感からの脱出
●いざ、全国紙デビュー

一人一研究が意味するもの

「野球ゲームの実践」の成功は、教師としての仕事に大いに自信を与えてくれました。その当時、光明養護学校では、「一人一研究」という教師にとっての宿題があり、全職員が、それぞれ課題と目的意識をもって実践を深め、個人ごとのテーマのもとに研究を行っていたのです。そして、その実践の成果の一部（校内で選考された実践記録）を数年に一度、実践集「こうみょう」に掲載していました。

当然私は、自分の実践記録「楽しい野球ゲーム」も掲載されると確信していたのです。しかし、実際には掲載されず、それどころか私より経験の浅い先生方の実践研究の方が掲載されてしまったのです。

私のなかの自信とプライドがあとかたもなく崩れてしまった瞬間でした。

「なぜ」、「なぜ」と、自分に問いかける日々が続きました。でも、その問いかけからはなんの答えもでず、挫折感だけが残ってしまったのです。

実践研究の客観性

ついに、その当時のM教頭にその気持ちをぶつけてみました。教頭は一言、「楽しい内容だが、もっと客観的に！」と教えてくれたのです。でも、その当時の自分にはなんのことなのかさっぱり理解できませんでした。そこで、教頭の一言を理解するために、そして、教師としての自信とプライドを取り戻すために、自分なりにじっくりと考えたのです。

まず、なぜ載らないか、その原因究明から始めました。掲載された先生方の研究と

原因究明が実践力を高める

自分の原稿を徹底的に比較検討したのです。

そこでわかったことは、

①文章全体が感想文的になりすぎ、自分よがりの内容になっている。

②目標が曖昧《あいまい》で妥当性がない。

③せっかくの教材などの工夫が文章だけになりすぎ読み取れない。

④評価が曖昧である。

⑤全体の論述の筋がつながっていない。

など、愕然《がくぜん》としてしまうものでした。

しかし、教頭の「実践内容は子どもたちのために楽しく発想豊かな内容だったよ。」という一言に助けられ、さっそく私は、同じ原稿のまとめなおしの作業にとりかかりました。

光明で駄目なら東北地方にデビューだという安易な考えだったのです。その当時「東北の特殊教育」という季刊誌があり、読者の一人として、その内容に惚れ込んでいました。「いざ投稿」、すぐに出版社から返事がありました。「これはやった！　掲載されるのかな。」という期待で開封した手紙には「すばらしい内容ですが、本誌は廃刊となります。」この言葉に第二の挫折がおそってきました。

しかし、今回はあんなに努力したのにあきらめるわけにはいきません。その結果、光明・東北で駄目なら、いざ、全国紙デビューへと突き進むことになったのです。驚いたことに投稿直後G社から連絡を受け、「実践障害児研究」という月刊誌の実践ダイジェストに掲載されました。

何が幸いするのかわかりません。「こうみょう」に掲載されなかった挫折と、それをバネに原因究明に努めたことが役立ったのではないかと思います。

ぜひ、プロの教師を目指すみなさんにも、挫折を乗り越えるちょっとした勇気と、挫折からも学ぶバイタリティをもってほしいと願っています。そして、お互いに、日々の実践を大切にした子どもの姿が見える温かみのある実践を深めましょう。

挫折から学ぶ勇気とバイタリティ

11 先生、通信表なんかいらないよ

- 写真入りの通信表
- 親の不安と本音
- 先生もっとしっかりわが子を見て

養護学校義務制一年目、個性豊かな子どもたちと、愛情豊かな母親たちとともに悪戦苦闘した一学期がやっと終了し、記念すべき一学期終業式を迎えることができました。

力不足ではあったものの教師同士が互いに切磋琢磨し、指導にかんしては「やった」という充実感があった私とS先生、いつもの笑顔で子どもたちとお母さん方の前に立ち「今から子どもたちのがんばりとお母さん方のがんばりがよくわかる写真入りの通信表をみなさんに渡します。」と挨拶したのです。

初めての通信表をもらってうれしそうな子どもたちやお母さん方。自分が写ってい

親からの批判は教師の通信表

る写真と文章に見入り大喜びの子どもたち。私とS先生は、この様子を見て改めて養護学校重複部の担任としての充実感を味わった瞬間でした。

しかし、その充実感も長続きはしませんでした。突然「先生、私とこの子は通信表なんかいらない！」というお母さんの大声が教室に響きわたったのです。そのお母さんはわれわれに考えるすきも与えず、その言葉の次に「こんな通信表はいらないよ、うちの子はこんなこと家ではとっくにできているんだから。通信表なんかいらないから落第させて……。」と続けたのです。

私は一瞬唖然《あぜん》とし、子どもたちの実態の見方の甘さ、お母さん方の心の悩みや心の叫びを聞き漏らしていたことに大きな衝撃を感じ、重苦しい気持ちになってしまいました。

きっとあのお母さんの心のなかには、「いくら手を動かせるようになっても、発作は治らないし、歩行能力もどんどん低下していっている。」という不安と葛藤があったのだと思います。そして、いつかはこのまま卒業してしまうという将来の生活に対して、不安と失望を抱いていたのでしょう。

私とS先生ばかりでなく、教室中にすすり泣きが聞こえる第一学期終業式になってしまいました。

親とともに考える子どもの将来

しかし、これをきっかけに、そのお母さんとの間には以前よりも強い信頼関係ができあがり、子どもたちの将来や学習課題について、ふだんから気軽に話し合えるという「深い絆」が生まれました。この時のお母さん方との出会いは、今でも、私の心を支えてくれる宝物になっています。

12　子どもたちの死

●しおりちゃん、かこちゃんの死
●出会いと早すぎる別れ

光明養護学校に赴任し、障がいに負けず、明るく元気な子どもたちとの楽しい教員生活はアッという間に数年が経ってしまいました。そのなかで、本当に多くのことを子どもたちや母親から学び、「教師としての生きがい」を知ることができました。

しかし、この楽しかった数年の間にも、体が弱く抵抗力のない子どもたちのなかには、家族の温かい愛情に見守られながら、残念にも亡くなってしまった子どもたちもいました。「教育の無力さ」、「教師の無力さ」、そして、「人生のはかなさ」を教えられた出来事でした。

いつもニコニコほほえんでいたしおりちゃんやかこちゃんは亡くなりましたが、亡くなった子どもたちが家族やわれわれ教師に残してくれた無言の存在価値は、あまりに大きいものです。この教育が続く限り、出会いと早すぎる別れは、どうしようもないことなのかもしれませんが、その分、障がい児教育に携わる教師は、その子の将来や人生をしっかりみすえて、本気で取り組んでいきたいものです。他人に厳しく、自分に甘い教師は、必要のない時代なのです。

教育の無力さ

この子らの教育にもっと責任を！

13 先生転勤しないで

●子どもたちの目、親の目
●目の前にいる子の教育に責任を

無言の圧力

養護学校義務制の記念すべき年、縁あって光明養護学校に赴任し、わけがわからずにがんばってきた四年間も、あっという間に過ぎてしまいました。

教師というものは四、五年で転勤するものだと信じて疑わなかった私にとっては、当然のように光明養護を離れる日が近付いていることを感じていたのです。次の学校では、ぜひ自分の専門である中学校で体育を教えたいという気持ちは新任時代から少しも薄れるものではありませんでした。

しかし、ものいわぬ子どもたちは、本当に敏感で私の心を見透かしているようでした。「先生、ぼくを置いて転勤するの！」とでも言いたげな子どもたちの鋭い目、お母さん方の視線が無言の圧力となって私の脳裏に焼き付いてしまったのです。

私はこの四年間で、この子どもたちに何をしてあげられたのか、この子どもたちや親の心の支えになれたのか、始まったばかりのこの教育を見捨てるような形で光明養護を去っていいのかなど、いろいろな想いが私の脳裏を駆けめぐりました。結局、私はもっとこの子らから学びいっしょに歩こうと決断し、障がい児教育の道を選択したのです。

今思い返すと、この子らとの出会いの不思議とすばらしさに圧倒されています。障がい児教育だけが教育の原点ではなく、どの教育もすべて同じです。

いつの時代も、教育の質に偏見をもつことなく、目の前にいる子どもたちに責任をもち、素直な心で子どもたちから学ぼうとする感性豊かな教師を必要としているのです。ぜひ、いっしょに教師としての仕事に責任を持ち、プロの教師を目指しましょう。

この子らと歩み続ける

14　この子らから学んだもの

●十人十色

●教育現場の現状は

教育の原点はあなたの心にある

私の障がい児教育との出会いの時代まで遡り、読者のみなさんに1～13のエピソードをお話しました。

「十人十色」、十人の個性豊かな先生がいれば、十の教育観・十の指導法・十の子どもたちとの出会いがあり、それぞれ挫折と栄光に満ちた十の教師としての歴史があるのです。私にも、この紹介した話の他にも教育観を揺るがすようなたくさんの出会いや出来事がありました。

しかし、今回はあえて、養護学校義務制にこだわってみたのです。なんで今さら、大昔の養護学校義務制の話なんかするのか、読者のみなさんに笑われるかもしれません。しかし、教育現場の偽らざる現状は、どうでしょうか？

○大規模化し、教師のまとまりが希薄化しつつある養護学校。
○相談相手もなく一人で孤立し悩んでいる障がい児学級担任。
○教師としての仕事に喜びや目的意識が持てない教師。
○教師という仕事にあぐらをかき、向上心のない教師。

など、ここには書ききれないほどの課題があり、今も昔も、教師自身の問題に帰着してしまうのです。

回顧から発展へ

あの時期を振り返れば、私自身が忘れかけていた「教師の心」、「教師の生きがい」をもう一度とりもどし、教育現場が現在抱えている課題解決のヒントの一部を見つけることができるような気がしたからです。そして、ぜひ読者のみなさんにも、教師としての出発点に戻り、すべての教師が特別支援教育に立ち向かってほしいのです。

今、私は回顧するたびに、あの時の子どもたちや親、教師、学校から学んだことの重さを改めて感じています。

この子らから学び、
教師の生きがいを
見つけましょう。

第2章

その子になくてはならないプロの教師を目指して

　この章では、いろいろな専門分野のプロから大いに学び、プロの教師としての資質と技術とは何かを紹介します。

　プロの教師として、3つの㋱（目・眼・芽）を持ち、3つの「目配り・気配り・心配り」に注意し、プロの教師の資質とパワーを身につけてください。

1　教師という仕事

私たちの「教師の仕事」とはいったいなんなのでしょう。

毎日の学習指導、生徒指導、学級経営、学級事務、対外的な仕事等、本当にさまざまで多くの内容が含まれています。しかし、どんなに忙しく時間に追われようとも、われわれの仕事の第一は、目の前にいる子どもたちに責任を持ち、まず、日々の授業を大切にしていくことではないでしょうか。

教師として、日々の授業を大切にするということは、子どもたちにとって、わかる・楽しい授業へと発展し、教師自身の教える喜びにもつながることではないかと思います。「風にも負けず……」の詩や「風の又三郎」など、童話作家で誰もが知っている宮沢賢治が、実は、一時期、教師であったこと、そしてその授業展開の巧みだったことは、賢治の文学面の大きな業績にくらべ、ほとんど知られていないでしょう。

教え子たちが五十年たっても、授業の内容まで鮮明に覚えている教師として、畑山博氏が著書「教師　宮沢賢治のしごと」で実に詳しく紹介しています。この宮沢賢治の授業のなかにこそ、教師という仕事の本質や授業展開のヒントが隠されているような気がしてなりません。その一部を紹介します。原文の意図をはずさずに、要点を抜粋します。

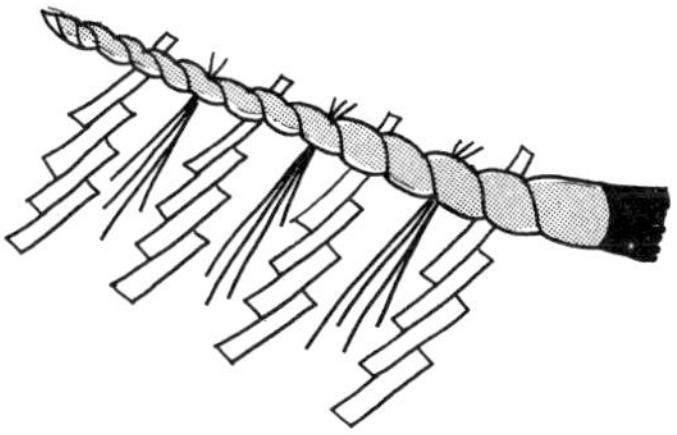

肥料のチッソの学習より

大正12年頃、宮沢賢治は花巻農学校で教員をしていました。

花巻農学校にも教え方の優れた先輩教員が多数いたなかで、五十年たっても教え子が覚えていたのは、宮沢賢治の授業だけだったのです。

さあーこの違いの意味するものは何だったのでしょう。

それでは、一つのエピソードを紹介します。

農作物の肥料としてチッソが大切だということを教える際に、宮沢賢治は次のように教えました。

「みなさんは、神社などでよく見かけるしめ縄が何を意味しているか知っていますか。」

「太いしめ縄の本体は雲、細く下がっている藁は雨、ギザギザの紙（白いごへい）は稲妻なのです。」 ←

「なぜしめ縄が神社に奉納されているのでしょうか！」 ←

「豊かな実りを祈るためです。」 ←

「なぜなら、雨と雷は豊作のための不可欠な要素です。」 ←

「教師という仕事」とは

○ 目の前の子どもたちに愛情と責任を持つこと。
○ 毎日の授業を大切にすること。
○ 教えるという考えをすて、柔軟な思考で、子どもと楽しむこと。
○ 子どもの興味関心を見抜くこと。
○ 発想豊かに、五感を使ってアイデア勝負。

今日はその理由についてみんなで考えてみましょう

雷は空気中のチッソを分解し、雨がその分解したチッソを地中に溶かし込みます。チッソは作物の重要な栄養分なのです。だから、雷と雨は豊作のために不可欠なのです。

←

「それでは、今からこのことを確かめるために、みんなで村の雷の落ちる名所（変電所）に行きましょう。」

←

「変電所のまわりの麦畑は、今まで一度も肥料をやったことがないのに、肥料をやっている他の畑より、麦はほら、こんなに大きく成長しています。この事実は先ほど私がいったことの裏付けです。」

（畑山『教師　宮沢賢治のしごと』一九九二）

宮沢賢治は、先輩教師がしているような黒板で元素記号をただ暗記させる授業は、子どもたちにとって無意味であることを知っていたのでしょう。子どもたちの興味や具体的な体験を大切にし、授業を展開した方が効果があると考えていたのではないでしょうか。

そのため具体的に子どもたちの身の回りの不思議や疑問を提示し、生徒の興味を引き出すことから始め、「しめ縄」という身近なものに着目し、自然現象のカラクリを解き明かしたのです。

2　プロから学べ

「プロ」という言葉を聞くと、すぐに連想されることは、「鋭さ」、とか「熟練さ」、「巧みさ」などという言葉ではないでしょうか。世のなかには、プロといわれる人たちが星の数ほどおり、その職種もさまざまで、どの世界にもその道をきわめた専門家がたくさんいます。

このプロといわれている専門家の人たちを観察し、注意深く見ていると、その職種はさまざまであっても、どこか共通する資質やパワーを感じます。鋭さ・熟練さ・巧みさという言葉の陰に隠れた人並み以上の努力・先見性・柔軟な思考・仕事を楽しむ余裕・夢を追いかけられる心・誰からでも貪欲に吸収する学ぶ心・こだわり・継続性など、共通の特性がたくさんあります。

この共通の特性（キーワード）こそ、教師の意識を変革させ、今、学校現場に求められている重要な資質やパワーとなるものですし、プロの教師を目指すわれわれにとって大切な道標となるものです。

東京生まれで、「離散数学入門・放課後に見つけた答え」などの著者で知られ、東海大学教育研究所教授の秋山仁氏も教師としての宮沢賢治に魅せられた一人です。

秋山先生は、ある雑誌で、教え子が五十年たっても覚えている教師、宮沢賢治の授業に私も魅せられていると告白しています。

秋山先生は、「私は算数のできが悪かったが、算数が大好きでした。数学で大切な

「その道のプロ・達人」とは

○ 大いに夢を持ち、夢を語れる人。
○ 夢に向かって努力できる人。
○ いつも心に若さがある人。
○ 失敗を恐れず、すべてから学ぼうとする人。
○ 吸収力のある人。
○ 柔軟な思考で、仕事を楽しめる人。

ことは思考力の習得です。頭がさほどよくなくとも、不思議に感動する心や神秘を解きあかすことの醍醐味などを知ってしまえば結構がんばれるものです。」とプロの教師の資質の一面を話されています。

そして、秋山先生は、自分の授業にかんして、「宮沢賢治流、秋山式数学授業改革案7原則」を提唱しています。

①生徒の頭の髄から納得できるよう、ストーリー性のある授業を展開すること。
②生徒が、「なぜだろう」「どうしてだろう」と関心を持つような不思議から出発すること。
③歴史上の偉人たちの考えたアイデアや発想・感動にふれさせること。
④既存の解法に頼るのではなく、自分の頭で考え、一歩一歩工夫することの大切さを痛感させること。
⑤実際に手を動かし、たくさんの事例にあたりながら、定理や公式の意義を実感させること。
⑥数学が生活に密着しているものであることに気づかせること。
⑦数学が独立した世界でなく、物理、科学、音楽や美術などの他の分野と関連していることに気づかせること。

秋山先生の感受性のすごさ、授業の本質を見抜くプロ魂に改めて感服し、圧倒されてしまいました。

もう一人のプロを紹介しましょう。一人の人間として、また、教師としての生き方にさりげないヒントを提示してくれている作家も少なくありません。そのなかの一人である「神の汚れた手」「奇蹟」「太郎物語」他多数で知られている曾野綾子氏は、ある雑誌で、教師という職業について、興味深いコメントを述べています。

「私はことごとく失敗をプラスにしてきました。戦争からも、そして母が私を道連れにした自殺未遂からも、そして、すべての災難からも学んでいるのです。教師は、いつもプラスの算術法で思考し、めぐりあわせや運をプラスに働かせることが大切だと思います。」

人を納得させ、人をひきつけるプロとしての資質と圧倒的パワーを感じます。ぜひ、教師という仕事を選択したわれわれも、自分の心と専門性になおいっそう磨きをかけ、プロの教師としての自覚と責任を高めたいものです。

3　プロの教師とは

教師宮沢賢治の仕事ぶりの一部を紹介し、また、その道の専門家であり、プロ・達人と言われている人たちの資質やパワーについて考えてみました。さて、みなさんは、プロとしての教師にどんなイメージを膨らませていただけたでしょうか?

それでは、教師という仕事に自覚と責任をもつために、プロの教師の資質について、いっしょに考えてみましょう。

(1) まず安心・信頼される教師を目指して

今、学校現場に求められていることは、信頼される学校であり、安心して楽しく通える学校です。ちょっと考えれば、子どもたちや保護者・地域のみなさんにとっては、ごく当たり前の願いなのですが、この当たり前のことが、今の学校現場では、達成されていないのが現状なのでしょう。当然、信頼される学校を支えるものは、われわれ一人一人の力であり、安心・信頼できる教師自身の存在なのです。

大それた計画を立てることはありません。教師として当たり前のことを実践すればいいのです。しかし、それにはほんのちょっとの意識改革と努力が必要です。

プロを目指す教師は、まず、子どもたちや保護者との関係・かかわりをもう一度見直してください。次に授業で勝負し、子どもたちを変容させる努力をすることです。子どもの力を引き出し、授業のなかで生き生き活動させることが、信頼獲得の第一歩です。子を変えてこそ教師の存在価値が高まり、子や保護者の信頼を獲得し、安心感を与えることができるのです。

「安心・信頼される教師」とは

- ○ 聞く耳を持つことが信頼への第一歩。
- ○ サービス精神を忘れずに。
- ○ 子どもの目標は教師自身の目標なり
「明るく・元気に・がんばる教師」。
- ○ 日々の授業があなたを変える。
- ○ 子を変えてこそ信頼獲得。

(2) 心の若さと柔軟性

誰にも「若さ」、「フレッシュ」という言葉がピッタリしたピカピカの教員一年目があり、教師としての責任感と情熱で燃えたぎっていた時代を覚えていることでしょう。時が過ぎ、いつの間にか忙しさにかまけ、毎日の授業にも熱が入らず、毎日の教員生活を流されるままに漫然と過ごしてはいませんか。そして、教師として一番大切なはずの授業に対しても、慣れとおごりに任せて、なんの準備もせず、臨んではいませんか。

最近、新任研修会でも、「おや、この先生は子どもたちとうまくかかわれるのだろうか、授業ができているのだろうか、保護者や同僚とうまくかかわれているのだろうか。」と心配させられることがあります。若さや情熱を感じさせない若者（新任教員）が増えているということです。

子どもたちは、教師の力量や情熱、そして、その日の心模様を感じとる天才です。こんなことでは、子どもたちにとって安心・信頼できる教師とはほど遠いことでしょう。しかし、逆にいくつになってもはつらつとし、子どもたちとかかわり、情熱あふれる先生方が多いのも事実です。もうすぐ定年で体調も万全ではないのに、いつも子どもたちといっしょにプールに入り、元気いっぱい水泳指導をしていたS先生が懐かしく思い出されます。

心の若さとは、やはり年齢には関係なく、情熱にあふれ、他から学ぶ吸収力や思考の柔軟性のある教師ではないでしょうか。プロの教師とは、いつになっても、あの時の情熱を忘れず、心の若さと柔軟性を持ち続けている人なのです。

「心の若さと柔軟性」を養うために

- ○ 仕事を楽しむ余裕を持ちましょう。
- ○ 「なぜ」という探求心を忘れずに。
- ○ 子どもから学ぶ気持ちを大切に。
- ○ 自分の長所を見つけ伸ばしましょう。
- ○ 子どもたちともっと遊びましょう。
- ○ 仕事以外に五感をフルに使って遊べる趣味を大いに増やしましょう。

(3) 三つのⓜ（目・眼・芽）の大切さ

子どもたちや保護者からも信頼され、心に若さと柔軟性を持つ教師は、教育という仕事に自信と誇りを持つことができ、このような教師こそが、プロの教師なのだと思います。

そして、このようなプロの教師は、教育という仕事にもっとも大切な三つの〝㋱〟（目・眼・芽）を持っているのです。

●一つ〝㋱〟「やさしい目」

いつも子どもたちや親たちの心の声に耳を傾け、相手の立場になり、子どもの行動や親の気持ちを包み込むやさしさと相手を理解しようとする〝やさしい目〟が大切です。

温かでやさしい心と目を持つ教師だけが、子どもたちや保護者に安心感を与えることができるのです。

●二つ〝㋱〟「鋭い眼」

独断と偏見から決めつけのレッテルを貼り、子どもたちの実態を表面的にしか見られない教師は、うすっぺらな指導しかできません。

やさしさだけでなく、子どもの実態を奥深く見つめ、子どもの支援のポイントを明確にする〝鋭い眼〟が大切です。

子どもの実態を奥深く見つめられる鋭い眼を持つ教師だけが、子どもを変容させ、成長させることができるのです。

●三つ〝㋱〟「伸びようとする芽」

子どもから学び、自分を反省し、プラス思考で改善策を見つけだす努力をすることが大切です。

いつも、教師自身こそ〝伸びようとする芽〟を大きく育てましょう。

素直な気持ちで、伸びようとする教師だけが、子どもや保護者に感動を与え、共感を呼ぶことができるのです。

「我以外、皆師なり」の言葉どおり、すべてから学ぼうとする心を大切にしましょう！

●3つの㋱のポイントは

①やさしい目	②鋭い眼
○子どもの目を見て話しかけていますか。 ○1日に1度は、子どもに声をかけていますか。 ○やさしさをもって叱っていますか。	○表面的な見方をしていませんか。 ○子どもの様子を奥深く見つめていますか。 ○記録を整理していますか。

大切な3つの㋱（目・眼・芽）

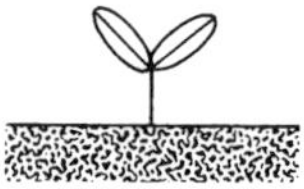

③伸びようとする芽（心）
○子どもの伸びようとする芽を育てていますか。 ○あなた自身も伸びようとする芽を育てていますか。 ○プロ意識を持っていますか。

(4) 三つの配慮（目配り・気配り・心配り）

プロの教師を目指すために、三つの〝め〟（やさしい目・鋭い眼・伸びようとする芽）の大切さを理解したならば、次は、ふだんの学校生活での三つの配慮（目配り・気配り・心配り）について、意識しなければなりません。

学校現場は、学習指導・生徒指導・保護者との関係・地域連携・ＰＴＡ行事など、ありとあらゆる問題に対応し、毎日忙しさに追われています。

しかし、その忙しさにかまけ、ちょっとでも手を抜いたり、配慮を欠いたりすると、それが思いも寄らぬ方向へと発展してしまい、取り返しのつかない大問題になってしまうのです。

そして、その問題解決のために気の遠くなるほどの時間と労力を費やしてしまうのです。誰にでも失敗はつきものです。なんでもプラス思考で考えることも大切ですが、まず、三つの配慮（目配り・気配り・心配り）についてできる限り意識し、実践することが大切でしょう。

それでは主な項目に分け、学校生活での大切な三つの配慮（目配り・気配り・心配り）についていっしょに考えましょう。

3つの配慮（目配り・気配り・心配り）

○目配り
方々を見ること、同時に諸方に関心を持ちながらすみずみまで見ることです。

○気配り
手落ち、失敗のないようにあれこれ気をつけることです。

○心配り
これがいちばん大切な配慮であり、目配り・気配りをカバーするものです。
真心と思いやりを込めて、相手に対して気をつかうことが大切です。

子どもたちとかかわる主な3つの配慮ポイント！

目配り

○ 1人の子どもの動きに惑わされることなく、子どもたち全体の把握をしっかりしましょう。

○ 連絡帳に目をとおし、保護者からの連絡を必ず確認しましょう。

気配り

○ 朝の健康チェックをしっかりしましょう。体調の変化で学習への取り組み方が大きく違います。

○ 障がいの重い子には、姿勢1つにも注意を払いましょう。

○ 常に子どもたちの目線になって話しかけましょう。

○ 複数担任の場合には日頃から役割分担を確認しておきましょう。

心配り

○ 教師自身が余裕を持って、子どもたちと十分遊びかかわりましょう。子どもの実態が見えてきます。

○ おもらし・よだれもなんのその、という気持ちを持ちましょう。

○ 「この子は何もできない」、「できないのはこの子の障がいが重いため」という考えはやめましょう。

●子どもたちとのかかわり方

①子どもに対して

子どもたちは、教師の心を見抜く天才です。あなたのかかわり方一つで、反応や行動が大きく違ってきます。

問題行動やパニックなどの表面的行動に惑わされることなく、愛情を持ってしっかりとかかわってください。

子どもたちにかんする詳しい内容については、第3章以降のプロの技でじっくり紹介したいと思いますので、ここでは、日常、子どもたちと楽しくかかわるための注意してほしい三つの配慮ポイントを説明しましょう。

②親に対して

昔と違い、いまどきの親の意識は大きく変化しました。養護学校義務制の時代、この子も学校に入学できてよかったという感謝の意識が強い時代でした。

現在はどうでしょう。そんなものはすでに薄れ、権利意識や自己主張の強い時代となり、見えているものはわが子だけという親が増えてきています。

連絡帳活用ポイント！

目配り

- ○毎朝、どの家庭から提出されたか必ずチェックしましょう。
- ○朝のうちに親からの連絡や質問は必ずチェックしましょう。

気配り

- ○あとで書こうとせず、気づいた時にその場で書きましょう。
- ○その日の良かったことを少しでも見つけだしましょう。
- ○まずほめましょう。その後、なおしてほしいことや悪かったことなどを書きそえましょう。
- ○親にも、見たという印や何か一言を書いてもらいましょう。
- ○内容によっては、必ず校長・教頭にも報告しておきましょう。
- ○必要に応じ、連絡帳だけでなく家庭と電話連絡をとりましょう。
- ○子どもによって、家庭との連絡のための生活リズム表(発作、パニック、投薬、排泄など)も工夫しましょう。

心配り

- ○短く、心のこもった温かい文章を心がけましょう。
- ○保護者の悩みや質問には、温かな心で答えましょう。

しかし、親との関係を避けてばかりはいられません。逆に親の本音に耳を傾け、気持ちを理解し、互いに協力連携しあうことが求められています。

親を味方につけましょう。

三つの配慮を心がければ、こんなにすばらしいパートナーはいないのです。いつかは親の心も教師の心も変化し、成長するものなのです。

●連絡帳活用術

教育相談の話のなかで、学級の連絡帳に関して、よく次のような愚痴が聞かれます。

①保護者側から

「うちの担任は、連絡帳にできないことや失敗したことばかり書いて嫌になります。」

「できないことばかり書かれたって、私の方が困っているのに……。」

「うちの担任は連絡帳に書いても、見当違いを書いてきて困ってしまうの。」

「連絡帳に書いても、いつも見たという判子しか押してないの。」

お便り（学級だよりなど）の3つの配慮

目配り

○ 確実に子どもに配布したか確認しましょう。

○ 教頭・教務に見てもらい誤字脱字をなくしましょう。

気配り

○ ふだんから、記事の取材を心がけましょう。

○ 1年間のうち、必ず全員の子どもたちの活躍の様子を伝えましょう。

○ レイアウトに注意し、見てわかる文面にしましょう。

心配り

○ 廊下に掲示したり、先生方や地域にも配布し、理解啓発を進めましょう。

などです。

②教師側から

「うちの保護者はさっぱり連絡帳に書いてくれない。学校からの連絡を見たのか見ないのかさっぱりわからない。」

「悪いところばかりが目につき、家庭でも注意してほしいと思い愚痴ばかり書いてしまう。」

など、連絡帳一つとっても、保護者と教師の意識のずれは大きく、奥が深いものです。そして、連絡帳の書き方一つで、教師としての仕事ぶりが明確になり、保護者の信頼獲得に黄色信号の教師も少なくないのです。

家庭とのパイプ役をするはずの連絡帳がかえってあなたの評価をマイナスにしていませんか。ぜひ、少しの配慮で親を味方につけることができるのですから、大いにこの連絡帳を活用しましょう。

●お便り（学級だよりなど）は、教師と親の心の架け橋

事務的な連絡はもちろん大切ですが、子どもたちの学習の様子がわかる楽しいお便りを工夫しましょう。お便り一つで、保護者は、担任や学校に安心感を感じ、信頼を寄せるものなのです。

●説明責任・結果責任の重要性

現代は、保護者や地域からの信頼を勝ち取り、よりいっそうの連携を

説明責任・結果責任のためのポイント3つの配慮

目配り・気配り

○ ふだんからアンテナを高くし、情報収集に努めましょう。
○ 子どもたちのニーズは何かしっかり調べましょう。
○ ふだんから親と話し合う機会を多く持ちましょう。
○ 教師としての教育観を持ち、自分の考えをしっかり持ちましょう。
○ 通信表の内容・書き方にも十分配慮工夫しましょう。説明責任の大切な1つです。
○ 保護者からの依頼には確実に対応しましょう。

心配り

○ 自分の考えばかりを押しつけず、親の意見にも素直に耳を傾け、聞きじょうずになりましょう。
○ 相手の立場になり、簡潔でわかりやすい説明を心がけましょう。

深めるため、教育現場のなかでアカンタビィリティ（説明責任・結果責任）が重要視されています。

まず、連絡帳をとおして親からの信頼を勝ち取ったならば、次は、学習内容や行事のあり方・子どもたちの実態の見方・将来の姿・個別の指導計画などまで、可能な限り保護者と話し合い、お互いに共通理解をすることが必要となってきます。

今までのような「学校や教師は偉いもの・教えてあげるもの」、「学級王国・学校王国」という意識や感覚は捨てなくてはいけません。ぜひ、この学習はなぜこの子に必要なのか、どう発展させて将来の姿に結びつけていこうとしているのかなど、いつでも、どこでも、誰にでも説明できるようにしておきましょう。

●教師自身の自覚と思いやり

子どもたちや親が新学期の担任発表を不安と期待で聞いているのと同様に、教師もまた、新学期の担当発表で一喜一憂するのが現実です。

というのは、特別支援学校などでは、複数担任制が多く、へたをすると家族よりもペアの教師と長い時間いっしょに過ごさなければならなくなってしまうからです。自分と考えや性格がまったくあわない・反りがあわない・タイプでないなど、いろいろな理由はあるにせよ、一年間いっしょのペアを組む教員との関係は避けられません。
　私はあるラジオの相談番組で、自分の耳を疑ってしまうことがありました。それは、どう聞いていても特別支援学校の教員らしい女性の相談者でした。内容はいっしょにペアを組んだ教員にいじめられ、学校に行くのも嫌で教師の仕事を辞めたいという切実な相談でした。

　せっかく、教師の道を志し、希望に燃えた若者が、学校教育現場という閉鎖的な社会で苦しんでいるのです。人間社会であれば、どこでも起こりうる問題なのかもしれませんが、本当に残念で仕方ありません。

　読者のみなさん、ぜひ、閉鎖的な教員社会をあなたの手で打破してください。そして、もっと教育の本質で悩める学校を創造していきましょう。

教師自身の3つの配慮

目配り・気配り

【教師自身の自覚】

○ 学習指導以外の学級事務も迅速・正確にしっかりとやりましょう。
○ 学級のことだけでなく学校全体の流れを頭に入れ、自分の分担に責任を持ちましょう。
○ 2つ以上の仕事を同時並行で行うのは当たり前です。
○ 教師の常識が社会の非常識にならないよう自覚しましょう。
○ 教師こそ社会人としての自覚を持ちましょう。

【教師と教師の思いやり】

○ 新学期始まりの話し合いを大切にしましょう。
○ 相手教師の考え方や生活パターンをも理解しましょう。
○ 相手教師の「良さ」を見つけ、認め合いましょう。
○ 交流学習先の先生への協力も忘れずに……。
持ちつ持たれつです。

心配り

【教師自身の自覚】

○ 「相手に厳しく自分に甘く」はプロの教師として失格です。
○ 「相手にやさしく、自分に厳しく」をモットーにしましょう。

【教師と教師の思いやり】

○ T・T(教師と教師)は夫婦より強し、お互いにプラス思考でがんばりましょう。
○ お茶の時間も大切に、人間関係改善はふだんの雑談から。
○ 先輩教師は後輩をさりげなく育てようとするやさしさを持ちましょう。

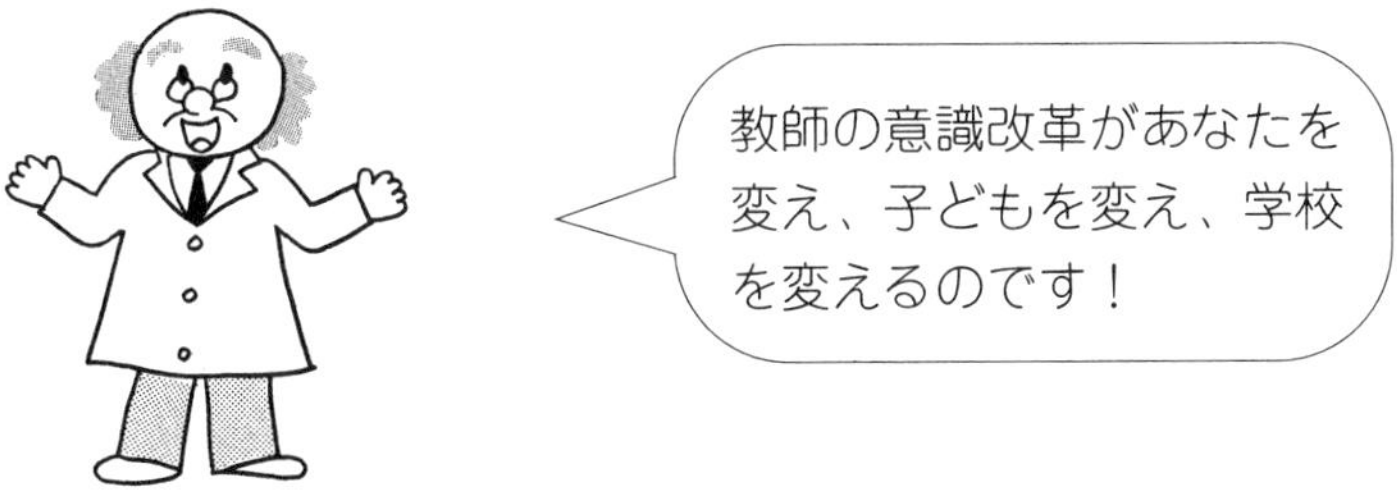
教師の意識改革があなたを変え、子どもを変え、学校を変えるのです！

地域から信頼されるための3つの配慮

目配り・気配り

【教師自身の自覚】

○ 信頼はまず教師の服装から。
　教師の常識が非常識にならないように自覚しましょう。

○ 来訪者への挨拶はていねいに。
　心のこもった挨拶はあなたと学校の評価を高めます。

○ 電話の応対は学校の顔、しっかり・はっきり・ていねいに。

【地域の理解のために】

○ 地域の特色や歴史にしっかりと目を向けましょう。

○ 学校に協力的な地域の人材発掘に努めましょう。

心配り

○ いつも笑顔で明るい応対。

○ 地域に対するサービス精神を忘れずに。

●地域から信頼されるために

今、特別支援学校や特別支援学級のありようが変わろうとしています。子どもたちは自分の住んでいる地域の学校を希望し、手厚い教育を望んでます。

特別支援学校も特別支援学級も、地域との関係を抜きにしては、語れない時代になりました。そして、地域の方々に学校・学級を理解してもらい連携を深めることが、子どもたちの幸せにもつながることだと思います。われわれ教師も地域にもっと目を向け、学校と地域の共生を考える必要があります。

ノーベル化学賞を受賞した名古屋大学の野依教授が「科学者は研究室に閉じこもってはいけない。自分の研究が社会にどう影響を与えるか、社会から何を望まれているかを考えなければならない。」と述べています。

当然、教師も学校・学級王国に閉じこもることなく、地域に出て、地域を理解し、地域が学校に何を望んでいるかを探らなければなりません。

われわれ教師に望まれていること

○ 障がい児のことを真剣に考え、熱意をもって取り組める人。
○ 障がい児を理解し、障がい児個々の力を十分に伸長させうる指導力量を持っている人。そのためには、特別支援教育に関する専門的知識や技能を有することが必要条件である。

↓

特別支援教育における教育効果が担任個人の力量に大きく問われている点で、教師みょうりに尽きる。

(5) 特別支援教育に携わる教師に望まれていること

教育の成否は、教師一人一人の力であり熱意です。特別支援教育に対する理解は、経験でカバーできますが、教育に対する熱意は、その教師の人間性・生き方そのものからにじみでるものです。

特別支援教育に携わる教師こそ、心に若さと健康を保ち、この子が何もできないのは、この子の障がいが重いせいと逃げ道をつくらないでほしいのです。通常の教育も特別支援教育もなんら変わりません。

さあー先生方！　常に心の若さを忘れずに、三つの〝め〟(目・眼・芽)と三つの配慮(目配り・気配り・心配り)の大切さを心に刻み込んでおきましょう。そして、熱意を持って教育に取り組み、特別支援教育に携わる教師としての自覚と責任を持ち、教師としてのプロ意識を育てましょう。

障がいのある子どもたちも通常の学級で受け入れられるようになっています。
どの学級の先生方も特別支援教育のノウハウを理解しましょう。

青
葉
語
録
挑戦
限りなき
自分との戦い

作：千葉捷郎

「挑戦！ 限りなき
自分との戦い」
私の大好きな言
葉の１つです。
プロの教師を目指
し、あなたも挑戦
してください。
ちょっとひといき

第3章

子どもを見つめるプロの技

この章では、プロの技として、子どもの実態の見方や具体的な実態調査の仕方を紹介します。

また、実態の見方を発展させ、子どもたちの日々の指導に大切な個別の指導計画作成までを解説します。

しっかりと子どもたちを見つめてください。

1　子どもから学べ

ふだんの観察を大切に

特別支援教育に携わると、まず戸惑ってしまうのが、「この子どもたちとどうかかわったらいいのか。」とか、「何をどう教えたらいいのか。」ということではないでしょうか。そして、次に誰もが、どんな実態調査をすればいいのか悩みだし、しまいには実態調査（検査）の種類の多さや方法のむずかしさで立ち止まってしまうのです。

ちょっと考えてみてください。特別支援教育といっても、実態調査の基本の第一歩は、通常の教育となんら変わらないのです。

多くの時間をかけ、むずかしい実態調査のための検査を行うよりも、まず、悩まず子どもの行動観察から始めましょう。そして、自分自身の見抜く目を信じて、子どもから大いに学び・感じとってください。

子どもたちの学習の様子や遊びの様子を注意深く観察していると発達の状況や問題行動の原因がしだいに見えてきます。こうなればしめたもの。子どもたちの行動にはすべて、なんらかの意味があり、子どもたちは、その行動や動きの様子からわれわれ教師に逆に語りかけているのです。

「朝の会」の挨拶や歌遊び、天気カード合わせ、今日の予定など、ふだん何気なく繰り返されている活動からでさえも、子どもたちは多くを教えてくれるのです。子どもたちの行動を漫然と見るのでなく、ふだんからチェックポイントを決め、見つめてみましょう。

あなたにもできる
ほんのちょっとの努力

A君のチェックポイント作成例

【朝の会】※その他の学校生活：排泄・着替え・登校・集団参加・作業
食事などの場面でも作成しましょう。
評価：◎よくできる　○ときどきできる　△できない

項　目	評　価	様　子
・アイコンタクト	△	・ほとんど視線が合わない
・着席行動	○	・集中せず離席が多い
・呼名に対して	○	・言葉はないがときどき手をあげる
・あいさつ	○	・ときどき頭を下げる
・天気カード合わせ	弁　別 ◎	・天気についての意識はないが、カードのマッチングができる **・この活動には興味を示す**

↑

※学校生活全体をその子にあわせ整理し、チェックすることが大切です。
※評価の記号よりも、様子がわかる記述が大切です。
※簡単なチェックでも**その子の良さ**を発見することができるのです。

そして、子どもたちが心を開放し、自然な姿を見せる「休み時間」や「給食時間」なども見逃さず、子どもたちとかかわり、大いに遊んでください。

検査の前のふだんの実態観察こそが、その子を理解するための最良の手段であり、一人一人を生かす特別支援教育の根幹なのです。

さあー、一日の学校生活を思い返し、まず、子どもたちの全体像が把握できる上図のような大まかなチェックポイント表を作成しましょう。そして、観察眼を養い、大いに子どもの実態から学びましょう。

このA君の【朝の会】の様子を観察しただけでも、こんなに簡単なチェックなのにA君についての実態がいろいろ理解できます。

子どもの実態を深く見つめ、子ど

もから学ぶとは、あなたのほんのちょっとした努力から生まれます。「知能検査や発達検査はいろいろありすぎてわからない。むずかしすぎてやる時間も暇もない。」と嘆く前に、自分なりに調査項目を整理し、子どもの良さを発見しましょう。そして、「何を教えたらいいかわからない。」とか、「何を教えようか。」と悩んで一年が過ぎてしまわないように、子どもたちの実態をしっかり見つめ、子どもから大いに学ぶべきです。

2　楽しいゲームや遊びから始めよう

子どもたちの学校生活全体について、まだ把握できず、チェックポイントを整理できないという先生、ご安心ください。そんなにあせることはありません。朝の会や授業の合間に、子どもたちの注意を引きつけ、興味を持たせるような楽しいゲームや遊びを工夫しましょう。

このような楽しいゲームや遊びのなかには、子どもたちの実態把握にとって大切な要素がいっぱい詰まっているのです。子どもたちが、楽しいゲームや遊びにのってくればしめたもの。子どもたちといっしょに遊び、そのなかから子どもたちの実態を大いに探ることができるのです。

深刻に形式的な実態調査をしなくてはならないとあせればあせるほど、子どもたちは拒否反応を示し、さっぱり調査に応じてくれません。調査で悩むより、子どもともっと遊びましょう。その遊びのなかから、子どもたちは多くのことをあなたに教えてくれるはずです。

単純なゲームや歌遊びからでも、子どもたちの言語理解・内言語・模倣能力・手指の動作・身体意識・認知面など多くの大切な実態が見えてくるのです。

さあー、子どもたちの目線になり、ゲームや遊びを工夫しましょう。

そして、多くの実態について遊びのなかから学びましょう。

それでは、すぐできる楽しいゲームや遊びの一部を紹介します。

子どもたちの大好きな遊びをちょっと工夫するだけで、いろいろな実態が見えてきます。すぐできる楽しいゲームや遊びを参考に実践してみてください。

●色や左右の認識

椅子取りゲーム

○ 色のついたブロックやフープ、椅子などを準備します。
○ 椅子の周りをゆっくり行進し、笛の合図で腰かけさせましょう。
※「黄色のブロック」と大きい声でいったり、色別の見本カードを見せるのも効果的です。

子どもの動きの見方

○ 赤・黄などの色の識別ができれば3歳程度です。

○ 左右の識別は5歳程度でできるようになります。

●形や数の概念

これなあーにゲーム（ブラックボックス）

○両側から手の入る黒い箱や布を準備しましょう。

○子どもたちから見えないように物を入れ、手の感触で物の名前や数を答えさせましょう。

※名前を当てることも大切ですが、「丸いもの」、「赤いもの」、「おいしいもの」など、物のイメージを高めさせましょう。

子どもの動きの見方

○3までの数概念ができていれば3～4歳程度です。

○リンゴ、バナナなどの物の名前がいえれば2歳以上です。

●目・口などの身体概念

とんとんとんとん

●遊び方――❶「とんとんとんとん」では、片方のこぶしをもう一方のこぶしで4回たたく。

❷「○○さん」のところでは、以下のようにそれぞれ動作をする。

①ひげじいさん　②こぶじいさん　③てんぐさん　④めがねさん　⑤おでこさん

両手のこぶしを重ねてあごの下につける。　こぶしを両方のほおにつける。　両方のこぶしを重ねて鼻につける。　両手の親指と人指し指で輪をつくり、目に当てる。　両手のこぶしをおでこに当てる。

子どもの動きの見方

○ 目・口などの位置がわかるのは15カ月程度です。

○ リズムにあわせ手足・体を動かせば18カ月程度です。

（島田他「歌あそび百科」1986）
作詞／不明　作曲／玉山英光

●手・指の動き

グーチョキパー

●遊び方――❶歌いながら、両手でグー・チョキ・パーの形をつくる。
❷右手首を左・右・左に動かし、次に左手首も同じように動かす。
❸歌にあわせて右手でグー、左手でチョキをだす。
❹そのまま左手の上に右手をのせて、カタツムリの形にする。
❺歌にあわせて、右手でチョキ、左手でもチョキをだす。両手をそのまま横にだして、カニのまねをする。

歌にあわせて、右手も左手もグーをだす。両手をそのまま胸に当ててドラえもんのまねをする。

子どもの動きの見方

○ 部分的に歌が歌えれば24カ月以上です。

○ カニのまねのチョキができれば36カ月程度です。

（島田他「歌あそび百科」1986）
作詞・作曲／不明

●全身運動

まねっこ

●遊び方——❶リーダーが、最初の4小節を歌いながら6歩歩き、止まった場所でポーズをとって待つ。

❷他の全員があとの4小節を歌いながら、リーダーに続いて6歩歩き、リーダーと同じポーズをとる。

❸リーダーは2番を歌って、ポーズを整え、なん回も繰り返す。他の全員も同様。

[ポーズの例]

子どもの動きの見方

○ ひこうきの片足立ちができれば48カ月程度です。

○ つま先で歩ければ21カ月程度です。

（島田他「歌あそび百科」1986）
作詞・作曲／保坂宏子

3　「人・ヒト」の発達を理解しよう

楽しいゲームや遊びから、少しずつ子どもたちの実態が見えてきましたか。

子どもたちの実態をしっかり見すえ、子どもたちから学ぼうとするプロの教師は、次に「人・ヒト」の発達、特に赤ちゃんの発達について理解を深めましょう。

これは、単に子どもたちの実態を把握するのに必要なだけでなく、子どもたち一人一人の発達の状況から、次にどんな学習や訓練が必要なのかを判断できる教師の資質につながっていくからです。

「人・ヒト」の発達を理解していない教師は、子どもの正確な実態把握ができないばかりでなく、その子にあった学習プログラムを作成したり、適切な個別の指導計画をつくりあげることができません。

いつまでも、「実態がわからない。何をどう教えたらいいのかわからない。」と嘆く教師は、教師という仕事の責任を放棄したことになり、教師側の通信表があるならば、「もう少し努力を」の評価を受けることになるのです。

教員社会の甘さが指摘されている現在、ぜひプロの教師を目指し、「人・ヒト」の大まかな発達を理解するという努力を惜しまず、教育という仕事に責任と誇りを持ちましょう。その努力がいつしか、教師としての自信につながります。

それでは、「人・ヒト」の主な発達ポイントを紹介していきます。

(1) 感覚や身体意識の発達

「人・ヒト」の発達は、目に見える部分だけではなく、時間の感覚や認知面・情緒面など、多くの要素が関連しあい、複雑にからみあっています。

赤ちゃんが、いろいろな遊びや経験をとおして、心も体も成長していくことはみなさんもご存じでしょう。障がいのある子どもたちにとってはなおさらのことです。特に子どもたちの心に快をもたらす感覚刺激などの活動刺激がいっぱい必要となります。

それでは、感覚や身体意識の発達について、関連をうまく図式化しているムーブメント教育を紹介しましょう。

●ムーブメント教育ってなんですか

楽しく運動や動作を獲得しながら、感覚の統合、身体意識や運動機能の拡大及び心理的諸機能の発達を目指す教育です。

簡単にいえば、こうです。

①動くことを学ぶ。
②動きをとおしていろいろなことを学ぶ。

この二つの能力を目指した教育なのです。ぜひ、ムーブメント教育の基本的な考え方を整理し、人の発達に大きくかかわっている各種の感覚や身体意識について、頭の片隅に入れておいてください。きっと、あなたの指導に役立ちます。

- ①動くことを学ぶ
  - 基本的運動能力
  - 身体能力
- ②動きをとおして学ぶ
  - 身体・周囲の探求
  - 知覚運動能力と概念化（教科的）
  - 情緒発達 ―― 仲間関係等、自己概念

ムーブメント教育とは

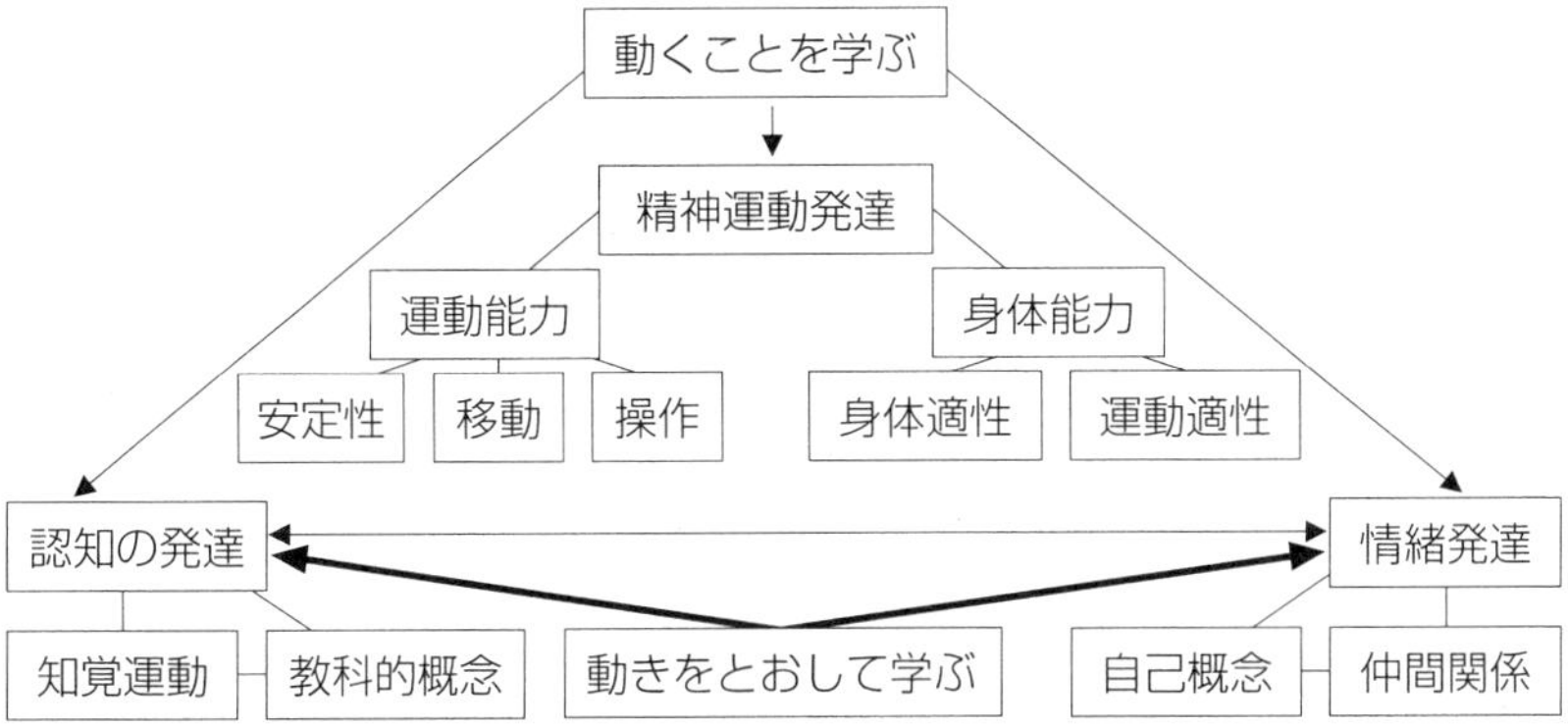

ムーブメント教育を通じて、どのような諸機能が高められるか
（小林「ムーブメント教育の実践」1985）

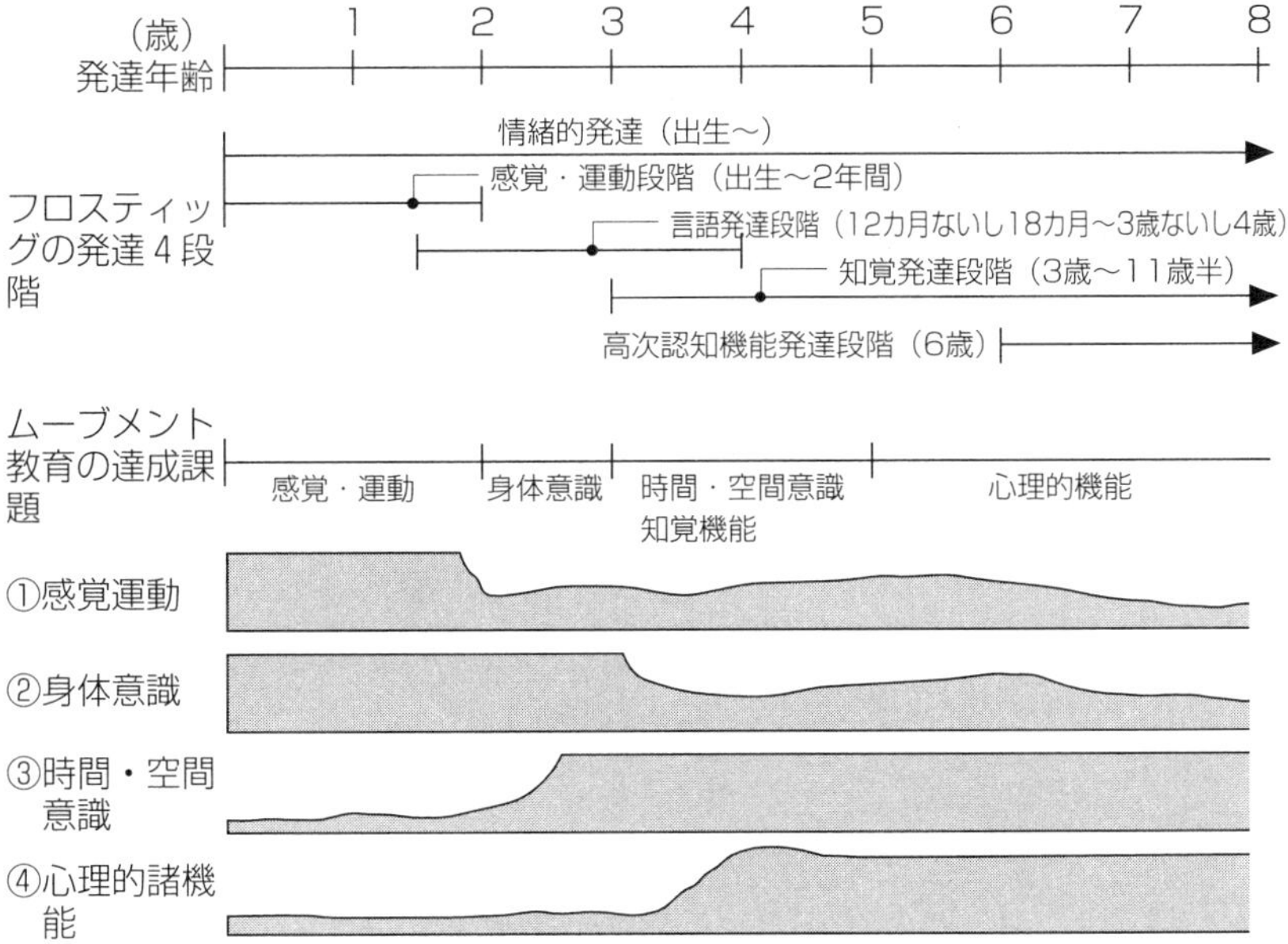

フロスティッグの発達の公理とムーブメント教育の達成課題の関係
（小林「ムーブメント教育の実践」1985）

●身体意識ってなんですか

自分の体にかんする感覚・意識のことで、三つの要素からなっています。

①身体像(ボディ・イメージ)

○自分の体がどうなっているかなどの認知能力や空腹などの感覚が含まれます。

②身体図式(ボディ・シェマ)

○運動を調節する能力や左右の概念、方向性の概念などが含まれます。

③身体概念(ボディ・コンセプト)

○体の各部分の名称などの理解のことです。

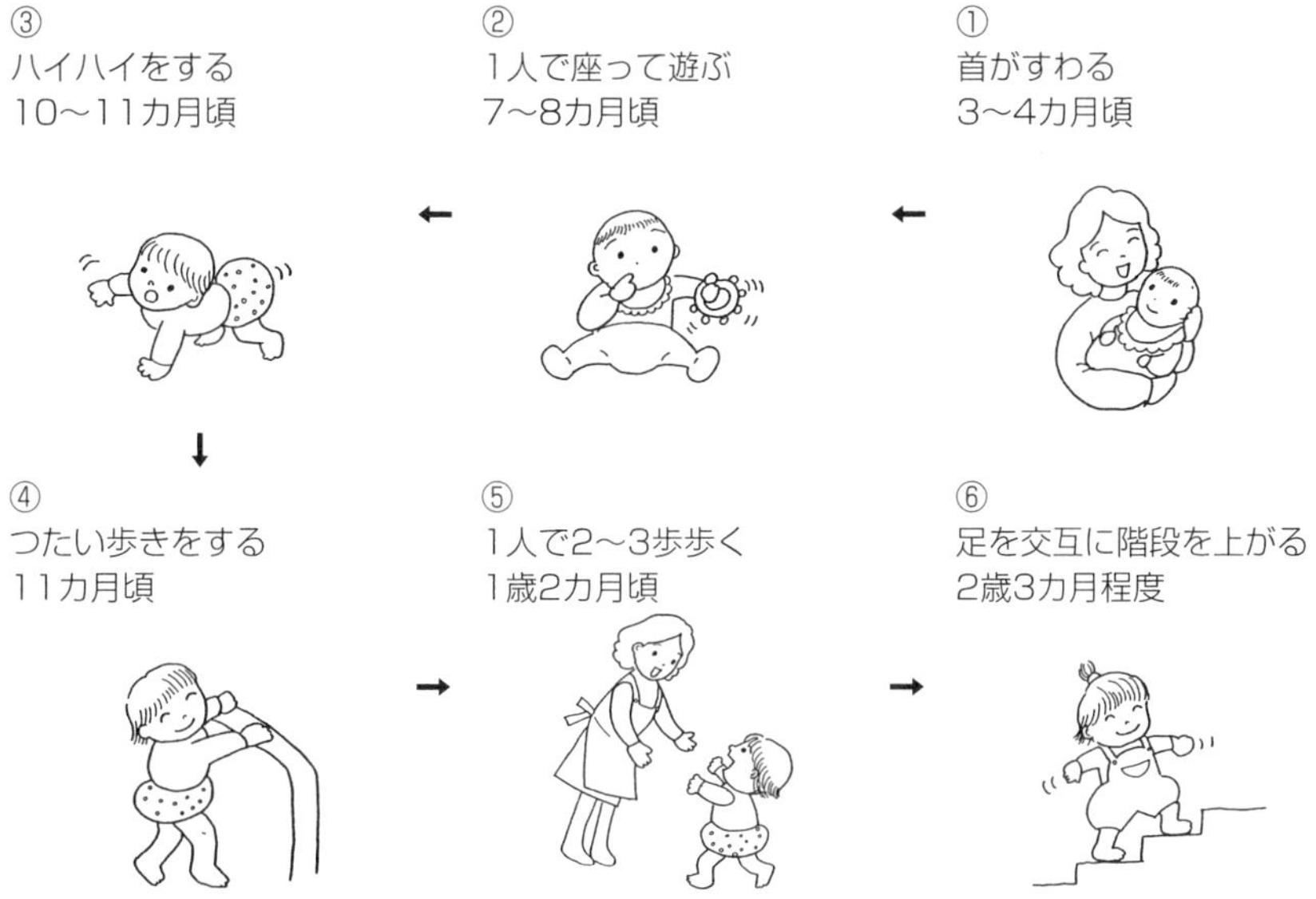
①
首がすわる
3～4カ月頃
②
1人で座って遊ぶ
7～8カ月頃
③
ハイハイをする
10～11カ月頃
④
つたい歩きをする
11カ月頃
⑤
1人で2～3歩歩く
1歳2カ月頃
⑥
足を交互に階段を上がる
2歳3カ月程度

(2) 運動の発達（はう・歩く）

みなさんも赤ん坊が、四つんばいで頭をぶつけながら机の下をくぐったり、壁を伝っておそるおそる歩いている光景を見たことがあるのではないでしょうか。

人間にとって、四つんばいではったり自力で歩いたり走ったりすることは、各種の感覚や身体意識を高める大変重要なことなのです。しかも、この運動の発達が、単に運動だけにとどまらず、国語や算数の基礎となる概念の発達にも大きく関係してきます。

そのため、その子の実態にあわない運動課題を設定することはできない原因をつくるばかりでなく、発達を妨げる原因となってしまいます。

ぜひ、上の図を参考にしっかりと運動発達のポイントを頭に入れ、子どもたちと接してください。

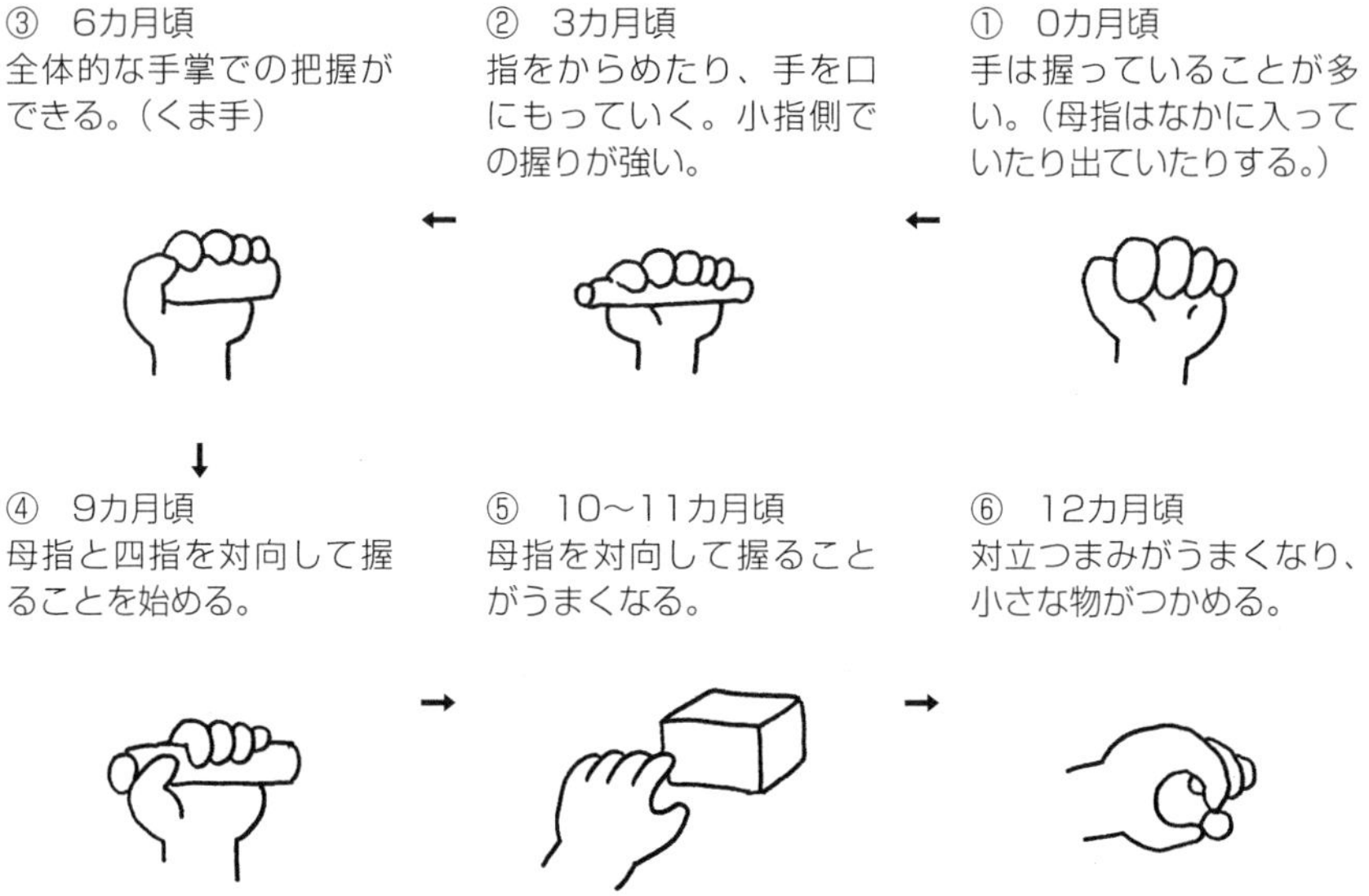
① 0カ月頃
手は握っていることが多い。（母指はなかに入っていたり出ていたりする。）
② 3カ月頃
指をからめたり、手を口にもっていく。小指側での握りが強い。
③ 6カ月頃
全体的な手掌での把握ができる。（くま手）
④ 9カ月頃
母指と四指を対向して握ることを始める。
⑤ 10〜11カ月頃
母指を対向して握ることがうまくなる。
⑥ 12カ月頃
対立つまみがうまくなり、小さな物がつかめる。

(3) 指（手の操作）の発達

給食時間の時、子どもたちに「箸とスプーンどちらを使わせようか。」とか、「いつから箸を使わせようか。」と悩んだ経験はないでしょうか。また、図工の時間に鉛筆やクレヨンの持ち方をどうしたらいいかと悩んだことはありませんか。

実は、この箸やスプーンの持ち方・使い方、鉛筆やクレヨンの持ち方など、どれをとっても指（手の操作）の発達と大きく関係し、日常生活のボタンかけやリンゴの皮むき、作業学習中の道具の使い方等へと発展していく重要な課題なのです。そして、子どもたちの「生きる力」を支える大切な要素となるのです。

それでは、上の図を参考に指（手の操作）の発達を理解しましょう。

小さい物がつまめない子に細い鉛筆はまだ無理です！

① 3カ月頃から
声をだして笑う。

（※人の声がする方に向く 3カ月）

② 7カ月頃から
マ・バ・パなどの音声が出る。

（※人見知りする 11カ月）

③ 1歳頃から
2語程度言える。

④ 1歳4カ月頃から
絵本を見て1つのものの名前を言う。

⑤ 2歳3カ月頃から

自分の姓名を言う

⑥ 3歳8カ月頃から

両親の姓名や住所を言う

(4) 言葉の発達

障がいのある子の教育相談を担当していると、初回の相談では決まってお母さん方から、「うちの子はまだ言葉がでないのですが。」と言葉の遅れの相談が圧倒的に多いのです。

当然、親はいつも子どもの側で子どもの成長を敏感に感じ取り、目に見える表面的な遅れを一番気にしてしまうからなのでしょう。

ぜひ、子どもたちの発達にとって非常に大切な「笑うこと」、「視線を合わせること」、「人見知りをすること」など言葉の発達に関係する要素についても十分頭に入れ、上の図を参考に言葉の発達を理解してください。

普通は泣き声→喃語《なんご》→初語《ういご》（単語）→一語文の順序で言葉は発達します。

その後は、次のような発達をしますので、その時期にあわせた働きかけをしましょう。

①片言期（一歳～一歳半）、②命名期（一歳半～二歳）、③羅列期（二歳～二歳半）、④模倣期（二歳半～三歳）、⑤成熟期（三歳～四歳）、⑥多弁期（四歳～五歳）、⑦適応期（五歳～）。

4　実態調査いろいろ情報

(1)　主な実態調査法の分類について把握しよう

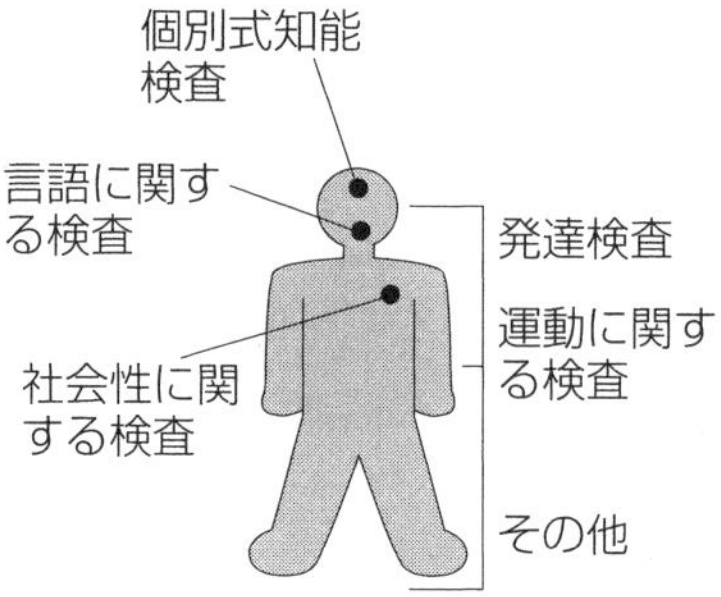

発達検査	○遠城寺式乳幼児分析的発達検査法 ○乳幼児精神発達診断法
個別式知能検査	○辰見ビネー・鈴木ビネー・田中ビネー ○PBT・K-ABC・WISC-Ⅲ ○ITPA言語学習能力診断検査
社会性に関する検査	○新版S-M社会生活能力検査 ○精研式CLAC-Ⅱ、Ⅲ ○ABS適応行動尺度
言語に関する検査	○絵画語い発達検査（PVT-R）
運動に関する検査	○狩野・オゼレッキー式運動能発達検査 ○運動発達検査・MEPA-R
そ　の　他	○フロスティッグ視知覚発達検査

実態を把握する検査と一口でいっても、発達検査・知能検査・学力検査・性格検査・適性検査・言語検査などいろいろな検査があります。これらの検査全体をまとめて心理検査といっています。

どんな子どもにどんな検査が必要なのかを判断するのも、プロの教師の重要な仕事です。

まず、上図を参考に、どんな種類の検査があるのか、主なタイプ別に整理しておくと便利です。

あまり道具を使わず簡単にできる検査もあるので、十分に活用しましょう。

❇4歳7カ月までの子に！

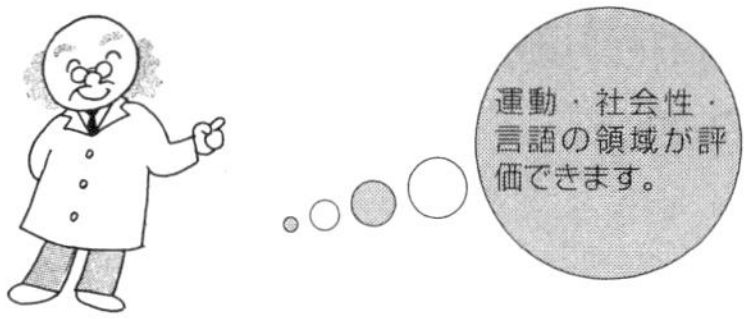
運動・社会性・言語の領域が評価できます。

検査名	遠城寺式乳幼児分析的発達検査法				
目的	乳幼児の発達を運動、社会性、言語の各分野ごとに評価し、発達上の特徴を明らかにする。	出版社名	慶應義塾大学出版会		
		適用年齢	0カ月から4歳7カ月まで		
著者名	遠城寺宗徳、合屋長英、黒川徹、名和顕子、南部由美子、篠原しのぶ、梁井昇、梁井迪子	所要時間	15分	発行年月	1977年9月

❇0歳〜7歳までの子に！

合計438項目からなっていて、子どもは幼児期にどのような行動を示すかを知ることができます。

検査名	乳幼児精神発達診断法 （0歳〜3歳まで／3〜7歳まで）				
目的	子どもの日常生活の行動を運動、探索・操作、社会、食事・生活習慣、言語の領域から理解する。	出版社名	大日本図書		
		適用年齢	0〜7歳		
著者名	津守真、稲毛教子、磯部景子	所要時間	約20分	発行年月	0〜3歳：1961年 3〜7歳：1965年

❂幼児から成人までよく使われる検査です

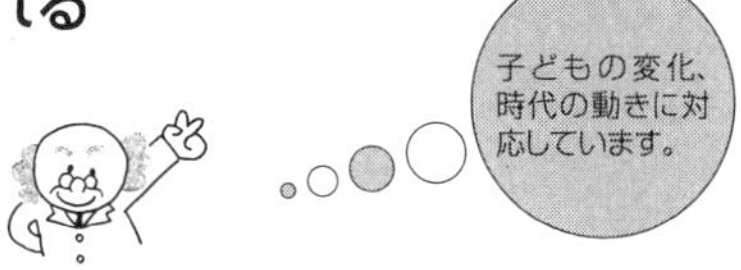
子どもの変化、時代の動きに対応しています。

項目	内容
検査名	田中ビネー知能検査V (Tanaka Binet Scale of Intelligence)
目的	今の子どもに即した新しい知的尺度（ものさし）を作成。現代の生活に合わせた内容、なじみのある問題に変更された。検査用具や記録用紙を全面的に改訂して、アセスメントシートを採用した。発達状態をチェックできる項目を作成、ケースカンファレンス（検討会議）に便利などの特徴がある。
出版社名	田研出版
適用年齢	2歳0カ月～成人
著者名	田中教育研究所
所要時間	60～90分
発行年月	2003年8月

❂知的活動を総合的に評価でき、指導に直結できます

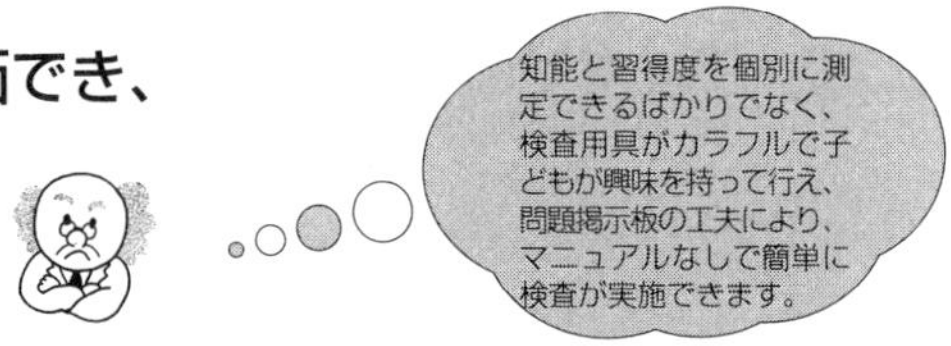
知能と習得度を個別に測定できるばかりでなく、検査用具がカラフルで子どもが興味を持って行え、問題掲示板の工夫により、マニュアルなしで簡単に検査が実施できます。

項目	内容
検査名	K-ABC心理・教育アセスメントバッテリー (Kaufman Assessment Battery for Children)
目的	乳幼・児童の知能と習得度を個別に測定する。知能の特性を継次処理―同時処理のモデルから明らかにして指導に役立てる。
出版社名	丸善メイツ
適用年齢	2歳6カ月～12歳11カ月
著者名	原著者：Kaufman, A.S. & Kaufman, N.L. 日本版：松原達哉、藤田和弘　前川久男、石隈利紀
所要時間	約30分(2歳6ヵ月)～約60分(6歳以上)
発行年月	1993年11月

❇言葉のない子に（個別式動作性検査です）

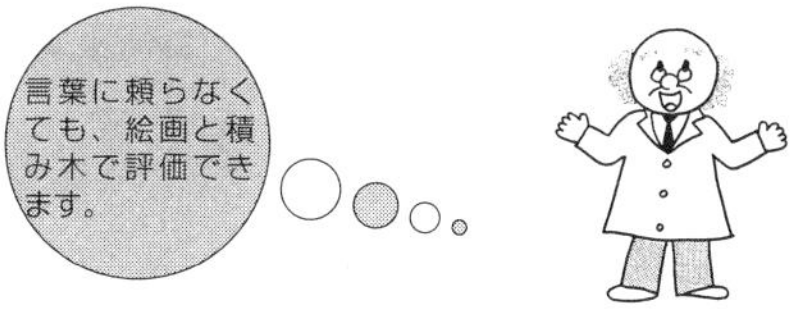

言葉に頼らなくても、絵画と積み木で評価できます。

<table>
<tr><td>検査名</td><td colspan="5">教研式ピクチュア・ブロック知能検査
（PBT：Picture Block Intelligence Test）</td></tr>
<tr><td rowspan="2">目的</td><td rowspan="2">幼児・児童とりわけ障がいをもつ子どもたちの知能を評価し、指導に役立てる。</td><td>出版社名</td><td colspan="3">図書文化社</td></tr>
<tr><td rowspan="2">適用年齢</td><td rowspan="2" colspan="3">4歳0カ月～7歳11カ月
（精神遅滞児およびそのおそれのある児童は4歳0カ月～11歳11カ月</td></tr>
<tr><td rowspan="2">著者名</td><td rowspan="2">榊原清、平沼良、西谷三四郎、杉田裕、中野善達、応用教育研究所知能検査研究部</td></tr>
<tr><td>所要時間</td><td>約30～40分</td><td>発行年月</td><td>1980年4月</td></tr>
</table>

❇知能の個人内差を診断することができます

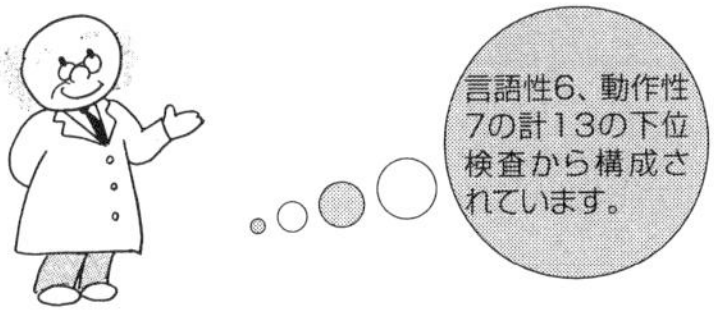

言語性6、動作性7の計13の下位検査から構成されています。

<table>
<tr><td>検査名</td><td colspan="5">WISC-Ⅲ知能検査
（Wechsler Intelligence Scale for Children-Third Edition）</td></tr>
<tr><td rowspan="2">目的</td><td rowspan="2">児童・生徒の知能を個別に精密に診断し、個人内差を明らかにする。</td><td>出版社名</td><td colspan="3">日本文化科学社</td></tr>
<tr><td rowspan="2">適用年齢</td><td rowspan="2" colspan="3">5歳0カ月～16歳11カ月
（原版：6歳0カ月～16歳11カ月）</td></tr>
<tr><td rowspan="2">著者名</td><td rowspan="2">Wechsler, D.
日本版WISC-Ⅲ刊行委員会
東洋、上野一彦、藤田和弘、前川久男、石隈利紀、佐野秀樹</td></tr>
<tr><td>所要時間</td><td>60～70分</td><td>発行年月</td><td>1998年4月</td></tr>
</table>

❁くわしいコミュニケーション過程の実態を知ることができます

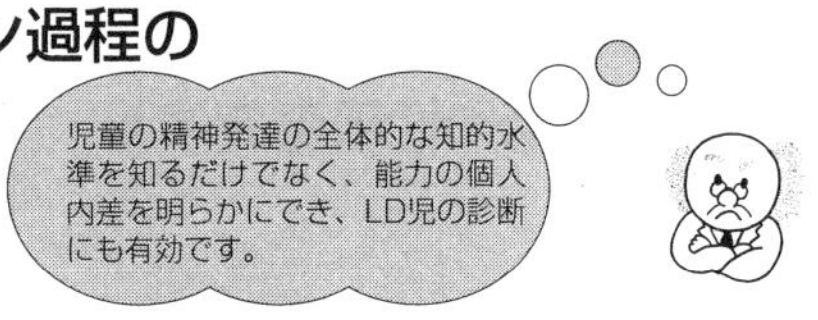
児童の精神発達の全体的な知的水準を知るだけでなく、能力の個人内差を明らかにでき、LD児の診断にも有効です。

検査名	ITPA言語学習能力診断検査（1993年改訂版） (Illinois Test of Psycholinguistic Abilities)				
目的	情報処理に関する臨床モデルから知的能力を分析的に明らかにする。認知発達に遅れや偏りをもつLD児などの認知構造理解に有用。	出版社名	日本文化科学社		
		適用年齢	3歳0カ月～9歳11カ月		
著者名	原著者：Kirk, S. A.,McCarthy, J. J. & Kirk, W.D. 日本版著者：旭出学園教育研究所 上野一彦、越智啓子、服部美佳子	所要時間	60分	発行年月	1992年12月

❁社会生活能力の測定に！

身辺自立・移動・作業・意志交換・集団参加・自己統制の6つの領域で構成されています。

検査名	新版　S-M社会生活能力検査				
目的	社会生活に必要な基本的な生活能力の発達を明らかにする。知的能力とは独立した社会的適応能力の測定。	出版社名	日本文化科学社		
		適用年齢	乳幼児～中学生		
著者名	（監修）三木安正 旭出学園教育研究所 日本心理適性研究所	所要時間	20分	発行年月	1980年10月

❄自閉児の行動特徴把握のために！

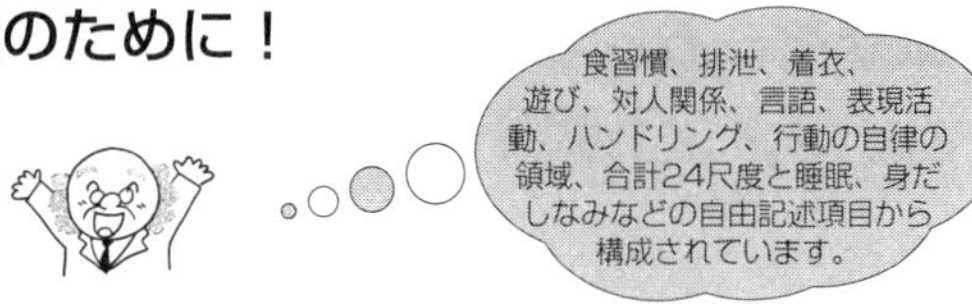
食習慣、排泄、着衣、遊び、対人関係、言語、表現活動、ハンドリング、行動の自律の領域、合計24尺度と睡眠、身だしなみなどの自由記述項目から構成されています。

検査名	精研式CLAC《クラック》-Ⅱ(一般用) (SEIKEN SHIKI Check List for Autistic Child-Ⅱ (for diagnosis))				
目的	自閉児の発達障害が、現在、どの側面について、どの程度であるかを明らかにする。その診断と今後の指導に役立てる。	出版社名	金子書房		
		適用年齢	2歳0カ月～12歳 (ただし、中学生以上でも重度で問題行動あれば検査必要)		
著者名	梅津耕作	所要時間	40~50分	発行年月	1980年6月

❄自閉児の治療方針を立てるために！

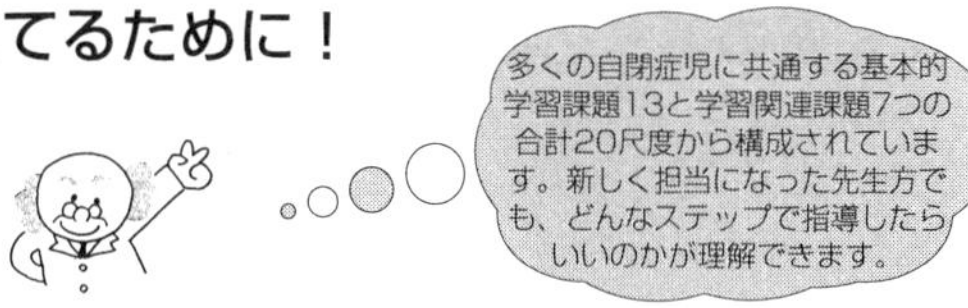
多くの自閉症児に共通する基本的学習課題13と学習関連課題7つの合計20尺度から構成されています。新しく担当になった先生方でも、どんなステップで指導したらいいのかが理解できます。

検査名	精研式CLAC《クラック》-Ⅲ(行動療法用) (SEIKEN SHIKI Check List for Autistic Child-Ⅲ (for behavior therapy))				
目的	複雑多様な状態を示す自閉症について、インテイク初期に、具体的な治療プログラムを立案することができる。	出版社名	金子書房		
		適用年齢	3歳0カ月～12歳 (ただし、尺度内容により段階5に達していない高年齢児にも可)		
著者名	梅津耕作	所要時間	60分以下	発行年月	1980年6月

❁動きをとおして学ぶ ムーブメント教育のために

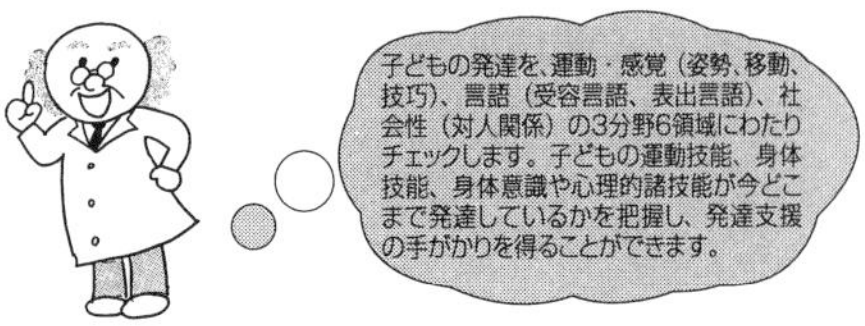
子どもの発達を、運動・感覚（姿勢、移動、技巧）、言語（受容言語、表出言語）、社会性（対人関係）の3分野6領域にわたりチェックします。子どもの運動技能、身体技能、身体意識や心理的諸技能が今どこまで発達しているかを把握し、発達支援の手がかりを得ることができます。

検査名	MEPA-Rムーブメント教育・療法プログラムアセスメント (Movement Education and Therapy Program Assessment-Revised)				
目的	MEPA-Rは、1985年に発行されたMEPAを、基本となる構成・内容は変えずに必要なアセスメント項目を増やして、30項目に統一している。全項目の評定に芽生え反応として（±）を加え、プロフィール表で発達の様子がわかりやすくなっている。	出版社名	日本文化科学社		
		適用年齢	0～72カ月		
著者名	小林芳文	所要時間	40分	発行年月	2008年3月

❁認知面の落ち込みのある子に！

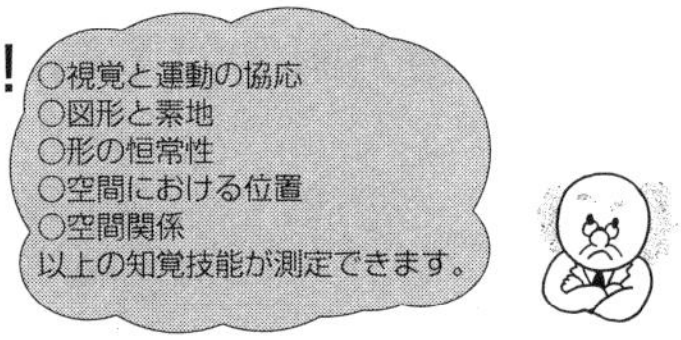
○視覚と運動の協応
○図形と素地
○形の恒常性
○空間における位置
○空間関係
以上の知覚技能が測定できます。

検査名	フロスティッグ視知覚発達検査				
目的	視知覚能力の発達が不十分な時に、学習障害や情緒障害を起こす子どもが多いので、その治療教育に役立てる。	出版社名	日本文化科学社		
		適用年齢	標準データは4歳から7歳11カ月の普通児でとったが、脳卒中等の成人にも。		
著者名	飯鉢和子、鈴木陽子、茂木茂八	所要時間	平均30～40分。年少児などは途中5～10分の休憩をはさむことが望ましい。	発行年月	1977年4月

(3) 発達検査ってなあに

まず、特に実施しやすく、親と教師がいっしょに行うことができる発達検査について紹介しましょう。

発達検査とは、あらかじめ決められた観察基準に基づいて保護者や教師が子どもの発達や行動をチェックし、子どもたちの発達の様子を明らかにするものなのです。

●主な発達検査

○遠城寺式乳幼児分析的発達検査
○乳幼児精神発達診断法
○新版K式発達検査
○改訂日本版デンバー式発達スクリーニング検査
※詳しくは松原達哉編著「心理テスト法入門　第4版」二〇〇二をぜひ、参照してください。

●発達検査実施の注意点や問題点

まず、何を目的に、どの検査を実施するのかを明確にしましょう。それが決まれば、次に発達検査の観察基準を自分勝手に解釈せず、解説書の理解から始めます。

発達検査は、観察基準に基づいて保護者や教師が子どもの発達や行動をチェックするために、保護者や教師の観察力がもっとも重要になります。いい換えれば、観察者の見方や感じ方で結果が大きく違ってきます。先入観を取り払い、子どもを決めつけて見ないようにします。そして、観察に予測や希望は禁物です。そのためには、保護者と教師が協力してチェックすることも大切です。

発達検査実施には、子どもを観察し見抜く力が大切です。ふだんから子どもたちと遊びなどをとおしてふれ合っていない保護者や教師は、子どもの実態を表面的にしかチェックできず、曖昧な検査結果になってしまいます。

検査の結果そのものより、検査をとおして子どもを深く見つめ、個性を知り、まるごと理解することが大切です。

(4) 子どものタイプ別、主な検査などの紹介

次のタイプの子どもたちについては、各種のアセスメントが必要であり、その子にあわせ、効率的で確実なテストバッテリーを組む必要があります。

自分だけで悩まず、詳しい先生や専門機関に相談しましょう。

タイプ別の子どもたちの様子については、第4章「子どもたちとかかわるプロの技」(85ページ)を参照してください。

アセスメントとは

○アセスメントとは：子どもの状態について情報を集めることです。
○テストバッテリーとは：最適な心理検査を組み合わせることです。

●自閉の子には

特有なこだわりや固執性があり、偏りのある発達をしている自閉症の子どもたちに

自閉症の各調査および検査紹介

○ DSM-Ⅳとは：国際的に広く用いられている自閉症診断基準の手引第4版で、アメリカ精神医学界が作成。
○ CARSとは：ショプラーが開発した小児自閉症評定尺度で行動特徴の偏りを評定できます。
○ PEP-Rとは：ショプラーを中心とするティーチプログラムのなかで開発された発達心理学的評価です。
○ CLAC-Ⅱとは：自閉児の発達的障害が現在どの側面についてどの程度であるかを明らかにできます。
○ CLAC-Ⅲとは：インテイク初期に具体的な治療プログラムを立案できます。

は、次のような検査法があります。

①知的にはどの程度か　↓　知能検査で。
②自閉症かどうか知りたい　↓　上記のDSM-Ⅳで調査。
③障がいの程度を知りたい　↓　※診断はあくまでも医者が行います。小児自閉症評定尺度（CARS）で行動特徴の偏りを評定します。（15項目）
④発達の特徴をおさえる　↓　「自閉児・発達障害児教育診断検査」（通称PEP-R）といいます。
⑤行動の特徴をおさえる　↓　教育目標や指導プログラムをたてるのに重要です。「自閉児の行動評定」（CLAC-Ⅱ（診断用）、CLAC-Ⅲ（治療方針および評価用））

●LD（学習障害）の子には

特に、LD（学習障害）の子では、個人内差の測定が必要になり、子どもたちの能力の偏りを把握することが大切です。

そのためには、上表に示してある三つの検査が有効です。また、LDの判断は、各領域の専門家がかかわり判断することになりますので、学級や学校で決めつけのレッテルを貼ることがないように十分配慮してください。

LDの心理アセスメントで使用される主な心理検査

検査名・使用目的	
〈主な検査〉	
WISC-Ⅲ	全体的知的発達水準・個人内差を把握する。LDの判断および個別指導計画作成に重要なデータとなるため、基本的にLD心理アセスメントの中心的な役割を果たす。
K-ABC	認知様式についての個人内差（継次処理・同時処理）を把握する。知識的な事柄の習慣度面のチェックもできる。
ITPA	個人内差（回路・過程・水準）などを把握する。言語能力の検査としても利用される。
〈補助的な検査〉	
田中ビネー式知能検査	全般的知的発達水準に関するチェック
絵画語い発達検査（PVT）	言語能力に関するチェック
グッドイナフ人物画検査（DAM）	身体像・視覚的能力のチェック
ベンダーゲシュタルトテスト（BGT）	模写による視覚・運動のチェック
フロスティッグ視知覚発達検査（DTVP）	視空間知覚のチェック

（上野他編著「LDの教育」2001）

（第4章「子どもとかかわるプロの技」LDの実態把握・判断・個別指導計画作成の流れ（104ページ）を参照。）

●ADHD（注意欠陥多動性障害）の子には

特に、ADHD（注意欠陥多動性障害）の子では、多動・不注意（注意の集中困難）・衝動性が症状の三大特徴とされています。米国精神医学会がつくったDSM-Ⅳという診断基準があるので活用すると便利です。

しかし、自閉症的傾向によるものや知的な遅れまたは行為障害に基づくものなどがありますので、診断には十分配慮し、専門機関との連携が大切です。

（第4章「子どもとかかわるプロの技」注意欠陥多動性障害の診断基準（105ページ）を参照。）

5　みさちゃんが教えてくれたこと

光明養護学校時代、私の実践のなかでも多くの失敗があり、子どもたちに申し訳なかったという出来事がたくさんありました。

そのなかの一つが「みさちゃんが教えてくれたこと」なのです。

決めつけのレッテル

みさちゃんは小学部三年生の女の子。発達検査では発語もなく、言語理解もかなり低い子どもでした。

学級で仲間わけ遊び（弁別学習）をしていた時のことです。黒板に魚やカニ・タコの絵カードを貼りだし、見本カードと同じ種類の絵カードを黒板に貼る学習をしていました。私は「さあー、同じカードを黒板に貼りましょう」と見本を見せながら子どもたちに指示したのです。

ゲーム形式での遊びのためダウン症のB君たちは、大喜びで学習に参加し、「今日の授業は大成功だ！」と私自身も教師としての自己満足の世界に浸っていたのです。

しかし、当然、みさちゃんは仲間わけゲームには興味を示さず、参加できませんでした。そのため、「やはりこの子は言語理解も低く、当然、弁別学習もできないのだろう。」とかってに判断していたのです。

教師の思い込み

しかし、どうしたことでしょう。黒板に貼ることも仲間わけもまったくできないと思っていたみさちゃんが、休み時間になると、カードの入った整理箱から魚やカニ・

タコの絵カードを取りだし、自分で自由に遊び始めました。そして、一枚一枚のカードを宙に放り投げ、楽しそうにしていたのです。しかも、驚いたことに投げだされたたくさんのカードを見ると、なんと同じ種類の絵カードだけが正確に同じ場所に山となっていたのです。

みさちゃんは、黒板でカードを貼るというゲーム形式の学習にはまったく参加できなかった（いや、しなかった）のですが、自分のペースで同じ絵カードを選びだし、きちんと弁別したのです。

私は、この出来事を真剣に受け止めました。そして、あの学習は、みさちゃんにとってはどうだったのだろうかと考察しました。

その結果、

○にぎやかなゲーム的活動はどうだったのか。

○黒板を使った活動はどうだったのか。

○「同じカードを貼って」という教師の指示は理解できていたのか。

など、私自身の指導力の問題点が浮き彫りになってきました。そして、この出来事をきっかけに子どもに決めつけのレッテルを貼り、実態を表面的にしか見られなかった自分を大いに反省しました。

特別支援教育に限らず教育に携わる教員全員が、子どもたちに対して、決めつけのレッテルを貼る（屈折した色眼鏡で見る）ことなく、子どもたちと素直に向き合い、子どもから学ぶ姿勢をいつまでも忘れないでほしいと思います。

6 「できない」という陰の真実

学校生活全体のなかで、子どもたちとのかかわりのなかから、子どもたちの姿が見えてきたでしょうか。

子どもたちと楽しくかかわり、子どもたちから学び、いろいろな実態調査について理解できたら、次の段階に進みましょう。

●実態を掘り下げよう

障がい児の教育に携わっていくと、「着替えもできない、集団に入れない、靴も一人で履けない」などという「〜ができない、〜もできない」という多くのできない現実にぶつかります。

そして、実態調査はしたもののできない原因がさっぱりわからないと、われわれ教師を悩ませ、「どうせこの子は何もできない。」とか、「できないのはこの子どもたちの実態が重いせい。」とあきらめともつかない多くの愚痴が聞こえてきます。

また、実際の指導場面でも、着替えができない子や靴の左右を間違えてしまう子に、なんの手だてや工夫・支援もせず、毎日ただ子どもの手をとって繰り返しの指導をしていませんか。

しかし、ちょっと待ってください。

まず、できない原因を子どものせいにせず、あなた自身が、その子とじっくり向き

奥底を見つめるための手順シート

①できない事実はなんですか

○まず、事実だけを記録しましょう。

○条件の違いから事実に何か変化はないですか。

↓

②できない事実の条件や状況を整理しましょう

○学習環境（場所・集団・時間・季節など）。

○物的環境（場所・位置・色調など）。

○人的環境（集団の大きさ、かかわり方・声がけ・姿勢・視線など）。

↓

③できない事実と関連すると思われる項目を整理しましょう

○頭のなかを整理し、関連図を書いてみましょう。

○関連図のデッサンは番号を付け残しておきましょう。

○関連図もＰ（計画）→Ｄ（実施）→Ｃ（評価）→Ａ（改善）の流れで修正しましょう。

↓

ここまでくれば、できない陰に隠された原因も、少しずつ理解できてくるでしょう。

↓

④少しの努力をしてみましょう

○主な実態調査の種類を少しずつ理解しましょう。

○人間の発達段階を理解しましょう。

○ミクロ的・マクロ的見方に慣れましょう。

○記録の累積・整理に心がけましょう。

あい、「何が原因でできないのか。」とか、「何か工夫はないのか。」と考える教師の基本姿勢をもちましょう。そして、プロの教師として、できない原因を探る努力をしていきましょう。

○あなた自身の観察の仕方はどうでしたか？

○実態を掘り下げ、注意深く原因を探ったことはありましたか？

子どもたちは、すばらしい能力をもち、われわれが想像もできない多くの可能性を秘めているのです。できない原因を子どものせいにするのはやめ、われわれ教師自身の心の甘さに一度は目を向け、指導力に反省を加えましょう。
それでは、「奥底を見つめるための手順シート」に従って、注意深くできない現実の奥に隠されている真実に目を向ける訓練にチャレンジしましょう。

●できない現実にかくされた事例

「み・つ・よ・し」君の文字指導―図-地の認知能力からのアプローチ―を例に具体的に考えてみましょう。

M君は光明養護学校高等部一年生。小学部・中学部時代から授業のなかで文字の学習を繰り返し、ひらがなの読み方となぞり書きはなんとかできるようになってきました。

しかし、高等部になっても、まだ自分の名前も書けず、「もうこの子は自分の名前は書けないだろう。」と思われていた生徒でした。

この生徒のできない事実を手順シートに沿って整理してみると次ページの手順シートのようになりました。

できない事実を手順シートに沿って整理し、検査を実施してみると次のことがわかりました。

フロスティッグ視知覚発達検査結果から、視覚と運動の協応（知覚年齢4：09）、図と地（知覚年齢4：09）、空間における位置（知覚年齢3：03）が、M君の生活年齢に比較し、かなり落ち込みが見られ、はみださずに線が引けない、ごちゃごちゃに入

みつよし君の手順シート例

①できない事実

○なぞり書きはできても自力で名前を書けない。

↓

②できない事実の条件や状況を整理

○鉛筆やクレヨンの太さを工夫しても書けない。

○名前カードの手本を見ながらでも書けない。

○ひらがなの読み方は理解している。

↓

③できない事実と関連すると思われる項目の整理

○いまだに靴の左右を履き違える。

○服のボタンを掛け違えたりする。

↓

④少しの努力とアイデアを！

○認知的な検査が必要ではないか。

○フロスティッグ視知覚発達検査を実施したい。

り組んだ図形のなかから一つの図形を選びだせない、形の方向がわからず同じ形を選べないなどの多くの認知面の問題が見られました。

そこで、実際の指導に当たっては、フロスティッグ視知覚発達検査の結果を参考に、光の偏光刺激を利用した教具および指導プログラムを作成し、M君の視知覚能力を少しでも高め、効果的に自分の名前が書けるような実践を試みてみたのです。

なんと、M君は、「み・つ・よ・し」と自分の力で書けるようになったのです。

手順シートに従ってできない原因を探ってみましょう！

●M君の文字指導アプローチまでの手順

①ねらい

M君が１人で自分の名前を書く。

↓

②実態

○なぞり書きはできるが、自分の名前は書けない。
○靴の左右を間違える。

↓

③分析・考察

○フロスティッグ視知覚発達検査の結果、図と地、空間関係などの認知力に問題があった。
○単なるなぞり書きの繰り返しでは、いつまで練習しても、名前は書けない。

↓

④発想

○光を利用し、文字の影を写しだし、影の濃さを調節できる教具ができないか。
○偏光シートを利用すれば、図－地の認知力を高めることができないか。

↓

⑤製作１

ピカピカボックス

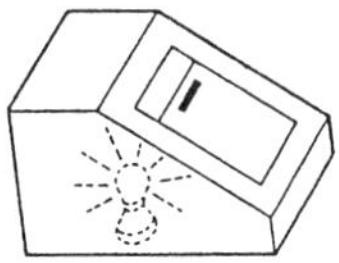

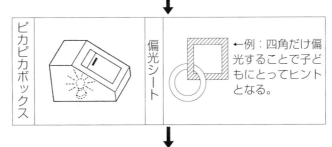

偏光シート

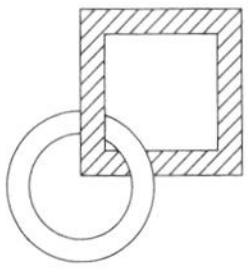

←例：四角だけ偏光することで子どもにとってヒントとなる。

↓

⑥活用・評価

○偏光シート利用により、図－地の認知力が高まった。
○ピカピカボックスで名前の練習をした結果、影の手がかりがなくとも名前が書けるようになった。

↓

大　成　功！

●ピカピカボックスの概要

1．教具のねらいおよび概要

なぞり書きはできるが、まだ自分の名前を書けないM君のために本教具を製作しました。

○ベニヤ板でボックスをつくり、光量を調節するコントロールスイッチをつけ、照度差を利用し、文字の影を写しだし、文字練習ができるようにしました。

○前面にプラスチック板2枚を取りつけ、名前シートをはさめるようにしました。

○OHP用の偏光シートを利用し、図－地の認知力を高める弁別シートを工夫しました。

2．ピカピカボックスの使用方法および使用の効果

使用方法A　①名前シートをプラスチック板の間にはさむ。

（文字指導）　②上部に白い紙をおく。

③光量を調節し、文字の影（手がかり）を変化させ、名前をなぞる。少しずつ影を薄くし、M君に文字のイメージを記憶させる。

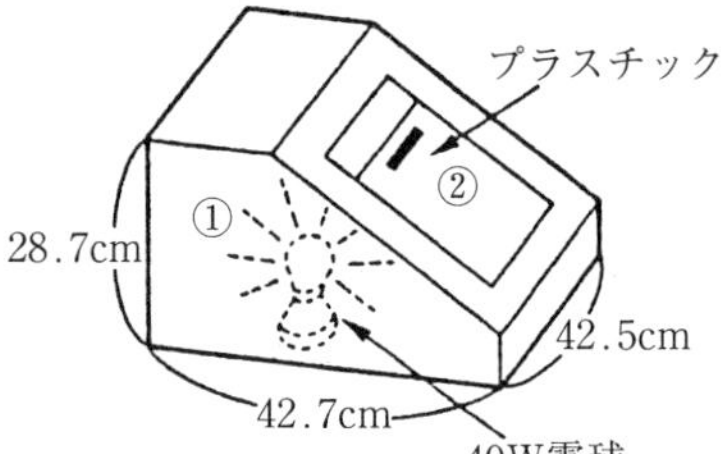

ピカピカボックス

●M君の文字練習

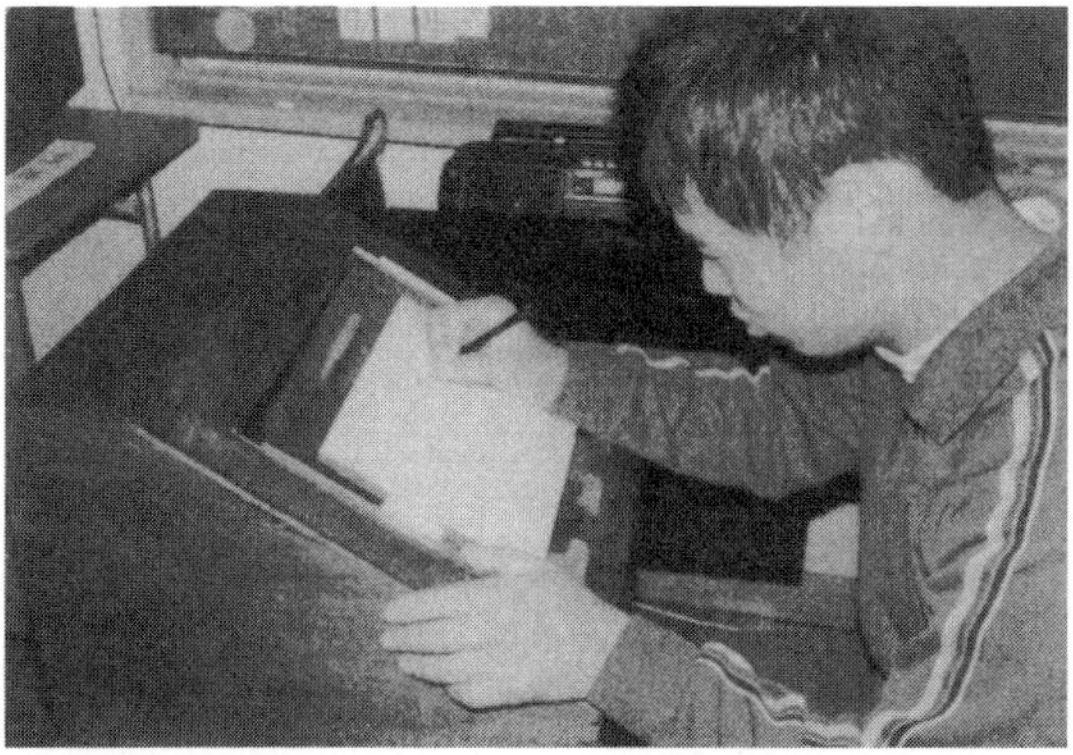

使用方法B（図と地）
①弁別シートと偏光シートをプラスチック板にはさむ。
②上部に白い紙を置く。
③形の弁別ができない時は、偏光シートを動かし、M君に手がかりを与える。
※選びたい形だけが動きだす。

使用効果
M君は、図と地や空間関係などの認知力が高まり、自分の名前も手がかりなしに書けるようになった。また、学校生活においても靴の左右を間違えなくなったり、名前が書けるようになったことで自信がついてきた。

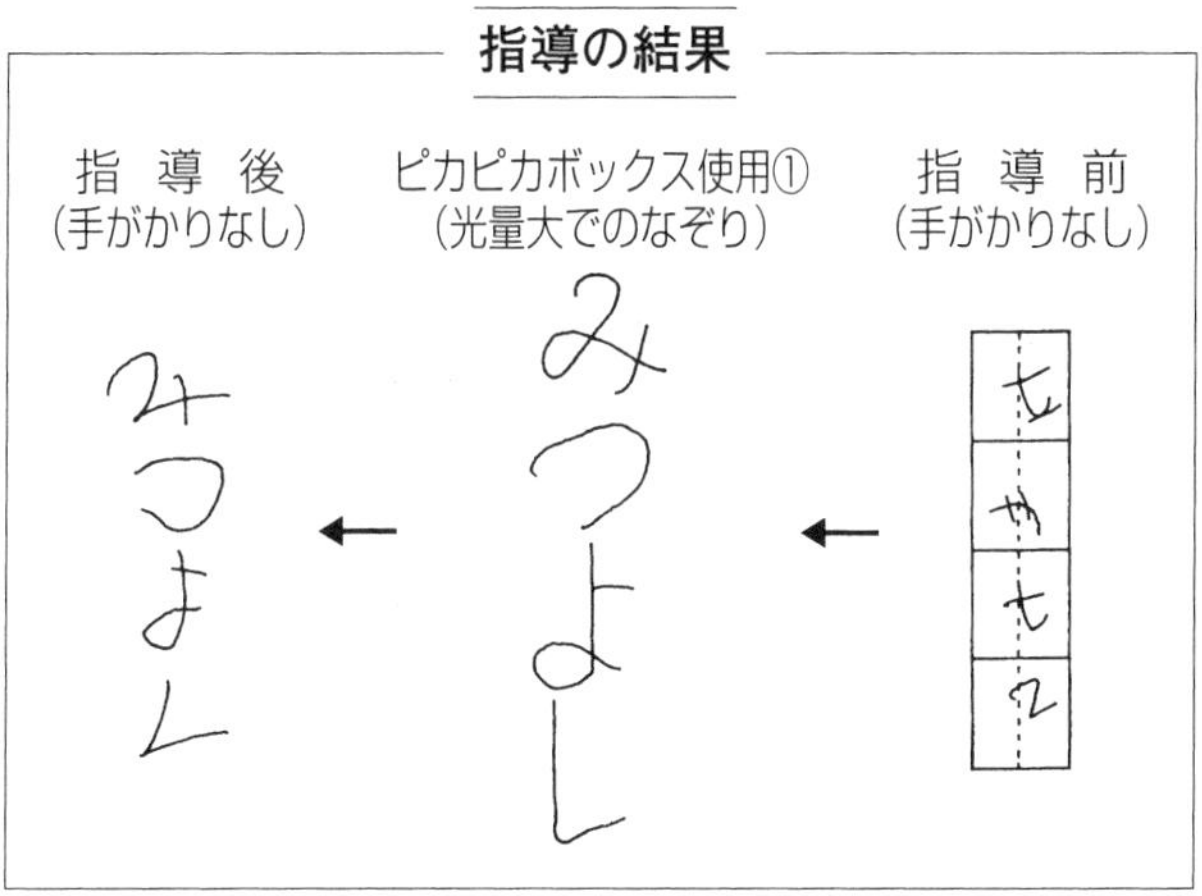
指導の結果
指 導 後
（手がかりなし）
ピカピカボックス使用①
（光量大でのなぞり）
指 導 前
（手がかりなし）

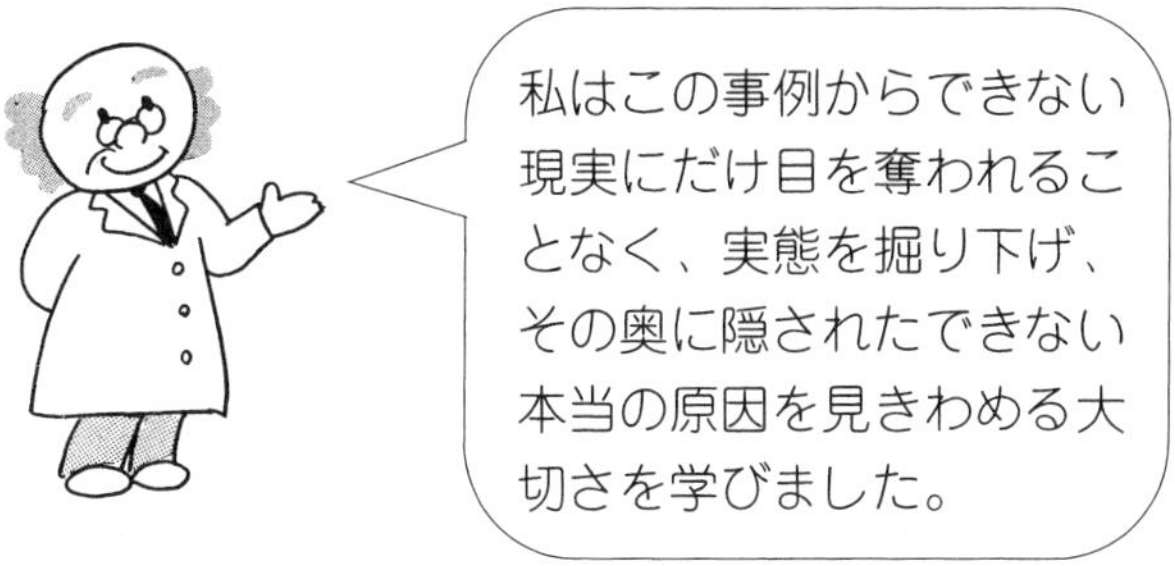
私はこの事例からできない現実にだけ目を奪われることなく、実態を掘り下げ、その奥に隠されたできない本当の原因を見きわめる大切さを学びました。

7　日々の記録を大切に

実践家は記録で勝負！

子どもたちの実態を掘り下げ、「できない」という陰の真実に少しでも目を向ける訓練と心構えができてきたでしょうか。子どもたちの日常の様子やできない事実について詳しく観察していくと、教師の発想も必要ですが、それ以上に毎日の地道な観察記録の累積と整理が必要になるのです。

記録の書き方や整理の仕方一つで、見えるものも見えなくなり、子どもたちの実態やできない原因の大切な部分を見過ごすことになってしまいます。

この子は障がいが重いから何も変わらないとあきらめる前に、ミクロ的な見方に慣れ、日々の記録を継続しましょう。そして、記録を継続するなかから、記録の取り方や整理の仕方を自分なりに工夫し、プロの教師に近づきましょう。

この記録の累積と整理こそが、実践の反省→評価→改善につながり、一人一人の実態に応じた指導が可能となるのです。

記録のための
記録に終わら
ないように、
記録の取り方
レベルアップ
法を参考に！

●記録の取り方レベルアップ法①

①なんのための記録か！

○まず、なんのために、なんの記録をとるのか明確にしましょう。
○毎日繰り返される感想文的な同じ文章は意味がありません。

②記録の方法の工夫を！

○目的に応じて記録用紙を工夫しましょう。
○記録の方法は必要最少限度に項目を設定し、文章化と同時に記号化できるところは工夫しましょう。

③記録の整理を確実に！

○毎日の記録は膨大な量となり、書きっぱなしの記録は、「記録のための記録」に終わってしまいます。
○指導に活用できるよう期間を決めて整理しましょう。

④記録機器の活用を！

○記録の内容は文章だけでなく、各種の記録機器も活用し、子どもの変容をとらえましょう。
○パソコンを利用した整理法（データベース化）にもチャレンジしましょう。

⑤「生きた記録」とするために！

○整理した記録に考察を加え、子どもの姿や変容を明確にしましょう。

8 自分の記録を見直しましょう！

あなたがいろいろな記録を読み返していると、毎日かなりの時間を費やして書き続けた貴重な記録でも、同じことの繰り返しであったり、抽象的な言葉が多く、記録としての文章になっていないことに気づくでしょう。まず、自分の記録を見直し、プロの教師としてのレベルアップを図りたいものです。それでは、抽象的文章の例として、上の「記録の取り方レベルアップ法②」を見てみましょう。

●記録の取り方レベルアップ法②

（例文）

動くおもちゃ（A）を見ても（B）、あまり（C）、反応（D）を示さない。

- A．動くおもちゃ
  →どんな動きをするものなのか具体的でない。
- B．見ても
  →姿勢・目の位置・視線の動きはどうかなどが明確でない。
- C．あまり
  →抽象的すぎ、Bと関連させ、見ている持続時間などを詳しく書く必要がある。
- D．反応
  →どんな反応なのか。

記録は、具体的な言葉で！
子どもの実態・変化の様子などが読み取れる記録の書き方を練習しましょう！

第4章

子どもとかかわるプロの技

この章では、プロの技として、子どもとのかかわりの基本である遊ばせ方やほめ方を解説し、うまくつきあうためのポイントを紹介します。

また、学習障害や注意欠陥多動性障害、自閉症の子どもたちとのかかわり方についてもわかりやすく解説します。

ぜひ、子どものきら星を見つけ、子どもたちの心の声に耳を傾けてください。

1　遊ばせじょうず・ほめじょうず

子どもたちと同様に、われわれ教師もいろいろな個性を持った一人の人間です。しかし、どんな教師でも、子どもとかかわるための共通した大切なポイントがあるはずです。

子どもたちと自信を持ってかかわるために、ぜひじっくりと子どもと同じ目線になっていっしょに遊び、子どもたちのなかに入りこみましょう。

遊ばせじょうずの3原則

1　教師も遊びの天才になりましょう。

○何か教えなくてはという教師感覚は捨て、まず、子どもたちといっしょに汗を流して、楽しく遊びましょう。

○子どもの目線になって遊ぶことを忘れずに。

2　「大好き探し」をしましょう。

○子どもの一番好きな物や遊びは何かじっくり観察し、見つけましょう。

○自由に遊べる場や環境を設定してください。

○こだわりも立派な「大好き」の一つです。

3　可能性を信じましょう。

○できない行動にばかり目を奪われずに、温かく、やさしい目でつきあいましょう。

子どもたちといっしょに動こうとせず、何もせず、腕を組んで指示ばかり出している「口だけ教師」では、子どもとうまくかかわることはできません。泥んこも気にせず、教師から子どもたちを遊びに誘い、いっしょに汗を流して遊びましょう。遊ばせじょうずな教師だけが、子どもの気持ちを理解し、じょうずにかかわることができるのです。

ふだんの学校生活や学習中、「これはだめ！　あれもだめ！」、「これしなさい！　あれしなさい！」など、禁止や命令調の言葉ばかりを連発していませんか。どの子も（われわれ教師自身も）、自分の行動や行いをほめてもらいたいのです。早く「ガミガミ教師」を卒業し、子どもたちの良さを見つけ、ほめじょうずになってください。

ほめじょうずの教師は、裏を返せば叱りじょうずでもあるのです。子どもの行動を肯定的に見つめながら、ほめるということを基本において、子どもたちの行動をとおして、ほめるタイミングや叱るタイミングを見きわめ、子どもたちに自信とやる気を起こさせましょう。

最近、子どもたちの自主性や主体性を大切にという名のもとに、教室のなかで子どもたちが勝手に動き回り騒いでいても自由にさせておくという教師も見受けられます。これは、教師自身が自分の指導力の甘さに気づかず、子どもたちの主体性と勝手気ままをはき違えています。

障がいがあろうとなかろうと、あなたも叱りじょうずになり、その子の実態にあわせ、集団や学級での決まり・約束をしっかり身につけさせてください。

ほめじょうずの3原則

1 その場でほめましょう。
○行動を具体的にほめましょう。
○その場で「即」が鉄則です。
○言葉だけでなく、全身でスキンシップを図りながらほめましょう。

2 ほめじょうずは叱りじょうずと心得ましょう。
○教師の虫の居所で対応が変わってはいけません。
○感情的に叱る行動は慎みましょう。
○子どもたちがほめられること叱られることの区別がつくように、同じパターンで対応しましょう。
○叱った後のフォローを大切にしましょう。

3 自己有能感を育てましょう。
○考えや態度を励まし、受容的な働きかけを基本におきましょう。

それでは、実際の事例をとおして、子どもへのほめ方・叱り方を具体的に考えてみましょう。

●ほめ方・叱り方の実際

新学期が始まり、行動の面で気になる子どもたちとのかかわり方で悩んでいる先生方が多いのではないでしょうか。そして、ほめ方や叱り方で悩んでいる先生はいませんか。特にこだわりのある子や集団になかなか入れない子の場合、新しい環境になじめず、いろいろな問題行動を起こしてしまいます。そんな子どもたちが多い学級では、新学期スタート時期のかかわり方がポイントです。

それでは、集団や新しい環境に不適応を示すA君の事例をとおして、子どもへのほめ方や叱り方をいっしょに考えてみましょう。

【事例】集団や新しい環境に不適応を示す子の場合

【A君って、どんな子!】

A君の行動の様子

○B養護学校小学部2年の男子です。
○言葉は、反響言語が多いのですが、指示の理解は高く、教師との簡単な約束は守ろうとします。
○こだわりがあり、日程の急な変更や新しい環境に対しては不適応を起こしてしまいます。
○一人遊びが多く、大きい集団になかなか入れません。また、騒がしい場所は苦手のようです。
○トランポリンなどのゆれ遊びや教師とのスキンシップ的な遊び（ブンブン飛行機）が大好きです。

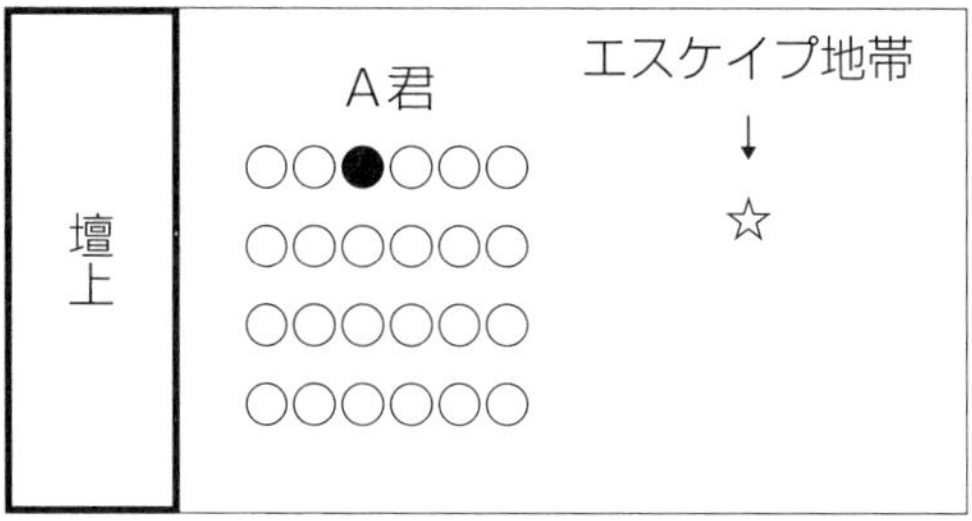

体育館の様子

【ほめた例】―始業式から―

がんばったねA君

新年度の始業式。長い春休みを家庭でゆったり過ごしたA君なので、体育館での大人数での始業式には不適応を起こすのではないかと心配していました。

しかし、予想に反し、体育館の外に逃げだしたり、大声で騒いだりせず、A君なりに安定して参加することができました。

その後は当然、ご褒美として、A君の大好きなブンブン飛行機（腕を持って回転させる）をして遊びました。

●A君が安定していた原因は。

○始業式全体を具体的な楽しい流れにし、短時間で終了するように式の内容を工夫していたこと。

○式の流れを前もって家庭に連絡したり、当日の朝の会で、十分説明し確認させたこと。

○A君との約束として、疲れたら列を離れてもいいが、学級の後方のロープの中（エスケイプ地帯）にいることを確認させ、できたらご褒美にブンブン飛行機で遊ぶことを告げ、具体的に目標をもたせたこと。

【叱った例】―新入生歓迎会から―

がんばれA君

新年度が始まり、小学部でも新入生を迎えてのお楽しみ会を実施しました。

声がけのタイミングをのがさずに！

始業式同様に、A君とはいろいろな約束をしたのですが、会の途中で不安定になり騒ぎだしてしまいました。

隣の友達をつねる行動も見られたので、その行動をやめさせ、体育館の外へタイムアウトさせ、落ち着くのを待ち、再度歓迎会に参加させました。

言葉や態度できつく叱った訳ではないのですが、その後は安定していました。

●A君が不安定になった原因は。
○新入生とは初対面のため、かかわりに不安を持ったのではないか。
○新入生自身が不安定になり、会場全体がうるさくなってしまい、A君がエスケイプ地帯に逃げこむ前に不安定になり、友達をつねったりする行動につながったのではないか。
○初めてのゲームが多かったので、見通しがもてなかったのではないか。
○新入生に気をとられ、A君の心の変化に気づかず教師の声がけのタイミングが悪かったのではないか。

●叱った後、安定したのはなぜ。
○言葉や態度できつく叱った訳ではないのですが、体育館の外に出ると、A君のイライラも少しずつおさまりました。これは、外に連れ出すことにより、不安定の原因である騒々しい状態や見通しの持てないゲーム内容から開放され、A君自身の精神状態が安定したためだと考えられました。

できる状況づくりの工夫を！

【A君のような子のほめ方・叱り方のポイント】

集団や新しい環境に不適応を示すA君の事例をとおして、次のようなほめ方や叱り方のポイントが分かってきました。

●叱るより、まずできる状況づくりを。

A君は、教師のかかわり方や支援の工夫一つでだいぶ行動が違いました。集団や新しい環境に不適応を示すA君にとって、次のような工夫が効果的でした。

○学習内容及び活動内容の精選
○集中できる時間の把握
○見通しが持てる活動内容の工夫
○具体的な指示の与え方の工夫
○集団の大きさや質の工夫
○場所や教具等の配置の工夫　など

●ほめ方のポイント。

A君にとっては、言葉だけでなく、タイミングを外さず体の接触を伴った快い刺激が有効でした。目標の行動がすべて完璧に達成されなくとも教師側の「ほめるという基本姿勢」が大切です。

●叱り方のポイント。

A君にとっては、むやみに大声で叱るより、叱り方の質を考え、「無視」、「その場からのタイムアウト」などの方法も効果的でした。

　また、不適応を起こしている時に、なぜ叱っているかを説明しても理解できないようで、少し時間を置き、安定してからの説明と行動修正の方が効果がありました。

（辻「障害児の授業研究」Vol.71）


　A君に限らず、子どもたち一人一人に個性があり、それぞれにほめ方・叱り方は違います。しかし、基本的なほめ方や叱り方のポイントは同じではないでしょうか。ぜひ、教師側のかかわり方や支援の方法をもう一度見直し、効果的なほめ方や叱り方を実践してください。

2　子どもの「きら星」探し

　遊ばせじょうず・ほめじょうずになった教師は、次に子どもたちの「きら星」を探しましょう。

　今、子どもたちの主体性が大きくクローズアップされ、子どもたち一人一人の個性を大切にした教育の重要性が改めて叫ばれています。どの子どもたちも、かけがえのない存在であり、子どもたち一人一人にキラキラ光る個性があるのです。そして、その子なりにその子らしいゆったりとした時間が流れているのです。

子どもの「きら星」探し5原則

1 その子の個性を認めましょう。
○教師の人間性や価値観を高め、その子の個性を認めましょう。

2 視点を変えて実態をとらえましょう。
○できない現実より、見方を変えて、少しでもできることを見つけましょう。

3 「興味・関心」を大切にしましょう。
○子どもの活動の様子から、目を輝かせる瞬間を見つけだしましょう。

4 個性や良さを可能性につなげましょう。
○教師のアイデアや働きかけ方一つで、可能性を引きだすことができるのです。

5 教師も自分自身の「きら星」を見つけましょう。
○教師自身も自分の長所や欠点を自覚し、子どもと接しましょう。

みんなちがって みんないい

童謡詩人の金子みすゞは、

鈴と、小鳥とそれから私
みんなちがって、みんないい。

と詩いました。

どの子も違っているからこそ、その子の個性が光り、どの子も輝くのです。障がいが重く言葉のない子どもたちでさえ、かかわりのなかで、言葉にならない心の声で本当に多くのことを語りかけてきます。あなたはそれを感じとり、その子の良さを見つけだす責任があるのです。そして、その子の可能性を少しでも引き出す義務があるのです。

ぜひ、教師は子どもの可能性を信じて、子どもの「きら星」を探しだし、あなたの働きかけで、十分に可能性を引き出してください。

3　本当に問題行動なの？

さまざまな子どもたちとかかわってくると、本当にいろいろな個性を持った子どもたちと出会い、その子どもたちの気になる行動や問題行動に悩まされます。

授業中、奇声を発し、ウロウロ立って歩き授業にならない。本も開かず、一日中ボーッとして過ごし、好き勝手な行動が目立つ。一斉授業についていけず、学習の遅れが激しいなど、このような子どもたちが一人でも学級のなかにいると、確かにその子の対応に追われ、どうしてもその子だけに目がいきがちです。そして、その子にどんな良い点があったとしても、気になる行動にかき消され、その子の行動すべてを問題行動(?)としてとらえてしまうのです。

しかし、本当にその子の気になる行動は問題行動なのでしょうか。接し方やかかわり方、授業の展開の仕方など教師側には問題はないのでしょうか。こんな事例がありました。


C君は自閉的傾向があり、日程の急な変更や教師の厳しい禁止や命令の言葉に必要以上に嫌悪感をもつ児童です。

四月になり、新しい担任になったとたんに学級のなかで不安定になり、友達や教師に対しても乱暴な行動が目立ってきました。

B先生は厳格で厳しいタイプの先生のため、C君を自分のペースにのせようと必死です。C君のこの行動はB先生にとって、どうしても理解しにくい行動のようです。

子どもは、教師の心の動きを察知する天才

以上の事例をあなたはどう受けとめますか。このようにB先生にとって気になる問題行動も、実はわれわれ教師側の〝実態の見方やかかわり方〟の違いによって大きく変化するのです。

子どもは、教師の対応の仕方に敏感であり、教師の心の動きを察知する天才なのです。そして、いつも子どもたちはわれわれ教師の動きを見つめ、実力を試し、評価しているのです。教師自身こそ子どもの動きや反応の仕方から大いに学ぶ必要があるのです。

●気になる行動をチェック

さあーそれではもう一度、次の点に注意し、自分の担当している子どもたちの気になる行動をチェックしてみてください。

○気になる行動は、いつ・どこで・どのようにあらわれますか。
○保護者や外の先生方も、気になる行動だと思っていますか。

- ○あなたのかかわり方は間違っていませんか。
- ○気になる行動の主な原因はなんだと思いますか。
- ○改善が必要な行動でしょうか。

どんな気になる行動でも、担当教師のかかわり方や場の雰囲気など周囲のいろいろな環境の違いによって変化するのです。

奇異に思える子どもたちの行動も、実は子どもたちからの心のメッセージであり、なんらかの心の叫びなのです。原因も探らず、教師の一方的な見方だけで判断し、教師が右往左往してしまっては、かえって子どもたちが混乱してしまいます。

その子にどんな良い点があったとしても、その子の問題行動（?）ばかりが気になり、常に頭から離れず悩んでしまうものです。まず、自分の一方的な見方を捨て、その子の情報をより多く集め、多方面からその子の気になる行動の原因をじっくりと探りましょう。そうすれば、気になる子どもたちの心に入り込むことができ、子どもたちとじょうずにかかわるポイントを見つけることができるでしょう。

行動は心のメッセージ

4　あなたの学校にこんな子いませんか

あなたの学校や学級には、次のような子どもたちはいないでしょうか。

- ○授業中、奇声を発したり、ぶつぶつ独り言をいっている子。
- ○一つのことに異常にこだわり、あまりに固執性の強い子。

○一斉指導での授業に参加できず、ボーっとしていたり、みんなとは違ったことをしている子。
○みんなと同じ課題はできず、どことなく何かが違うと感じる子。
○集団に入れず、集団の決まりや約束が守れない子。
○読み、書き、算数の能力に大きな差が見られる子など。

子どもたちとかかわるポイントや問題行動の基本的なとらえ方をお話してきましたが、それだけではどうも行動や学習状況が腑におちない子どもたちがいるのではないでしょうか。

どんな子どもたちでもかかわり方の基本は同じです。子どもたちの「きら星（良さ）」（93ページ）を見つけだし、可能性を引き出すことが大切なのです。

しかし、実際には学校のなかに、いろいろなタイプの子どもたちが在籍しているため、教師のがんばりだけではどうしようもできない子どもたちもいるのです。

そんな時には、ちょっと深呼吸しましょう。まず一息入れて、自閉的傾向のある子どもたちや学習上特別な配慮を要する子どもたちの「Q＆A」情報をしっかり頭に入れてください。それだけでも心のなかに自信が湧いてくるはずです。

(1) 発達障害の関係について

Q 自閉症とか学習障害という言葉を聞きますが、発達の障がいの分類などについて教えてください。

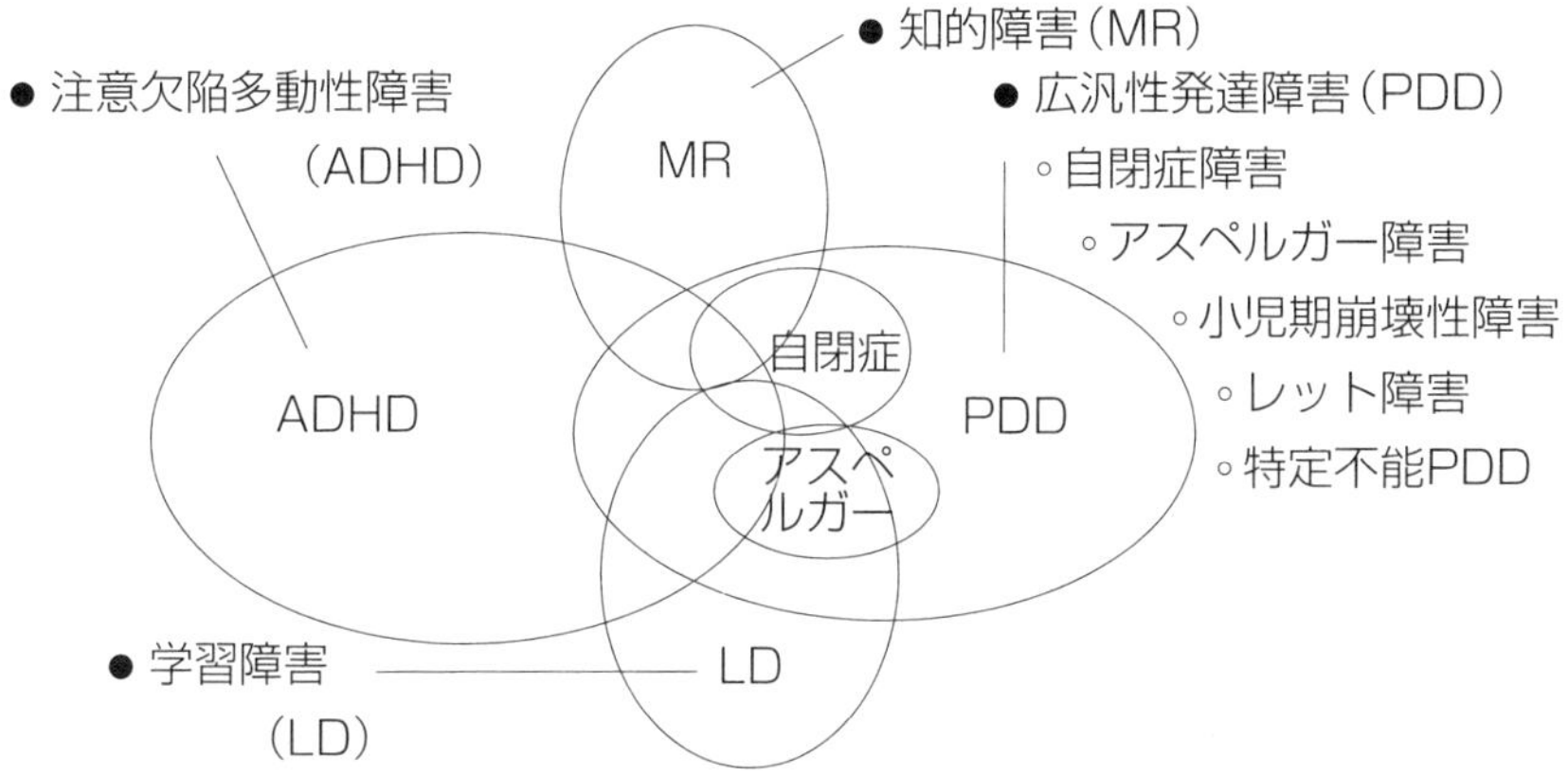

発達障害の関係

A 学校や学級のなかで、学習に困難を示す子どもたちは、大きく上の図のように分類され、関係づけられています。

(2) 知的障害（MR）の子どもたち

Q 原因はなんですか。

A その原因は多種多様で、具体的には不明なところが多いのです。しかし、主には中枢神経系の器質的・機能的障害に加え、心理的・社会的条件がその要因と考えられます。

Q 知能水準はどうなっていますか。

A 次ページ上表のようになっていますが、あくまで、知能水準の目安です。最近は軽度や重度という言葉を使用しなくなりました。子どもたちの実態を見抜いて、日常生活や社会生活への適応能力を高めるよう指導に当たりましょう。

Q どのような子どもたちですか。

A 発達期に起こり、知的能力が低く適応行動に困難を示す子どもたちです。特に抽象的な思考がむずかしく、全般的に未発達な子どもたちですので、具体的な体験をとおして学習することが大切です。

(3) 広汎性発達障害(PDD)の子どもたち

Q 広汎性発達障害(PDD)とはなんですか。

A 発達障害の一種で、自閉性障害やアスペルガー障害、小児期崩壊性障害、レット障害が含まれています。

特に特徴として、①社会性や対人関係の発達の悪さ、②コミュニケーションのとりにくさ、③強いこだわりや興味関心の限定、反復的・常同的な行動の出現、などが共通して見られる子どもたちです。

そのなかでもアスペルガー障害や高機能自閉症とは、広汎性発達障害のなかで言語あるいは認知的発達に遅れが見られず、全体的知能は正常で不器用な子どもたちです。また、男児に多く出現する傾向があります。

レット障害とは、広汎性発達障害のなかでも、女子にだけ出現し、脳の発育・発達の停止が見られ、どんどん機能的に退行してしまう障がいです。

知能水準について

おおむね知能指数(または発達指数)が70~75程度以下の水準です。現在は軽度・中度・重度の言葉での規定はしなくなりました。

(4) 自閉的傾向のある子どもたち

Q 原因はなんですか。

A なんらかの脳障害を基盤とした発達障害と考えられています。

Q 自閉症の診断基準はなんですか。

A 診断基準は次の四つが考えられます。

①発症は三歳以前です。

②社会的相互作用の質的で著しい障がいです。

③コミュニケーションの質的で著しい障がいです。

④行動、興味、活動のパターンが制限され、偏っています。

※常同行動や同一性保持が見られます。

Q 自閉症児の学習場面や生活場面での特徴的な様子を教えてください。

A 次のような特徴が見られます。

言語：おうむ返し、独り言、コマーシャル、一方的会話などが見られます。

対人関係・社会性：孤立、視線があわない、周囲に関係のない勝手な行動などが見られます。

運動機能：動作模倣などが苦手です。よく発達している子と不器用に見える子が対照的です。

知覚・認知能力：感受性には非常に敏感な面と極端に鈍感な面とがあります。味覚に対しては非常に敏感で偏食が著しい場合があります。触覚も敏感で、自分の好きな感触を楽しみます。音に対する特異な反応が見られます。

固執傾向：ものの順序や決まりなど、ちょっとしたことであっても、それが変更されることを極端に嫌い、それが抑えられた時にパニックを起こすことがあります。

知的能力：単純な機械的記憶はできますが、自分で思考能力を働かせて、その課題状況にあった解決を見出すことは難しいです。良好な潜在能力が見られます。

自閉的傾向のある子どもたちの目につく問題行動ばかりに気をとられずに、ゆったりしたペースで、子どもたちの良さを見つけだしてください。

特徴的な様子はありますが、子どもたち1人1人に個性があるのです！

(5) LD（学習障害）の子どもたち

Q LDとはなんの頭文字ですか、またどんな子どもたちですか。

A LDとは〈Learning Disabilities〉の頭文字で、学習障害の意味です。

定義：基本的には全般的な知的発達の遅れはありませんが、聞く、話す、読む、書く、計算する、または推論する能力のうち特定のものの習得と使用に著しい困難を示すさまざまな状態のある子どもたちです。

LD児が困難を示す領域

①学　　力：読み・書き・算数の障がい
②話し言葉：聞く・話すの障がい
③社 会 性 ：ソーシャルスキル・社会的認知能力の障がい
④運動能力：協応運動・運動企画能力の障がい
⑤注 意 力 ：注意の集中や持続力の障がい・多動・多弁

LD判断の基準

①全般的認知能力は平均的である
　○知能の水準は平均的かそれ以上
　［WISC-Ⅲでは、言語性IQないし動作性IQが85以上］
　○運動機能に大きな問題（マヒなど）がない
　○感覚障害（視力、聴力低下の問題）がない
　○１次的精神障害がない
　○学習に不利な環境ではない
②学習（1内容とは限らない）に困難がある
　［学齢期：学年で2学年以上の遅れ］
③背景として中枢神経系の機能障害が想定される

Q ＬＤの原因はなんですか。

A 原因は中枢神経系になんらかの機能障害があると推定されますが、視覚障害、聴覚障害、知的障害、情緒障害、などの障がいや環境的な要因が直接の原因となるものではありません。

※ＬＤの出現率は、男子：女子は４～６：１の割合です。

（ＬＤ児・者を持つ親の会編「きみといっしょに」１９９６）

Q ＬＤ児は、どんな領域に困難が見られるか教えてください。

A 上表「ＬＤ児が困難を示す領域」に示す困難が見られます。

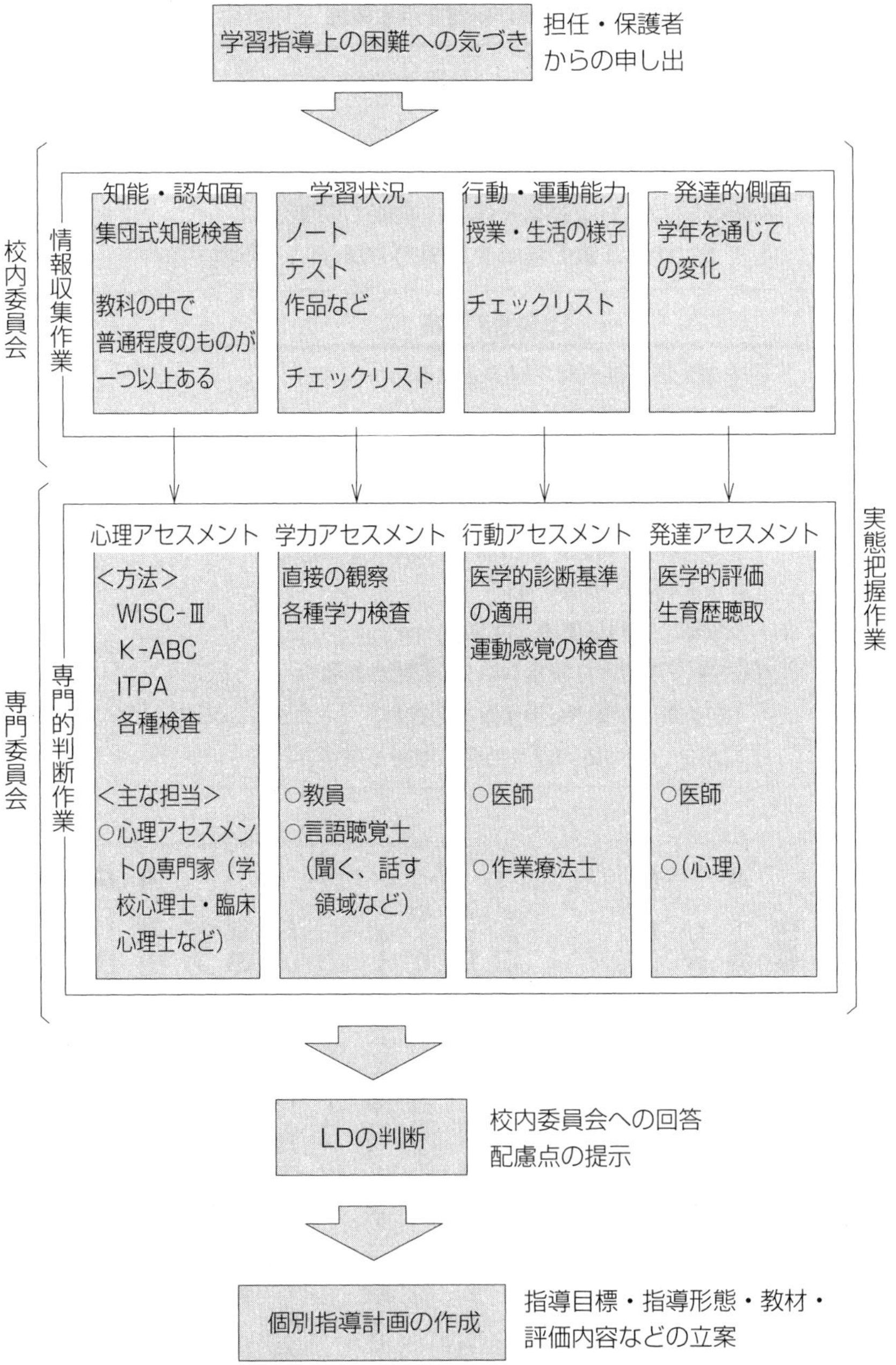

LDの実態把握・判断・個別指導計画作成の流れ

（上野他編著「LDの教育」2001）

Q　LDの判断基準と判断手順を教えてください。

A　主な判断基準は103ページ表「LD判断の基準」に示しました。

また、前ページ図「LDの実態把握・判断・個別指導計画作成の流れ」のように、教育、心理学、医学などの専門的なアセスメントを経て、LDという判断がくだされます。

(6)　ADHD（注意欠陥多動性障害）の子どもたち

Q　ADHDとはなんの頭文字ですか。

A　ADHDとは〈Attention Deficit/Hyperactive Disorders〉の頭文字で、注意欠陥多動性障害の意味です。

Q　ADHDの原因はなんですか。

A　原因は前頭葉の機能的な異常（神経伝達物質の不足）と考えられています。

※薬物療法が効果があるといわれています。

Q　ADHD児によく見られる行動の様子は、どんなものがありますか、具体的に教

注意欠陥/多動性障害の診断基準

（高橋三郎他訳「DSM-Ⅳ　精神疾患の分類と診断の手引き」1995）

A ⑴か⑵のどちらか：

⑴以下の不注意の症状のうち6つ以上が、少なくとも6カ月以上続いたことがあり、その程度は不適応的で、発達の水準に相応しないもの：

不注意
⒜学業、仕事、または他の行動において、しばしば綿密に注意できない、または不注意な過ちをおかす。

⒝課題または遊びの活動で注意を持続することがしばしば困難である。

⒞直接話し掛けられたときに、しばしば聞いていないように見える。

⒟しばしば指示に従えず、学業、用事、職場での義務をやり遂げることができない（反抗的な行動、または指示を理解できないためではなく）。

⒠課題や活動を順序立てることがしばしば困難である。

⒡（学業や宿題のような）精神的努力の持続を要する課題に従事することを、しばしば避ける、嫌う、または嫌々行う。

⒢（たとえば、おもちゃ、学校の宿題、鉛筆、本、道具など）課題や活動に必要なものをしばしばなくす。

⒣しばしば外からの刺激によって、容易に注意をそらされる。

⒤しばしば毎日の活動を忘れてしまう。

⑵以下の多動性－衝動性の症状のうち6つ以上が、少なくとも6カ月以上続いたことがあり、その程度は不適応で、発達水準に相応しない。

多動性
⒜しばしば、手足をそわそわと動かし、または椅子の上でもじもじする。

⒝しばしば、教室や、その他、座っていることを要求される状況で席を離れる。

⒞しばしば、不適切な状況で、余計に走り回ったり、高いところへ昇ったりする（青年または成人では落ち着かない感じの自覚のみに限られるかもしれない）。

⒟しばしば、静かに遊んだり余暇活動につくことができない。

⒠しばしば、“じっとしていない”または、まるで“エンジンで動かされるように”行動する。

⒡しばしばしゃべりすぎる。

衝動性
⒢しばしば、質問が終わる前に出し抜けにこたえ始めてしまう。

⒣しばしば、順番を待つことが困難である。

⒤しばしば、他人を妨害し、邪魔する（たとえば会話やゲームに干渉する）。
B　多動性－衝動性または不注意の症状のいくつかが7歳以前に存在し、障害を引き起こしている。
C　これらの症状による障害が、2つ以上の状況において存在する（たとえば学校［または仕事］と家庭）。
D　社会的、学業的または職業的機能において、臨床的に著しい障害が存在するという明確な証拠が存在しなければならない。
E　その症状は、広汎性発達障害、精神分裂病、または、その他の精神病性障害の経過中にのみ起こるものではなく、他の精神疾患（たとえば気分障害、不安障害、解離性障害、または人格障害）ではうまく説明されない。

えてください。

A よく見られる行動などには次のようなものがあります。

ADHDの子どもたちの三大特徴、日常生活に著しい支障をきたすほどの、①多動、②不注意（注意集中困難）、③衝動性が目立つ子どもたちです。

※単にわがままな子、乱暴な子ではありません。

○しばしば興奮しやすく、ルールを理解しにくく、自己中心的な行動が目立ちます。

○歩き始めの頃から多動が目立ちます。

○集団生活への不適応や授業中の離席、対人関係のトラブルが目立ちます。

Q ADHDの診断基準を教えてください。

A 診断基準は前ページ表のA～Eの項目を満たしていることが条件となります。

5　子どもとうまくつきあおう

自閉的傾向のある子どもたちや学習上特別な配慮を要する子どもたちの「Q＆A」情報がしっかり頭に入ったでしょうか。

それでは、学校や家庭でできる子どもたちとのかかわり方やうまくつきあうための基本的方法について解説しましょう。

いろいろな子どもたちに見られる行動は、どんな子どもたちであれ、すべて場面やかかわり方で大きく変化します。どのようにしたらいいかを考える前に、なぜそのような行動をするかを考え理解しようとすることが基本です。

①子どもたちが「わかりやすく動きやすい」学習環境づくり。 ②子どもたちが「わかる・動ける」伝え方や援助・支援の方法。

← これらの工夫が大切です。

次に、子どもたちの「できる状況づくり」のために、次の四点を考えましょう。

①興味関心をしっかり把握しましょう。 ②行動特性や認知特性を理解し対応しましょう。 ③「できた」という経験を多くもたせましょう。 ④不適応行動や二次障害を回避しましょう。

(1) 学校や家庭でのかかわり方は

その子の良い面を大切にしながら、発達の遅れている面をより良く伸ばすようにしましょう。

①基本的行動様式の形成。

その子の良さを
大切にしてかか
わりましょう！

○望ましい行動様式を身につけさせましょう。
○基本的学習態度を育てましょう。
○集団生活における約束やルールをしっかり身につけさせましょう。
②基本的生活習慣の形成。
○一人でできることを増やしましょう。
○簡単な係活動や家庭での手伝いを継続させましょう。
③基礎学力の向上。
④コミュニケーション能力を育てましょう。
⑤運動能力の向上。
○運動は情緒の安定にもつながるため、十分取り入れましょう。
⑥その他。
○集団生活を多く経験させましょう。
○豊かな社会的体験をさせましょう。
⑦学校、家庭との連携を密に。

(2) 子どもたちとうまくつきあうための教師と親の心構え

親と教師が連携し、同じ歩調でかかわりましょう。

①困難さの原因は本人や親の責任ではありません。
○子どもを肯定的な目でよく観察しましょう。
○通常の生活のなかでほめることが大切です。
○「やればできる」という自己達成感を持たせましょう。
②親と教師の連帯感を深め、環境を整えましょう。
○各専門家と協力しチームで指導しましょう。
③二次障害の解消を心がけましょう。
○失敗経験の多さからくる無気力。恥をかきたくないための暴力などの行動がないようにしましょう。
④お手伝をさせましょう。（役割分担の大切さや社会性を養う。）
○興味を示すものから始めましょう。「お風呂の水はり」「米とぎ」など。シールの点数やご褒美なども大切です。
⑤小さな判断を大切にしましょう。
○生活のなかで、判断場面を設定することが大切です。
例：「夕食はカレーとハンバーグどちらが食べたいの。」
⑥体験を大切にしましょう。
○社会性を高めるための体験を工夫しましょう。
例：近くのコンビニへ買物に行く、など。

(3) 次の子どもたちには特に十分な配慮を

特に次の子どもたちについては、先生方もお母さん方も行動特性をもう一度整理し、かかわりのポイントを理解してください。

自閉症の特性を考えたTEACCHプログラムの手法が有効です。
四大要素として
①物理的構造化　②時間的構造化
③ワークシステム　④視覚的構造化

【重度・重複の子】
○自己刺激行動。
・手をひらひらかざす・身体を揺らす・一点を見つめくるくる回る、など。
○不適切行動および不適応行動。
・離席・徘徊・飛び出し。
・かんしゃく・パニック。
・奇声・自傷行動、など。

←【かかわりのポイント】
○生活すべてが学習だと考えましょう。
○抱っこや支援の方法を工夫し、できるだけ一人でできることを増やしましょう。
○小さな進歩もほめましょう。

【自閉の子】
○行動特性。
・こだわり・感覚刺激に対する過敏反応・多動。
・衝動行動、など。
○不適切行動および不適応行動。
・離席・徘徊・飛び出し。
・かんしゃく・パニック。
・奇声・自傷行動、など。

←【かかわりのポイント】
○学校生活や家庭生活、行動全体に見通しをもたせる工夫をしましょう。
○社会における決まりをしっかり教えましょう。
○パニックなどの二次障害は避けましょう。

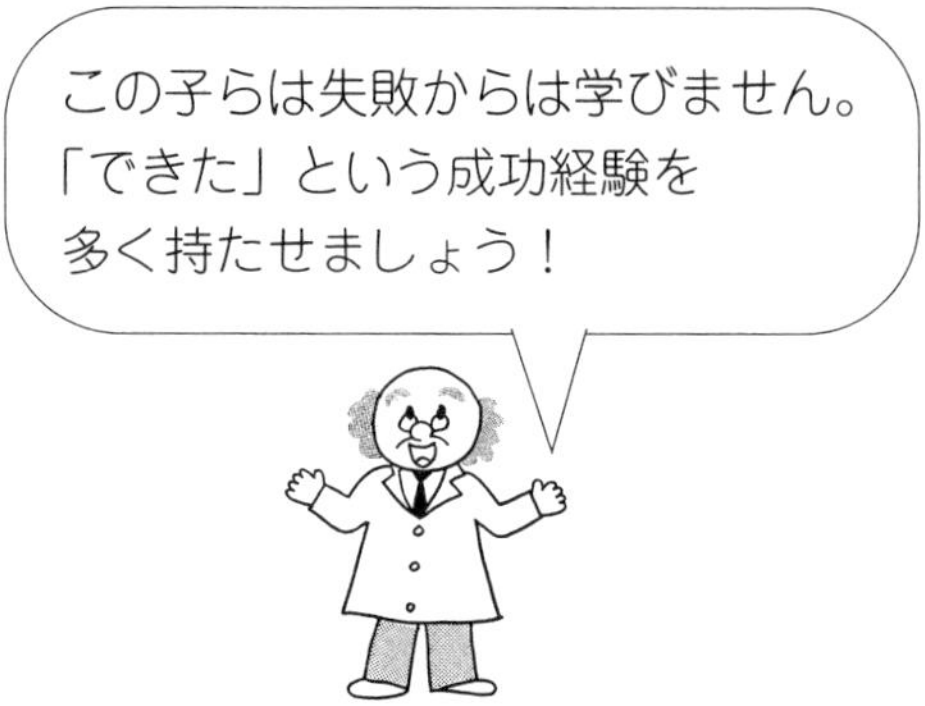
この子らは失敗からは学びません。
「できた」という成功経験を
多く持たせましょう！

【LDの子】

○認知特性。
・聴覚、視覚、空間認知面のアンバランス。
・聞く、話す、読む、書く、計算、推論などの能力の困難。

○行動特性。
・集団に不適応・不器用。
・落ち着きがなく集中力に乏しい。

○情緒・行動の不適応症状。
・離席、飛び出し、友達とのケンカなど。
・自信や意欲をなくすなどの二次障害。

←【かかわりのポイント】

○子どもたちのアンバランスな面を十分理解しましょう。
○子どもたちの興味関心を大切にしましょう。
○認知面の得意な面を生かしましょう。
○自己有能感を育てましょう。

【ADHDの子】

○行動特性。
・多動。
・不注意。
・衝動性。

○情緒・行動の不適応症状。
・離席、飛び出し、友達とのケンカなど。
・自信や意欲をなくすなどの二次障害。

←【かかわりのポイント】

○わがままな子、勝手気ままな子というレッテルを貼らないでください。
○生活や活動全体に見通しがもてる工夫をしてください。
○仲間はずれやいじめの対象にならないように周囲の理解が大切です。
○自己有能感を育てましょう。

第 5 章

学級づくりのプロの技

この章では、プロの技として、プロの教師の仕事の重要な１つである学級づくりについて紹介します。

子どもは、あなたの学級づくりの工夫１つで大きく変化します。

ぜひ１日も早く、子どもたちの個性を生かし楽しい学級づくりに挑戦しましょう。

1　四月の出会いの大切さ

出会いの一瞬を大切に

毎年四月になると、子どもたちにとっても教師にとっても、学校や学級が変わり、期待と不安が入り混じる一学期が新たにスタートします。当たり前に毎年繰り返されることなのですが、どんなにベテランの教師でも、子どもたちや保護者との対面は緊張の一瞬です。

しかし、プロの教師は、この緊張の一瞬を大切にしているのです。大げさにいえば、この対面の一瞬で、これから一年間の子どもたちや保護者との関係がほぼ決まってしまいます。

そして、この四月の出会いこそが、子どもと親と教師が互いにこの一年間を楽しく過ごせるかどうかの明暗を分ける第一歩となるのです。ぜひ、この四月の最初の出会いを上手に乗り切るためにも、ちょっとした努力を惜しまぬようがんばりましょう。

出会いのポイント

養護学校などの複数担任制（T・T）でペアを組む場合は、当然ですが、第2章「教師自身の三つの配慮」でお話したように、子どもたちや親に対するコミュニケーション以上に、教師同士の共通理解を大切にしてください。その共通理解を基盤として、ペア同士、目配り・気配り・心配りを大切に、二人で協力しあって楽しい学級づくりを目指しましょう。

それでは、まず子どもたちとの最初の出会いのポイントを整理してください。

出会いのポイント3原則

1　大まかな実態を頭に入れておきましょう。
○最低、子どもたちの名前と好きなことの一つぐらいはしっかり把握しましょう。
○声がけのきっかけとなり、子どもたちや親との信頼関係が築けます。

2　自己紹介もアイデア勝負。
○「初めてで、何もわかりません」から始まる挨拶は、絶対に避けましょう。
○子どもは教師を見抜く天才です。子どもたちの実態にあわせ、あなた自身の自己紹介もしっかり考えておきましょう。
○子どもたちの印象に残る自己紹介の演出も効果的です。

3　親の目も意識しましょう。
○まず、笑顔を忘れず、親の前ではあわてず、騒がず、堂々としましょう。
○親の不安を解消し、安心感を与え、信頼につなげましょう。
○親はわが子しか目に入っていません。まず、全員の子に平等に声がけをしましょう。

2　教師は教室環境づくりのコーディネーター

動きやすく見通しが持てる教室づくり！

四月、子どもたちとの最初の出会いをクリアーしたら、今度は、できるだけ早く、子どもたちにとって動きやすく・見通しが持てるように教室環境を見直します。

この時期の教室環境の整備が、学級づくりの正否を決める一つであり、教師の腕の見せどころです。

教師は、教室環境づくりのコーディネーターです。子どもとの最初の出会いを大切にし、子どもの実態から出発した教室環境づくりを心がけましょう。この学級づくりの基礎である教室環境づくりこそが、この一年の学級運営に大きく影響し、プロの教師の力量の差につながります。

(1) 教室環境を工夫しましょう

教室環境の状況を見れば、その日の子どもたちの活動の様子や精神状態、教師の学級経営の力量が手に取るようにわかります。そして、机の配置一つとっても動きやすい学級、そうでない学級という差が出てきてしまいます。また、掲示物の貼り方や教室全体の色づかい、教師用机の位置を変えるだけでも、教室環境は大きく違ってしまいます。

まずは、子どもたちの実態を観察し、学級の間取りや出入口の位置を考慮し、子どもたちにとって動きやすく学習しやすい教室環境を考えましょう。

●机の位置や配置の工夫

○あなたの学級の子どもたちの人数はなん人ですか。
○あなたの学級には、どんなタイプの子どもたちがいますか。
○子どもたち同士の相性はどうですか。
○どのような活動を展開しようと考えていますか。

〔高学年では〕

普通の前後並び

T1

□ □ □

□ □ □

※机と机の間隔も、子どもたちの学習に大きく影響します。
※窓際や出入り口を考慮し、誰をどこに座らせるか、子どもたちの希望とあわせ検討しましょう。

机・椅子の配置例

〔取り外し自由なボードを利用した朝の会の工夫〕

移動式黒板の工夫

〔低学年では〕

弧の字・馬蹄形・机なしなど

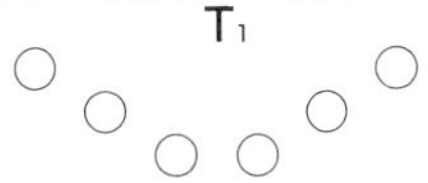

※子どもたちの視線が T_1（教師）に集中できるように向きを工夫しましょう。

※学習内容により机を廊下に出し、椅子やブロックだけにするのも効果があります。

机・椅子の配置例

机の位置や配置を考えただけでも、こんなにいろいろな要素が絡み合い、子どもの実態や学級・学習のねらいにあわせた配慮が必要になってくるのです。たかが机の配置といわず、ぜひ、子どもたちの実態から、机の位置や配置についても十分検討しましょう。教師の立つ位置関係もしっかり頭に入れておきましょう。机の位置をカラーテープで示しておくのも有効です。

●ロッカー・黒板・掲示板などの工夫

机や椅子の並べ方が決まったら、次は、ロッカーや黒板、掲示板などまで、意識しましょう。

ロッカーについては、取り出しやすい位置や高さを工夫しましょう。低学年では、名前のラベルやお気に入りの印の工夫も大切です。毎日繰り返すことにより、ロッカーの位置関係も理解できるようになります。

黒板や掲示板は、子どもたちの視野に入りやすい高さを意識し、周辺の整理整頓に心がけましょう。特に黒板は、毎日同じパターンで行う「今日の予定」などの使用範囲以外はできるだけすっきりさせ、学習に集中させましょう。

【ちょっとアイデア例①　移動式黒板の工夫】

黒板と子どもたちの距離が遠かったり、もっと身近で操作し学習させる場合は、キャスターの付いた移動可能な小黒板の利用をおすすめします。

〔ドアなしロッカー〕

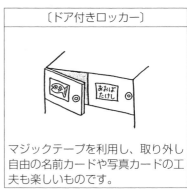

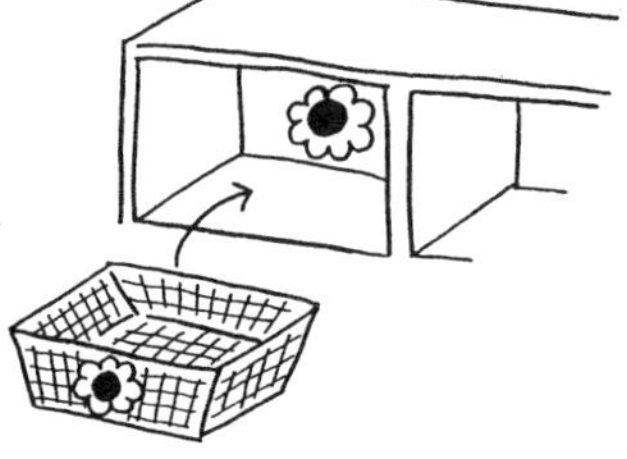

かごを使用し、ロッカーのなかとかごを同じ色にするのも効果的です。

〔ドア付きロッカー〕

マジックテープを利用し、取り外し自由の名前カードや写真カードの工夫も楽しいものです。

ロッカーの工夫

【ちょっとアイデア例② ロッカーの工夫】

特に、小学校低学年では、自分のロッカーの位置を知ることや使い方も重要な学習です。上図のような工夫も効果的です。

【ちょっとアイデア例③ 空間活用の掲示の工夫】

鯉のぼりやお雛様、サンタさんなど、季節ごとにマスコットを工夫し、天井からヒートンを使ってぶら下げたりすれば、教室は楽しさいっぱいの場所に変身します。

特に低学年では、教師も遊び心を持って天井や空間の有効活用も考えてみてください。

中学校の特別支援学級や特別支援学校高等部でも、実態にあわせ学級や個人目標、作業内容や行事の目標、文化祭テーマなどの意識を高め見通しを持たせる掲示物の工夫が大切です。

(2) ゆったりくつろげるコーナーもあると便利です

【ちょっとアイデア例④ ゆったりコーナーの工夫】

教室や廊下にスペースがあれば、学習する場所だけでなく、子どもたちが自由に横になったり座ってくつろげるコーナーがあるといいですね。教室の片隅に一枚の畳やベンチがあるだけでも十分です。これからの特別支援学級は、自由に隣の子どもたちが遊びに来て交流できる雰囲気づくりが

〔天井からこんにちは。節分おに〕

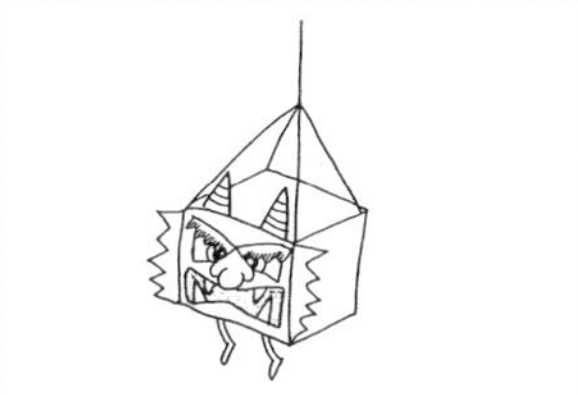

ふだんは邪魔にならないように上に上げておきます。

空間活用の工夫

〔仲良しベンチ〕

教室の後ろや廊下でも効果的です。

ゆったりコーナーの工夫

大切なのです。

特別支援学校でも、くつろぎスペースを工夫してみましょう。自分たちで「ゆったりコーナー」の使い方のルールを決めさせ、使わせましょう。自閉的傾向のある子どもたちには、「ゆったりコーナー」だけでなく、学習するコーナーや遊ぶコーナーなど、ローパーティーションなどで仕切り、場所や行動の理解を高めるのも一つの方法です。また、パニック後の「心の落ち着かせ場所」としても効果的です。

3　楽しい学級に大変身

子どもたちにとって動きやすい・理解しやすい教室環境づくりができたら、次は、子どもたちの実態にあったあなたらしい学級づくりを目指しましょう。ちょっとしたアイデアで、楽しい学級に変身でき、これから始まる一年間の活動もうまくいくこと請け合いです。

(1)　学級のカラーを出しましょう

子どもたちが少しでも興味を示し、学級としての意識を高められるような工夫が必要です。

あなた自身も楽しみながら、あなたらしい学級のカラーをつくってみましょう。

●楽しい学級マスコットの工夫

学級のカラーをだす最善の方法は、今年一年これを学級の中心に据えようというシンボルづくりではないでしょうか。そして、子どもたちが学校に来ることを楽しみにできる学級のシンボルであるマスコットをぜひ子どもたちといっしょにつくることをおすすめします。

【ちょっとアイデア例⑤　ぼくらの挨拶マスコット】

私が初めて、光明養護学校小学部の子どもたちを担任したときは、挨拶用の学級マスコットに助けてもらいました。マスコットの前の板に乗ると、鼻が赤く光り挨拶してくれる仕組みです。また、天気カードや日付カードも取り付けられるようになっていたため、朝の会でも大人気でした。指導力のまだまだ未熟だった私でも、学級の子どもたちをなんとか一つにまとめ、楽しい一年間を過ごすことができたのです。

生活年齢や生活経験に留意した選曲を！

●学級のテーマソングや朝の会の歌などの工夫

学級のマスコットが完成したら、次は、あなたの学級らしいテーマソングや「朝の会」の歌の工夫を行ってください。学校生活に見通しを持たせ、活動に変化を付けるためにも、ぜひ、学級独自のテーマソングが必要です。障がいのある子どもたちでも、そのテーマソングが流れると体で反応し、一日の活動の流れや始まり・終わりなどを意識するようになるのです。

○「朝の会・帰りの会のテーマソング」

○「掃除中のテーマソング」を工夫しましょう。

私の光明養護学校小学部の学級でも、学級マスコットを中心として、いつも元気いっぱいのマスコットにちなんだ行進曲が一年間流れました。そのかいあって、教師が一言もいわなくとも、教室や廊下で自由に遊んでいた子どもたちが、この曲を聴くと自分たちで椅子に座り、朝の会の準備をするようになったのです。

掃除の場面でも決まった曲を使うことにより、子どもたちに見通しを持たせることができました。単純なこのような工夫こそ、教師の学級づくりテクニックとして、見直す必要があるのではないでしょうか。ぜひ選曲に当たっては、子どもたちの生活年齢や生活経験に留意し、子どもたちの興味関心にも配慮しましょう。

(2) 学級のルールを早めにしっかり決めましょう

学級のテーマソングで学級が一つにまとまり、活動ごとの決まった曲で子どもたちに見通しを持たせることに成功したら、四月のうちに学級活動の流れやルールをしっかり決めましょう。

最近は、教師自身の価値観の多様化で、通常の学級でも学習中、勝手に立ち歩いても、おしゃべりをしても注意をしない・怒らない教師が見受けられます。子どもたちの自主性は勿論大切ですが、決まりやルールを決めることは、子どもたちの自主性や自由を束縛するものではないのです。

特別支援教育では、特に子どもたちに学級での生活をより理解しやすく見通しを持たせるように学級のルールや決まりを整理することが重要です。子どもたちの自主性を尊重するということとわがままで勝手な行動を見過ごしてしまうということは違います。子どもたちの実態にあわせ、「だめなことはだめ」という学級の基本的ルールづくりが大切です。

この学級の決まりやルールが子どもたちの将来の社会生活にも影響し、大切な生きる力にもつながっていくのです。

学級の基本的ルールづくり

◎登校後の活動について（小学部例）

①あなたの学級マスコットに、大きい声で挨拶しましょう。
②出席カードを箱に入れましょう。
③その後、体育着に着替えましょう。
④服は自分のかごに入れ、ロッカーに入れましょう。
⑤朝の会の音楽が流れるまで、自由に遊んでOKです。
⑥朝の会の音楽が流れたら、自分の椅子に座りましょう。

など

↑

あまり煩雑にならないよう、活動に見通しを持たせましょう。
決まりやルールを絵カードで示すのも効果的です。

そのほかに、給食や掃除・学習などについての簡単なルールが必要です。

高学年では、自分たちで学級のルールを考え決めるのも一つの方法です。あなたの感性で、子どもたちの学校生活を整えてください。

(3) 楽しいゲームを学級集団づくりに生かしましょう

学級に決まりやルールができると、少しずつ学級づくりが軌道に乗ってきたのではないでしょうか。

次は、あなたの感性とちょっとしたアイデアで、より強い学級集団づくりに挑戦してみてください。われわれ教師も通常学級の子どもたちも、そして特別支援学級の子どもたちも、人間はみな同じです。

楽しく心を開放できる活動をより多く体験することによって、学習への意欲と集団としての意識を高めることができるのです。

●掃除も楽しいゲーム大会

ちょっとしたアイデア一つで、嫌なお掃除も、子どもたちにとっては興味をそそれる楽しいゲームに変身し、活動意欲を高めることができるのです。

こうなればしめたもの、学校生活のいろいろな活動を利用し、子どもたちが自主的に取り組める楽しい活動へと展開していきましょう。

①ゴミ集め競争A

「よーいどん」で、個人ごとになん個ゴミを集められるか競争です。

②ゴミ集め競争B

①ゴミ集め競争A

②ゴミ集め競争B

ほうきで掃いて、決められた円のなかにゴミを集めましょう。

③長拭き競争

教師もいっしょに、教室や廊下の長拭きにチャレンジしましょう。

単純な活動ですが、教師と子どもたちが一つになり、学級のまとまりを高めることになるのです。

また、障がいのある子どもたちにとって、第3章「子どもを見つめるプロの技」でお話したように、楽しく体を動かすことは、心理的に安定をもたらし、運動機能を活性化する働きがあるのです。

●ちょっとの合間にリフレッシュ体操

長時間、同じ姿勢で学習や作業に集中することは、誰でも疲れてしまうものです。障がいをもった子どもたちでは、なおさらのこと、次の活動への集中力を高め、リラックスできるリフレッシュ体操が効果的です。

場所もとらず、机と椅子を活用し、ちょっとした学習の合間にチャレンジしてみてください。

〈授業の合間にリフレッシュゲーム紹介〉

椅子に座りっぱなしで展開していく静的な授業の時など、子どもたちがボーッとして、授業に集中しなくなることはありませんか。

そんな時は、ぜひ、教師も子どもたちも、授業の流れからちょっとだけ離れ、

頭も身体もそして気分も十分にリフレッシュしましょう。
教室の狭い空間でも、机・椅子があれば、いつでもどこでも短時間にできますので、ぜひ、授業のアクセントに行ってみてください。

〈リフレッシュゲーム①（足上げ競争）〉

説明
椅子に座り、膝を持ったり両腕を水平に上げたりして、膝を曲げてできるだけ高く上げ、バランスをとりましょう。
「さあ、よーいどん」

「先生、ぜんぜん足が上がらないよ」
こんな単純な運動でも、筋力不足・コツがわからないなどの理由で、できない子が多いのです。そんな時は！

アドバイス
両手で椅子の下を持たせ力を入れさせる。

「先生、こんなの簡単だよ」という子には！

アドバイス
足を打ち合わせ、足拍子させたり、尻を支点にして一回転させ競争させる。

〈リフレッシュゲーム②（いそいで座れ）〉

説明
椅子の脇に立ち、合図にあわせ、椅子の回りを一周して素早く座りましょう。（上図）

「先生、早く座れたよ、もっとやろう」と全員がのってくる。教師は途中になっている授業の展開を考え、「じゃ、もう一度だけ」と念を押し、ゲームを行う。

アドバイス
左右の回る方向を変えたり、回る回数を決め競争させる。

〈リフレッシュゲーム③（落ちるな、がんばれ）〉

説明
机の間に立ち、両腕で体重を支え、両膝を曲げましょう。（上図）

両腕がブルブル震え、自分の体重を支えられない子どもたちが多い。

アドバイス
できるだけ、机と机の間隔を狭くし、支持した腕を体から離さないようにさせる。

（辻「障害児の授業研究」Vol.26）

本時の授業の展開に支障のないように、そして、子どもたちが授業に集中できるよう、授業の合間にリフレッシュゲームで大いに気分転換を図りましょう。

●一本のロープから学級づくりへ

それでは、次に、新学期の始まりにうってつけの遊びを取り入れた学級づくりの事例を紹介しましょう。

〔遊びを取り入れた学級づくり紹介〕

四月、新しい友達、新しい先生、新しい教室と、すべてが新しい環境からの出発です。また、教師のだれにとっても、どんな子どもたちと出会うのだろう、どんな学級経営をしていったらいいのだろう、と不安いっぱいのスタートです。

学級の子どもたちのなかには、自分の世界に閉じこもり、集団に入ろうとしない子、体を動かし皆と一緒に遊ぶのが大好きな子など、いろいろな実態の子どもたちがいます。

このような子どもたちを知り、互いにわかり合うためには、やはり、体を十分動かし、快い心の開放から遊びを発展させることが必要です。そのためにも、ぜひ楽しい遊びを十分に取り入れ、子どもたちを理解し、教師も子どもたちも、スムーズな新しい学校生活のスタートをきりましょう。

そこで、一本のロープから遊びが発展し、子どもたちも教師も、互いに楽しくわかり合えた遊び「友達になろう」を紹介します。

〈友達になろう〉

新学期の始まり、子どもたちが登校してくる前に、学級の中の机や椅子を廊下に出し、できるだけ広いスペースをつくります。教室の中央には、少し太めの長いロ

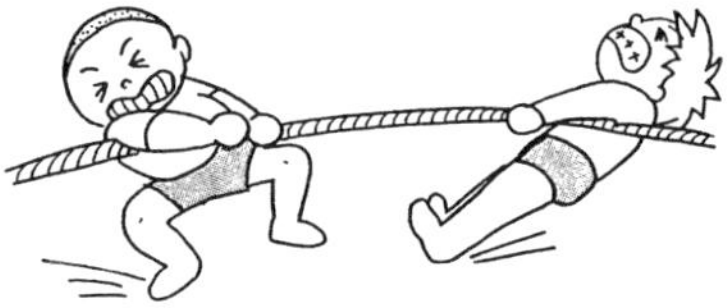

ープが一本だけ。今度の子どもたちはどんな反応を見せてくれるか楽しみです。

一番最初に友達とかかわって遊ぼうとしないAちゃんが登校し、一本のロープを見つけて、着替えもそこそこに、ロープをグルグル回し遊び始めました。それにつられ後から登校してきた子どもたちも、ロープの端を互いに持って引っ張りっこを始め、初めて出会う子どもたち同士が、新学期当日から一緒に遊び始めてしまいました。

〈「友達になろう」はどんな遊び〉

この「友達になろう」の遊びは、一本のロープを活用し、次表のように、「大きな輪をつくろう」、「汽車ごっこをしよう」と、どんどん遊びを発展させ、子どもたち同士が、互いに知り合い、かかわりが持てるように工夫した遊びです。また、この遊びは、四月始めの学級づくりにも大いに役立ち、ちょっとした時間に繰り返し行えば、集団に入れない子どもたちでも、この遊びの動きの楽しさが理解できるようになるでしょう。

◎「大きな輪をつくろう」

まず、一本のロープを教室に準備し、子どもたちがこのロープを通してどんな動きやかかわり方をするか観察しましょう。遊びはあくまで、子どもたち自身が主体であり、教師の押しつけはいけません。遊びに参加できない子どもがいれば、教師がロープをヘビのように揺すったりして、遊びに誘いましょう。

「友達になろう」の主な内容

		遊　び　の　内　容	子どもの様子を知るポイント等
友達になろう	①大きな輪をつくろう	●大きな輪をつくろう ○ゆっくり歩こう ・床に置いたロープの上を一人で歩く。 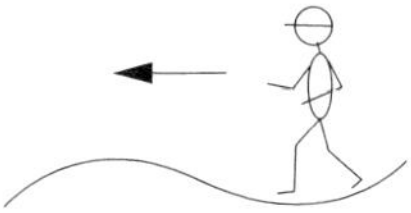 ○輪の中に集合 ・広い場所にロープを輪にして置き、集合ゲームをする。  ○大きくな～れ、小さくな～れ ・大きな輪にしたロープを子どもたちに持たせ、教師の声がけで、大きくなったり小さくなったり、回転したりする。  ※発展として、最後はロープなしで行う。	〈準備物〉 ・子どもたちが握れる程度の太めのロープ1本（7～8m程度）。 ・人数に合わせ、縄跳びができる程度のロープを数本。 〈知るポイント〉 ・感覚的な一人遊びはどうか。 ・裸足になった時の歩き方は。 ・靴や靴下の履き方等の様子は。 ・集団行動は。 ・友達とのかかわり方は。 ・遊びの楽しみ方は。
	②汽車ごっこをしよう	●汽車ごっこをしよう ○みんなで汽車になろう ・ロープの長さを工夫し、2～数名で一緒のロープの中に入り、汽車になって移動する。  ○大きな輪の間をくぐろう ・学級や学部全員で手をつなぎ、大きな輪をつくり、つないだ腕の間をジグザグにくぐって遊ぶ。 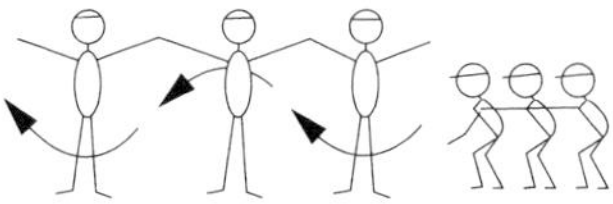 ※一人から始め、数人でくぐろう。 ※タイムをとると目標ができ楽しい。	〈知るポイント〉 ・ロープの中に入るのを嫌がるか。 ・汽車の動きに合わせて動けるか。 ・友達と手をつないでいられるか。 ・友達の輪にぶつからないようにくぐれたか（身体意識）。

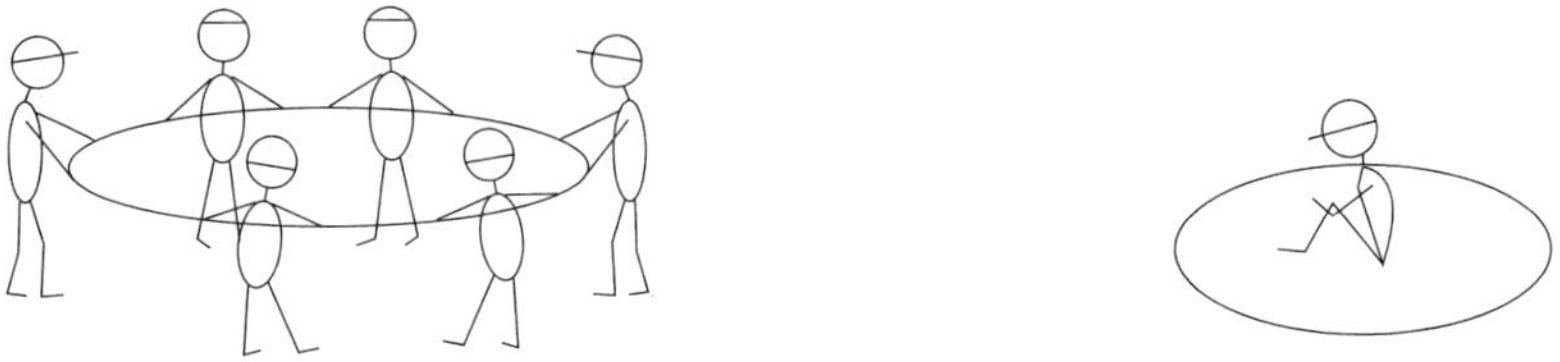

〈ゆっくり歩こう〉

床に置いたロープを子どもたちが意識し、ジャンプしたり、上を歩いたりしたらしめたものです。さっそく、ロープの上を、裸足でゆっくり歩かせてみましょう。裸足になる時靴下がうまくぬげないAちゃんをBちゃんがやさしく手伝っていました。また、Cちゃんは、裸足になって歩くのを嫌がるなど、子どもたち同士だけでなく、教師にとっても新しい発見がありました。

〈輪のなかに集合〉

短いロープを使い、教室いっぱいに輪を作って、集合ゲームをします。

回数を重ねるうちに、四月に始めて出会った子どもたちも、自然ととけ合い、子どもたち同士のかかわりも出てきて、手をつないで走り回る子どもたちも増えてきました。教師側も、この遊びを通して、子どもたちの集団行動の実態を把握し、毎日の朝の会などで楽しい遊びを十分に取り入れ、楽しく自由に動ける子どもたちを育てたいものです。

〈大きくなーれ、小さくなーれ〉

一本のロープから出発し、子どもたちのいろいろな様子が見えてきたら、今度は長いロープを円にして、大きな輪で遊びましょう。上図のように、子どもたちに大きなロープの輪を持たせ、腕を上げ下げする↓小さくなったり、大きく広がったりする↓左右に回るなど、楽しい動きを工夫してください。

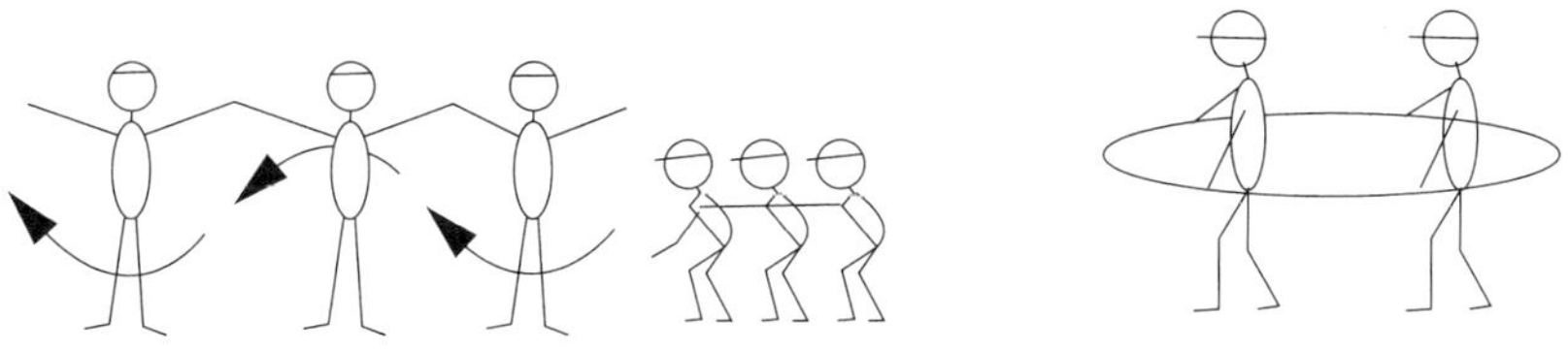

この遊びのポイントは、楽しく動きをリードする教師の声がけと、最後にはロープがなくとも、子どもたち同士が手をつなぎ、楽しく動けるようにさせることです。
集団に入るのが苦手だったAちゃんも、楽しそうな歓声に誘われて、少しずつロープの端を持ち、この遊びに参加するようになってきました。子どもたちと手をつなぎ、手のぬくもりを感じながら遊びを展開することが、子どもと教師、そして、子ども同士がわかり合える第一歩です。

◎「汽車ごっこをしよう」

大きな輪をつくろうの遊びに参加でき、友達と一緒に動くことに慣れてきたら、今度はいろいろな汽車ごっこをしましょう。

〈みんなで汽車になろう〉

自分で気に入った友達を見つけ、汽車ごっこを始めたBちゃん。仲間に入れないAちゃん。子どもたちの動きやかかわり方は様々ですが、汽車になるメンバーを工夫し、子どもたちのかかわり方を観察しましょう。
この一年の学級の子どもたちのかかわりの様子が見えてきます。

〈大きな輪の間をくぐろう〉

ロープの間や手をつないだ腕の間を汽車になってくぐりましょう。2～3人の学級では難しい遊びですが、学級合同の時間などで実施すると効果的です。前の友達の肩を持ち、列車が離れないように注意させて、できるだけ速くスキーのスラロームのようにくぐらせましょう。子どもたちの能力に合わせ、ロープやつないだ手の高さを調節させることがポイントです。お世話好きのBちゃんが先頭になると、くぐろうとしないEちゃんも友達の動きにつられ、最後までくぐることができました。この頃になると、遊びを通して学級の子どもたち同士もお互いを理解し合い、楽しく学校生活を送れるようになってきます。

四月、新しい学校生活の始まりは、まず焦らずじっくりと、時間をかけて子どもたちと一緒に遊びましょう。その遊びの様子から、子どもを知り、互いを知ることが大切です。

この時期は、学級づくりや仲間づくりにとって、もっとも大切な時期であり、この時期のかかわり方一つで、この先一年間が決まってしまうのです。

一本のロープから出発した遊び「友達になろう」のように大いに体を動かし、互いにふれ合える遊びをどんどん工夫し、スムーズな学校生活をスタートさせ、学級づくりに役立てましょう。

（辻「発達の遅れと教育」No.463号）

(4) 学級からの発信も考えておきましょう

四月は、教師にとってやることがたくさんあり本当に大変ですが、最初が肝心です。子どもたちとの学級づくりを楽しみながら、学級便りにも力を入れましょう。これからの特別支援学級では、特に同じ学校の子どもたちや先生方、地域の方々への情報発信が大切になります。

学級からの発信・3原則

1 学級便りの名前は、学級のカラーを示し、大変重要です。
○あなたの学級経営の意図や学級テーマを掲げ名前としましょう。

2 この学級便りを利用して、親との連絡を密にし、連携を深める工夫をしましょう。
○絶対に連絡だけの一方的なお便りにだけはならないようにします。

3 できるだけ、子どもたちといっしょにできあがった学級便りを職員室や地域の方々へ届けるようにしましょう。そこから理解と連携が生まれます。
○校内に情報発信掲示板を設けましょう。

特別支援学校においても、地域との連携は大変重要になってきますので、学級や学校からの発信に力を入れていきましょう。

この他にも、学級づくりにとって大切な内容があるはずです。ぜひ、自分の学級に必要な内容を工夫し、四月はじめの学級づくりを大切にして、子どもたちと楽しい一年間を過ごしましょう。

わかたけけいじ板
情報発信掲示板

特別支援学級を
学校の中心に！

青葉語録

十人十色
自分を知り
自分の個性を磨きましょう！

誰にでも自分にしか
できないことがあります。
どんなに小さなことでも
自分をよく見つめ
光り輝かせましょう！

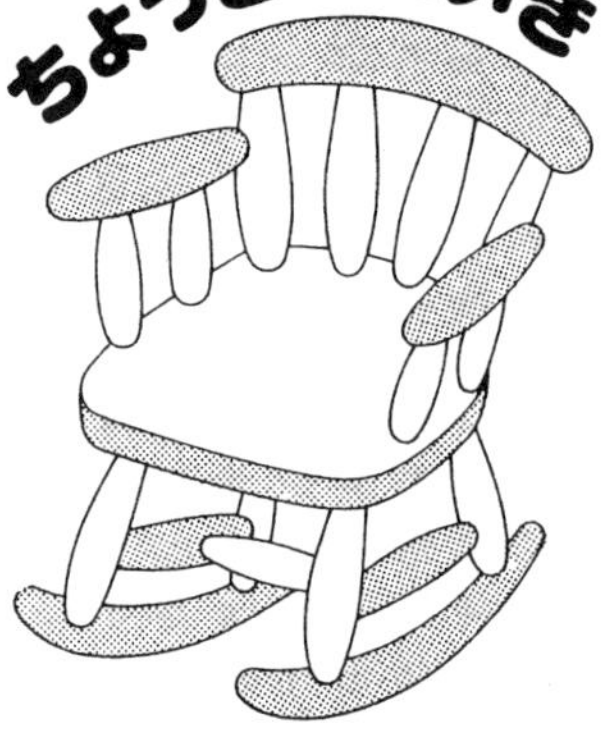
ちょっとひといき

第 6 章

授業づくりのプロの技

この章では、プロの技として、プロの教師の一番重要な仕事である授業づくりについて紹介します。

「わかる・できる・楽しい授業」の条件をしっかりと頭に入れ、授業づくりの力量をアップさせましょう。

きっと教師としての勇気と自信が湧いてきます。

1　「わかる・できる・楽しい授業」の条件

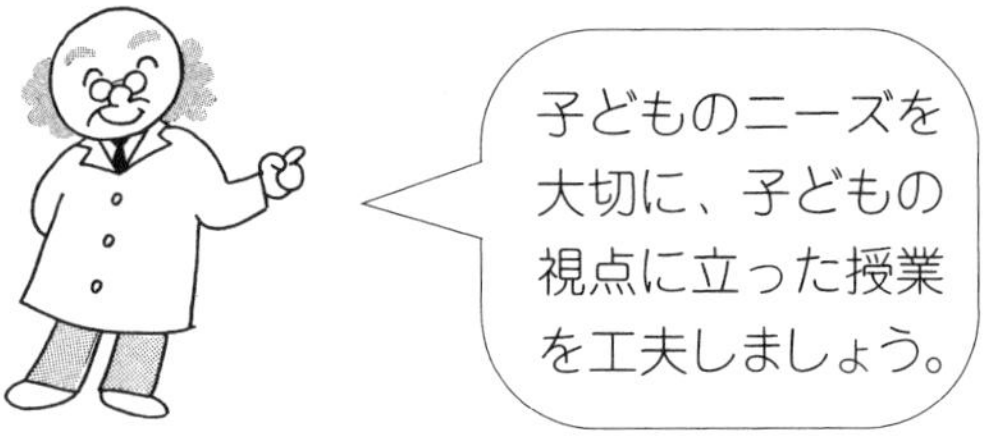
子どものニーズを大切に、子どもの視点に立った授業を工夫しましょう。

子どもたちの実態の見方やかかわり方、学級づくりのポイントを紹介してきましたが、次は、教師の仕事の中心でもあり、毎日否応なしに繰り返さなければならない授業について焦点を当てていっしょに考えてみましょう。教師は、この毎日繰り返される授業という教師の中心的な仕事から逃れられません。そして、この授業の力量を高めないことには、到底プロの教師とはいえません。

毎日の授業に自信を持てますか。そして、胸を張って子どもたちにとって「わかる・できる・楽しい授業」を実践しているといえますか。われわれ教師自身がもっと自分の授業に責任と自信を持つために、まず、「わかる・できる・楽しい授業」の条件とは何かを頭にたたき込んでいきましょう。

授業とは自分の勝手な主観や思い込みで行われるものではありません。しかも、一回の授業それだけで成立しているものでもなく、すべてが関連しあい、教師としての総合力が試されるものです。往々にして、誰でも流された計画性のない授業をしてしまうことがあるものです。しかし、われわれ教師は、この授業という仕事で勝負し、生活している職業なのです。

毎日繰り返される授業に流されることなく、「わかる・できる・楽しい授業」の条件を少しずつクリアーし、きらりと光る授業実践をしていきましょう。

●「わかる・できる・楽しい授業」の条件

「わかる・できる・楽しい授業」の前には、当然、第5章でお話した学級づくりが基礎となります。授業はあくまでも、子どもたちと教師との関係がしっかりしていないと「成功」はありません。

それでは、「わかる・できる・楽しい授業」の条件を整理してみましょう。

①鋭い実態把握

○子ども一人一人を見つめる。
○良い点や目標の洗い出し。
○個別の指導計画検討。

②個に応じた授業計画づくり

○題材や学習内容検討。
※子どもの主体性や生活に根ざした内容を大切に。
○個別の目標や計画作成。

③個に応じた学習環境の工夫および整備

○空間、場所、雰囲気、色彩などの工夫と整備。

④個に応じた指導法（支援）の工夫

○教師の教示法及び支援法。

・言葉、目線、位置、補助など。
・グループ分けなど。
○個に応じた教材・教具開発。
・身近な物の利用。
・補助具（治具）などの工夫。
・学習課題の理解を直接、間接的に助ける教具。

⑤評価の方法の検討

実　践

【「わかる・できる・楽しい授業」とは】
○子どもの実態に基づいたアイデアあふれる授業。
○授業全体が子ども中心に考えられ、構造化されている授業。
○子どもにあわせた多様な活動が用意されている授業。
○子どもにとって達成感・成就感があり、次への発展がある授業。
・どの子も目を輝かせて活動している。
・どの子も精一杯力を発揮できる状況づくりがなされている。

評価・反省・改善

①～⑤まで、大切なたくさんの内容がありますが、これらすべてが関連して、「わかる・できる・楽しい授業」が成立しています。

しかし、毎回すべてをクリアーするような授業を実践することは、むずかしいのが現実です。まず、年一回でもいいですので、この項目をクリアーするような授業を計画実践し、その過程で教師としての力量を大いに養ってください。そして、その成果をふだんの授業に少しずつ生かし、累積していくことが肝心です。その累積から力をつけた教師は、知識だけでなく、知恵をもつ柔軟な思考とアイデアあふれる教師となるのです。

2　教師の得意技

子どもたちの前に立てば、教師は、芸術家であり、書家であり音楽家でもあり、漫才士などなど、なんでも屋なのです。話が下手でも子どもたちの注意や視線を集中させなければなりません。

この技術がなければ、いくら授業の準備がうまくいっても、授業実践の効果はあり得ないのです。そして、「わかる・できる・楽しい授業」の条件を下で大きく支える大切な教師の資質になるのです。

私は特別支援学校時代、ペアでT・Tを組んでいる先輩教師からよく紙芝居を読まされました。

恥ずかしがり屋の私にとって、最初はなんて嫌な役ばかり私がと思い、毎日この時間が来るのが嫌でたまりませんでした。

「辻先生、今日も子どもたちにあの紙芝居読んでね。」読み終えると先輩教師は、決まって、「先生、読み方がうまくなりましたね。子どもたちが集中して聞いていましたよ。今度もまたお願いします。今度は、子どもたちの動きや反応に気を配って、もっと感情を込めると子どもたちが集中しますよ。」というのでした。

最初はあんなに嫌だった紙芝居も、いつからか、自分でも不思議なくらい読み方が上達し、子どもたちの反応や動きにあわせ、臨機応変に言葉を変えてできるようになったのです。

そして、たかが紙芝居の読み方の上達なのですが、ふだんの授業展開の仕方にも私に大きな自信と勇気を与えてくれました。

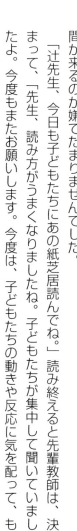

ぜひ、早く恥じらいを捨てて、子どもの前に立ちましょう。そうすれば、授業の進め方が数段上達するのです。歌遊び、紙芝居、運動遊び、手品、なんでもかまいません。早く得意技を探して、授業に生かしましょう。この得意技の発見こそが、「わかる・できる・楽しい授業」の正否を決定してしまうのです。

3　指導の効果を高めるT・T方式

通常の学級でも、きめ細かな指導を行い、一人一人の子どもたちの力を引き出すために学習の形態が大きく変化し、多様化してきています。T・T方式や少人数授業、習熟度別授業が導入され効果的な学習形態のあり方がどの学校でも検討されてきてい

1＋1＝？
合計が、プラスになるような連携を！

ます。

　昔から、子どもたち一人一人に焦点を当て、子どもたち一人一人の可能性を追求してきた特別支援教育においては、ごく当然のことなのですが、特別支援学校でも特別支援学級でも、この学習の形態をもう一度改めて見つめなおし、さらに効果的な学習形態を工夫する時期ではないでしょうか。そして、ぜひ特別支援教育からの発信として、通常の学級の先生方に指導の効果を上げるT・T方式などのノウハウを伝授するチャンスなのです。

　しかし、あなたの地域の特別支援学校や特別支援学級の現状はどうでしょうか。

○教師の数が多いのに逆に効果が薄れている。
○分担したことしか、ペアの教師がしてくれない。
○ペアの教師と意思疎通がむずかしく、かえってやりにくい。
○T・T同士、話し合う時間がなかなかとれない。

など、このような声が聞こえてはいないでしょうか。研究され尽くし、実践し尽くされた効果的なT・T方式のはずです。T・T方式も結局は教師の質・努力にかかわっています。

　こんなことでは、いつまでたっても教育は変わりません。ぜひ、T・T方式の本質を知り、あなたの努力で周囲の教師の意識を変えてください。子どもたちの目が教師の意識の変化を待っています。

(1) T・T方式ってなんですか

【T・T方式とは】

T・Tとは、チーム・ティーチングの略です。チーム・ティーチングとは、授業組織の一形態であり、二人以上の教師がチームをつくり、数学級の児童・生徒をひとまとまりの集団に編成し、さらに、その集団を大集団・中集団・小集団・個別など弾力的に編成して指導に当たるものです。

T・Tは、1950年代に学習効果の向上を目指し、アメリカで考案されました。

（宮本他編著「障害児のための指導技法ハンドブック」1987）

●T・T方式の良い点・注意点

〔良い点〕

○子どもたちの実態にあわせ、多様な学習集団が編成できます。
○教師の専門性や特性が生かせます。
○子どもたち一人一人の可能性を引き出すことができます。
○教師同士の連携を深めることができます。

〔注意点〕

○教師の責任の所在が不明確になる場合があります。
○集団心理で「みんなでやれば怖くない」は困ります。
○誰もがチームリーダーをやれる実力をつけましょう。
○チームリーダー以外の教師も、活動全体の流れや担当以外の子どもの動きに敏感になりましょう。
○役割や支援の方法が共通理解されていない場合があります。
○教師間の打ち合わせをしっかりしましょう。
○教師全員が「出たがり・出しゃばり」チームリーダーでは困ります。

(2) T・T実施の五つの配慮事項

T・T方式の良い点・注意点を頭に入れ、次の実施上の配慮点に注意し、効果的なT・T方式を検討してください。

①チーム・リーダーを決めましょう。
○チーム・リーダーだけにお任せ・押しつけでは困ります。
○単元や教師の専門性・特性にあわせ、柔軟にチーム・リーダーを交代しましょう。

②熟練した教師と経験の浅い教師をうまく組み合わせましょう。
○熟練した教師は、経験の浅い教師をリードし、教師の技術や心を伝え、互いに向上しましょう。

③事前の話し合いを大切にし、役割分担を明確にしましょう。
○個別の指導計画や学習内容・方法などを十分検討しましょう。
○子どもたちとのかかわり方の基本を話し合っておきましょう。
○最初から相手の考え方を否定することなく、共感的にとらえましょう。

④弾力的に学習形態やT・Tのパターンを変えましょう。
○融通のきかないワンパターンのT・Tは効果がありません。

⑤三つの㊕(協力・協調・協同)を大切に。
○教師間の人間関係が成功のカギを握ります。

T・T方式の形式パターン例

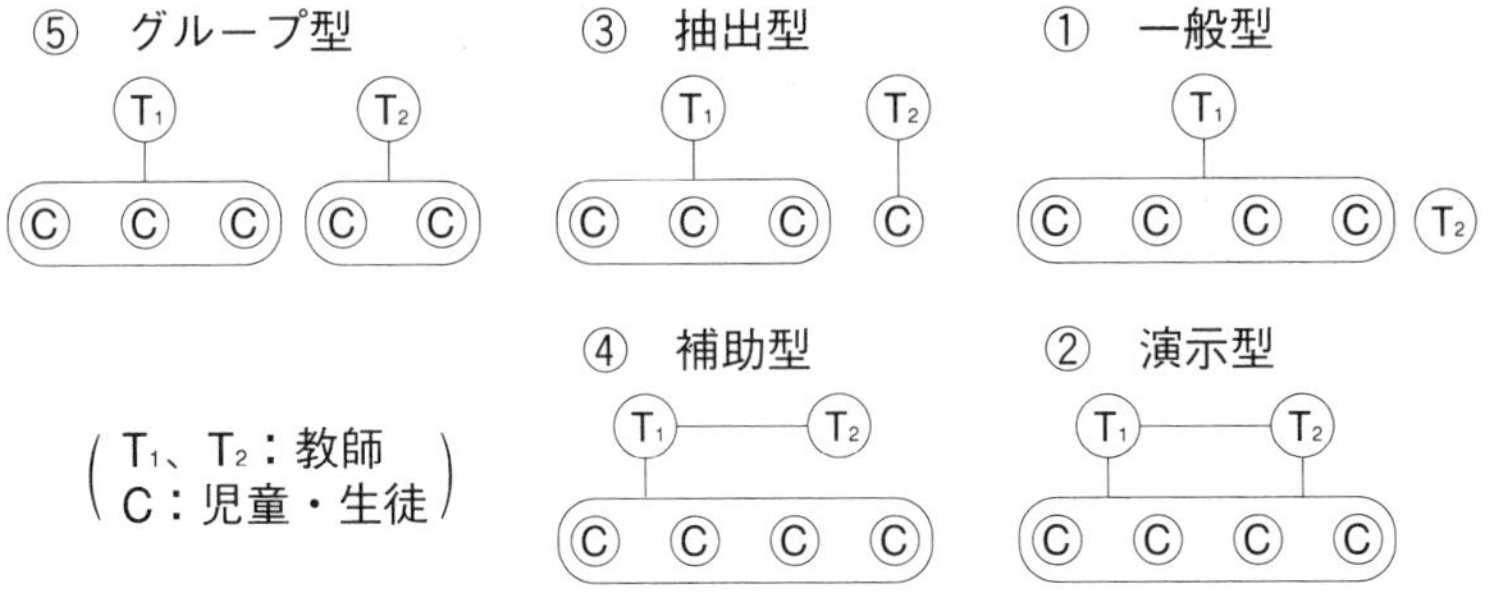

(3) T・T方式の形式パターン

①一般型

○T_2が子どもたちの支援にまわる。

○T_2は客観的に子どもたちの活動の様子を把握・支援できます。

②演示型

○チームリーダーとT_2は、学習の進行にあわせ、お互いに協力しながら指導に当たる。

○教師の特性や専門性を生かせます。

③抽出型

○能力的に差がある場合、子どもを抽出して、T_2が指導に当たる。

○教師の特性や専門性を生かし、個別的支援が可能です。

④補助型

○T_2はチームリーダーの指導を補助する。

○チームリーダーは効果的に指導ができます。

⑤グループ型

○グループ分けをし、チームリーダーとT_2がそれぞれ指導に当たる。

○教師の特性や専門性を生かし、子どもたちの習熟度にあわせ効果的に学習の定着を図ることができます。

(4) T・T方式の共通理解手順シート

実際に授業を進める場合は、T・T方式の形式だけにとらわれず、学習内容や子どもたちとの基本的なかかわり方・支援の方法など、チームリーダーを中心として十分話し合いましょう。特にT・T方式の成功のカギは、教師間の三つの(協)（協力・協調・協同）です。

さあーそれでは、次の共通理解手順シートに従って、あなたの学級の学習にピッタリのT・T方式について検討しましょう。

チームリーダーの決定

↓

話し合い

※T・T方式の五つの配慮事項の確認

- ○子どもたちの実態についての確認と共通理解
- ○学習内容及びかかわり方などの確認と共通理解
- ○学習の流れにあわせたT・T方式の検討
- ○役割分担及び責任の明確化

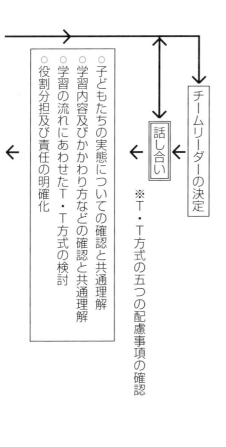

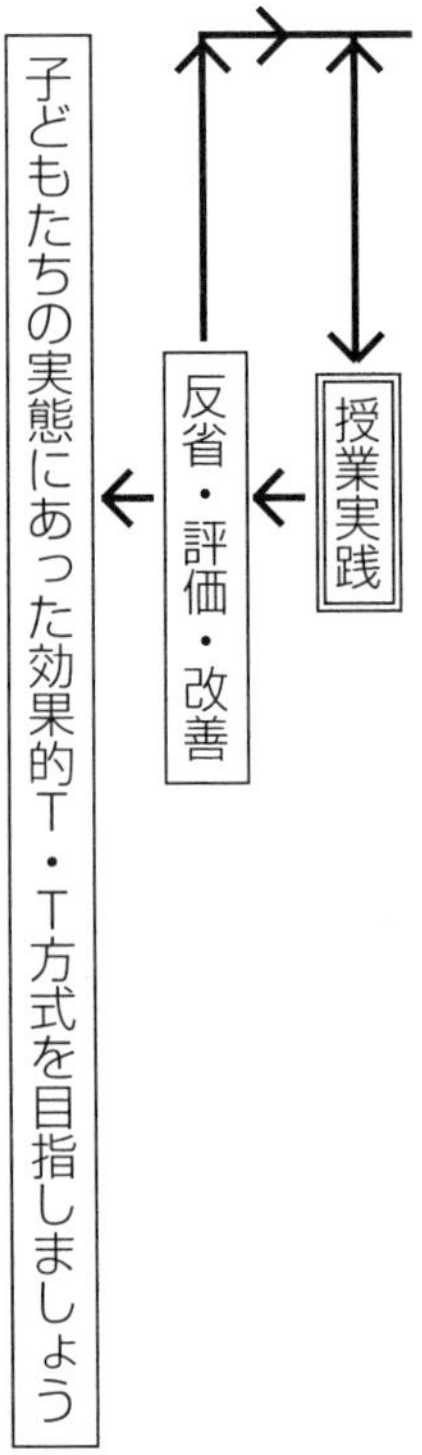
授業実践
反省・評価・改善
子どもたちの実態にあった効果的T・T方式を目指しましょう

4　教育課程を創造する

特別支援学校や特別支援学級を初めて経験すると、通常の教育でいう教科以外に領域・教科を合わせた指導という言葉が多く聞かれ、これはなんだろうと悩んでしまう先生方も多いのではないでしょうか。そして、同じような学習内容に見えるのに、A学校では「生活単元学習」、B学校では「作業」で扱っているなど、理解しにくい点が多く見受けられます。

しかし、ご安心ください。それほど悩む必要はありません。学習内容をくくっている器はあまり問題ではないのです。特別支援学校や特別支援学級ほど、子どもたちの実態にあわせ、自由に教育課程を組み替えることができる教育はないのです。しかし、自由といっても、かってに教師の好きなことばかり指導するわけではありません。

まず、〝子どもたちの実態ありき〟です。そこから何をねらいとするのか、そして、どんな器のなかで指導していくのかを整理することなのです。それだけわれわれ教師には、自覚と責任が必要となり、教師としての力量がさらに必要になってくるのです。

一年間、特別支援学校や特別支援学級を担当したが、何をしたらいいのか、さっぱりわからなかったと嘆く前に、子どもたちの実態から、将来の社会参加・自立を見すえ、子どもの実態にあった教育課程創造に、ぜひチャレンジしてみてください。

(1) 領域と教科ってなんですか

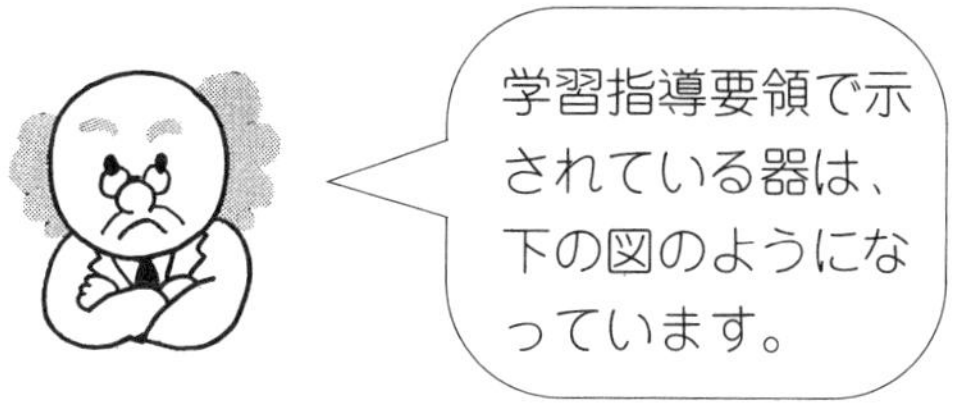
学習指導要領で示されている器は、下の図のようになっています。

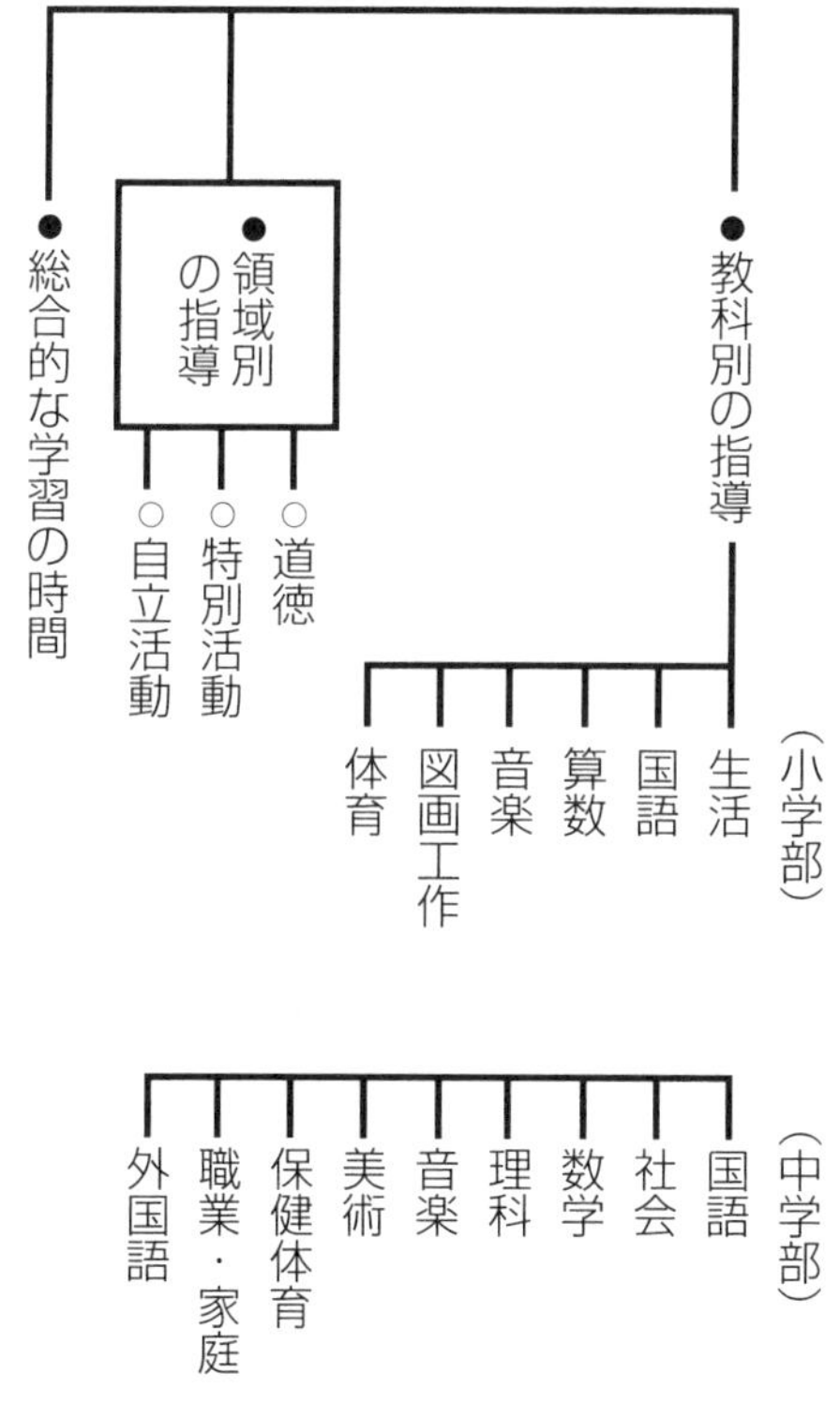
●教科別の指導
（小学部）
生活
国語
算数
音楽
図画工作
体育
（中学部）
国語
社会
数学
理科
音楽
美術
保健体育
職業・家庭
外国語
●領域別の指導
○道徳
○特別活動
○自立活動
●総合的な学習の時間

「領域・教科を合わせた指導」計画上の配慮点

○子どもたちの実態を見抜き、どんな「領域・教科を合わせた指導」が必要か選択しましょう。
○子どもたちの興味・関心ばかりでなく社会的必要性を十分検討しましょう。
○目標やねらいが曖昧にならないように、指導の順序性や連続性を十分考慮しましょう。
○教科指導以上に、「領域・教科を合わせた指導」の実施がむずかしいことを自覚しましょう。
※以上の配慮事項のため、特別支援学校や特別支援学級では、より教師の専門性や力量が問われることになるのです。

(2) 「領域・教科を合わせた指導」ってなんですか

特別支援学校や特別支援学級においては、精神発達が未分化な児童生徒のため、総合的に組織された学習活動が適合しやすく、実際の学習を計画し、展開する段階では、指導内容を教科別または、領域別に分けない指導、すなわち「領域・教科を合わせた指導」の形態が大切にされているのです。

「領域・教科を合わせた指導」の代表的なものとして、

日常生活の指導
遊びの指導
生活単元学習
作業学習

があります。

(3) 効果的なタイムテーブルとは

特別支援学校や特別支援学級の独特な指導の形態について説明してきましたが、通常の教育とは違う日常生活の指導・生活単元学習・遊びの指導・作業などの「領域・教科を合わせた指導」について理解が深まったでしょうか。

まず、〝子どもたちの実態ありき〟ですから、上図「障害の程度と教育課程」のように、子どもたちの障がいの程度にあわせ、どんな教育課程を中心にしていくのかを決定しなければなりません。重度の子どもたちには、生理学的手法の教育課程が多くなり、軽度の障がいの子どもたちには、経験主義的な生活単元学習や作業学習、あるいは教科的な教育課程が多くなってきます。

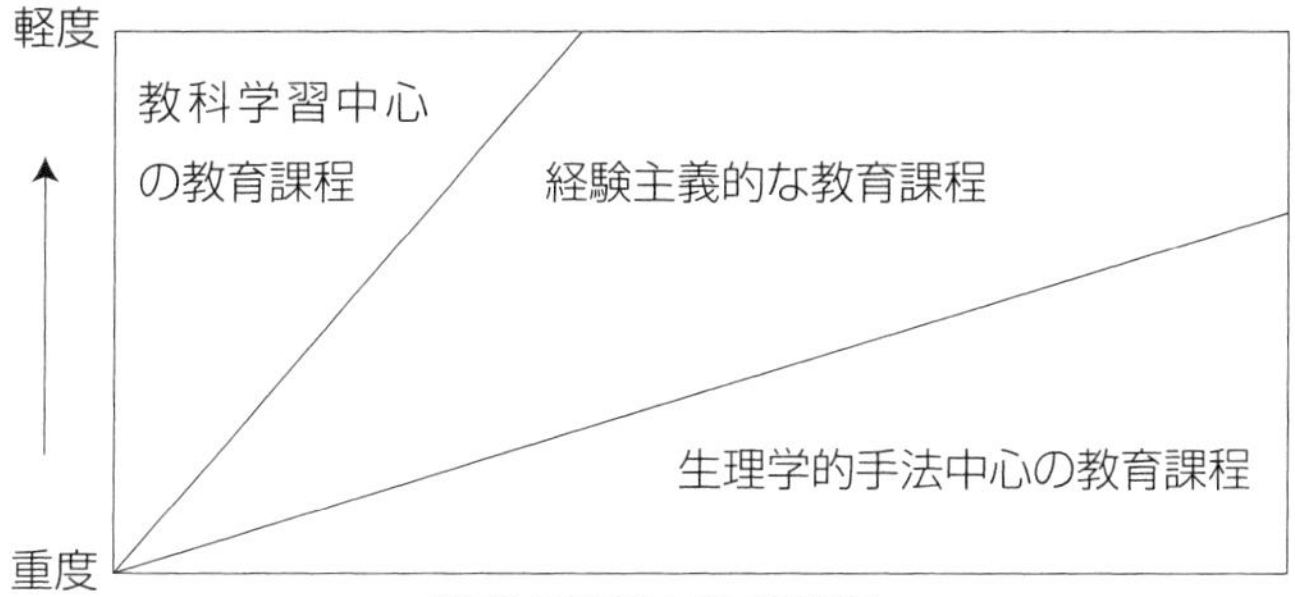

障害の程度と教育課程
（阿部「授業の設計」1997）

効果的タイムテーブルづくり5原則

1 子どもたちに育てたい力を整理しましょう。
2 育てたい力を高めるのに一番良い器を検討しましょう。
（「領域・教科を合わせた指導」など）
3 タイムテーブルに連続性や継続性を持たせましょう。
一単位の時間も柔軟に工夫しましょう。
帯状の時間帯の工夫も大切です。
4 一日、一週間に見通しが持てるタイムテーブルにしましょう。
5 タイムテーブルの表示の仕方も実態にあわせ理解しやすいように工夫しましょう。

障がいのある子どもたちにとっては、生活そのものが学習であり散歩も大切な学習となるのです。十分実態を考慮し、子どもたちが豊かに生活できる教育課程を編成することが大切なのです。そのため、教育課程の顔ともいえるタイムテーブルは、あくまで、子どもたちにとって、一週間の見通しが持て、時間的にも内容的にもゆったりとしたタイムテーブルが効果的でしょう。

5 主な授業づくりポイント

授業づくりポイント5原則

1 子どもたちの実態ありきです。
○子どもたちの発達段階を十分把握しましょう。

2 指導の原点を探りましょう。
○細かいステップでの段階指導が大切です。
○特に国語や算数では、文字や数以前の学習を大切にしましょう。

3 子どもたちの興味関心を大切にしましょう。
○興味関心を引き出す教材・教具の工夫は最低条件です。

4 遊びや体験を十分取り入れましょう。
○体を使って、楽しく活動できる内容を工夫しましょう。
○見通しの持てる具体的な体験を大切にしましょう。

5 生活に根ざした授業を心がけましょう。
○実際の生活のなかでも使えることが大切です。
○知識だけでなく、実際に生きる力としての知恵になるよう工夫しましょう。

どんな教育課程を編成するかが決まったら「わかる・できる・楽しい授業」をできるだけ多く工夫し実践することが大切です。教科別、領域別、「領域・教科を合わせた指導」にはそれぞれ大切な授業づくりのポイントが存在するのです。ぜひ、そのポイントを一つでも多く自分の物としてプロの教師を目指してほしいと思います。

子どもたち一人一人の実態に目を向け、授業づくりのポイントを自分の物とした教師は、毎日の授業が楽しくなり、プロの教師へとまた一歩近づくのです。

さあー授業づくりのポイント5原則をベースに各教科及び領域・教科を合わせた指導ごとのポイントを整理しましょう。

(1) 体育の指導

障がい児に限らず、人間は、いろいろな動きの獲得をとおして、左右の意識や大小・長短などの概念を獲得していきます。その意味では、第3章「子どもを見つめるプロの技」でお話したように、体育とは、障がい児にとって大変重要な学習であり、すべての学習の基本となるのです。

まず、体育では、どんなに重い障がいの子どもたちにも、自分で動けることの楽しさや汗をかくことの爽やかさを味わわせてあげたいものです。

小学校・学習指導要領による体育の目標は

学習指導要領による体育の目標は、「心と体を一体としてとらえ、適切な運動の経

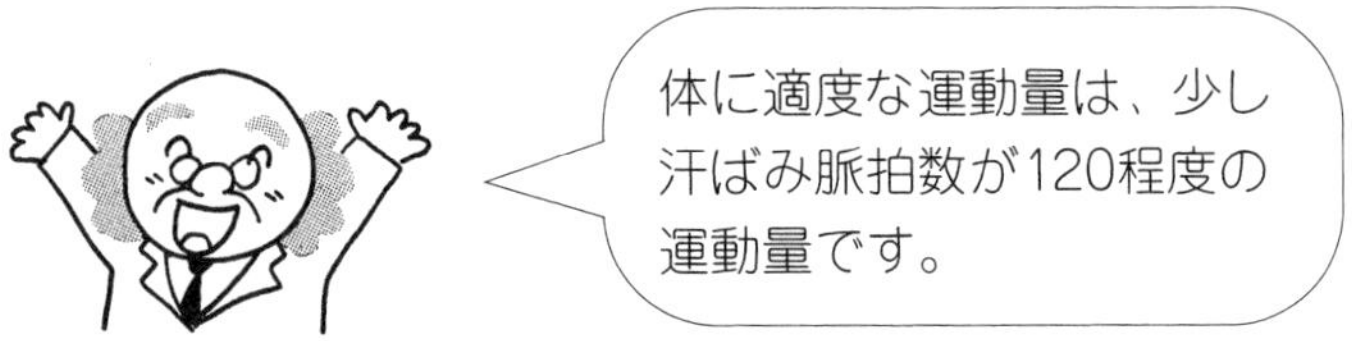
体に適度な運動量は、少し汗ばみ脈拍数が120程度の運動量です。

験と健康・安全についての理解をとおして、運動に親しむ資質や能力を育てるとともに、健康の保持増進と体力の向上を図り、楽しく明るい生活を営む態度を育てる。」です。

特別支援学校関係の学習指導要領では

〈小学部〉

「適切な運動の経験をとおして、健康の保持増進と体力の向上を図り、楽しく明るい生活を営む態度を育てる。」として、基本的な運動を中心に、内容を三段階に設定しています。

〈中学部〉

「適切な運動の経験や健康・安全についての理解をとおして、健康の保持増進と体力の向上を図るとともに、明るく豊かな生活を営む態度を育てる。」として、三つの内容を設定しています。

体育にかんする指導は、学校の教育活動全体を通じて行う必要があり、自分から身体を動かすようにさせることが、まず体育の出発点です。

準備運動や楽しいゲームを工夫し、日常生活に必要な「はう・歩く・走る・跳ぶ・投げる」などの基本の動きを年齢、段階に応じて経験させ、十分に身体意識を高めましょう。そして、将来の社会生活を考え、余暇時間を友達と過ごせるようなボールゲ

体育の授業づくりポイント5原則

1

基本の動きの発達段階をチェック。**〔実態ありき〕**

○ルールの理解力や集団参加能力などもチェックしましょう。

○効果的な支援の方法や補助法をチェックしましょう。

○運動の質と量を考えましょう。

※安静時の脈拍をチェックしておきましょう。

2

動きの基本は身体意識から。**〔指導の原点〕**

○身体概念・身体像・身体図式をじっくり高めましょう。

○できない動きに惑わされず、前段階の指導から始めましょう。

○日常生活動作「はう・歩く・走る・跳ぶ・投げる」の向上を大切にしましょう。

3

動きのイメージを持たせる楽しい工夫を。**〔興味関心を大切に〕**

○施設（学習の場）の有効利用や効果音の工夫は動きを引きだします。

例：「ジャングル探検」➡体育館をジャングルに変身させるなど。

○子どもたちの実態にあった楽しい準備運動を工夫しましょう。

4

遊びや体験を十分取り入れましょう。

○準備運動などでは、ロープや新聞紙などの身近にある物を活用し、楽しい遊びを大いに取り入れましょう。

○安全には特に配慮しましょう。

5

将来を見すえた学習内容を大切にしましょう。**〔生活に根ざした授業〕**

○将来を見すえて、一人でもできるマラソンや縄跳び、水泳などは十分体験させせましょう。

○職場でのラジオ体操や余暇時間を利用した野球・サッカー・卓球・バドミントンなどを少しでも多く経験させせましょう。

ームや個人でできる縄跳び・マラソンなどを十分に体験させてください。

(2) 国語の指導

人間にとって、社会生活のなかで、どうしても必要になってくるのが、人とのかかわりのなかで生まれるコミュニケーション行動であり、言語能力です。その点で、国語の学習は、言葉を育て、言語能力を高めるのにとても大切な学習ではないでしょうか。しかし、さまざまな事柄を頭のなかで思い浮かべたり、考えるといった抽象的思考が苦手な子どもたちにとっては、なかなか定着しにくい学習の一つでもあるのです。

小学校・学習指導要領による国語の目標は

学習指導要領による国語の目標は、「国語を適切に表現し正確に表現する能力を育成し、伝えあう力を高めるとともに、思考力や想像力および言語感覚を養い、国語に関する関心を深め国語を尊重する態度を育てる。」です。

特別支援学校関係の学習指導要領では

〈小学部〉

「日常生活に必要な国語を理解し、表現する能力と態度を育てる。」として、基本的な聞く・話す・読む・書くを中心に、内容を三段階に設定しています。

〈中学部〉

「日常生活に必要な国語についての理解を深め、表現する能力と態度を育てる。」として、聞く・話す・読む・書くの内容を設定しています。

国語の学習では、平仮名を暗唱させたり、なぞり書きを繰り返させたりというドリル的な指導も大切ですが、まず、実態をしっかり見すえ、もっと赤ちゃんの発達過程をヒントに、157ページ「国語科教育―指導内容の系統―文字・単語指導の系統」のような文字化以前の学習に焦点を当て、遊びのなかから言語能力を十分に育てましょう。

鏡文字を書く子には、ぜひフロスティッグ視知覚発達検査を行ってください。原因が見えてきます。

国語の授業づくりポイント5原則

1 「聞く・話す・読む・書く」などの発達段階をしっかりチェック。〔実態ありき〕

2 文字化以前の指導段階を大切に。〔指導の原点〕

○文字の読み書きの前段階として、文字化以前の指導段階に十分時間をかけましょう。

※特に次ページの図をしっかり頭に入れ、あせらずじっくりと言語能力を育てましょう。

○学習内容の方向は、実物➡具体物➡半具体物➡抽象へと段階的に進めましょう。

※例：本物のバナナ➡バナナの模型➡バナナの絵カード➡シルエットだけの絵カードなど。

3 ふだんから言語環境を意識した教室経営を。〔興味関心を大切に〕

○理解しやすい表示物を十分工夫しましょう。

○指導効果の上がる教材・教具を多数工夫しましょう。

4 遊びや体験を十分取り入れましょう。

○操作活動を十分取り入れ、学習させましょう。

○歌遊びなどの身体活動を多く取り入れ、学習効果を高めましょう。

5 将来を見すえた学習内容を大切にしましょう。〔生活に根ざした授業〕

○実態にあわせ、挨拶や自己紹介・名前の書き方などを十分学習させましょう。

○社会生活のなかにでてくるローマ字や英語・カタカナの言葉なども十分学習させましょう。

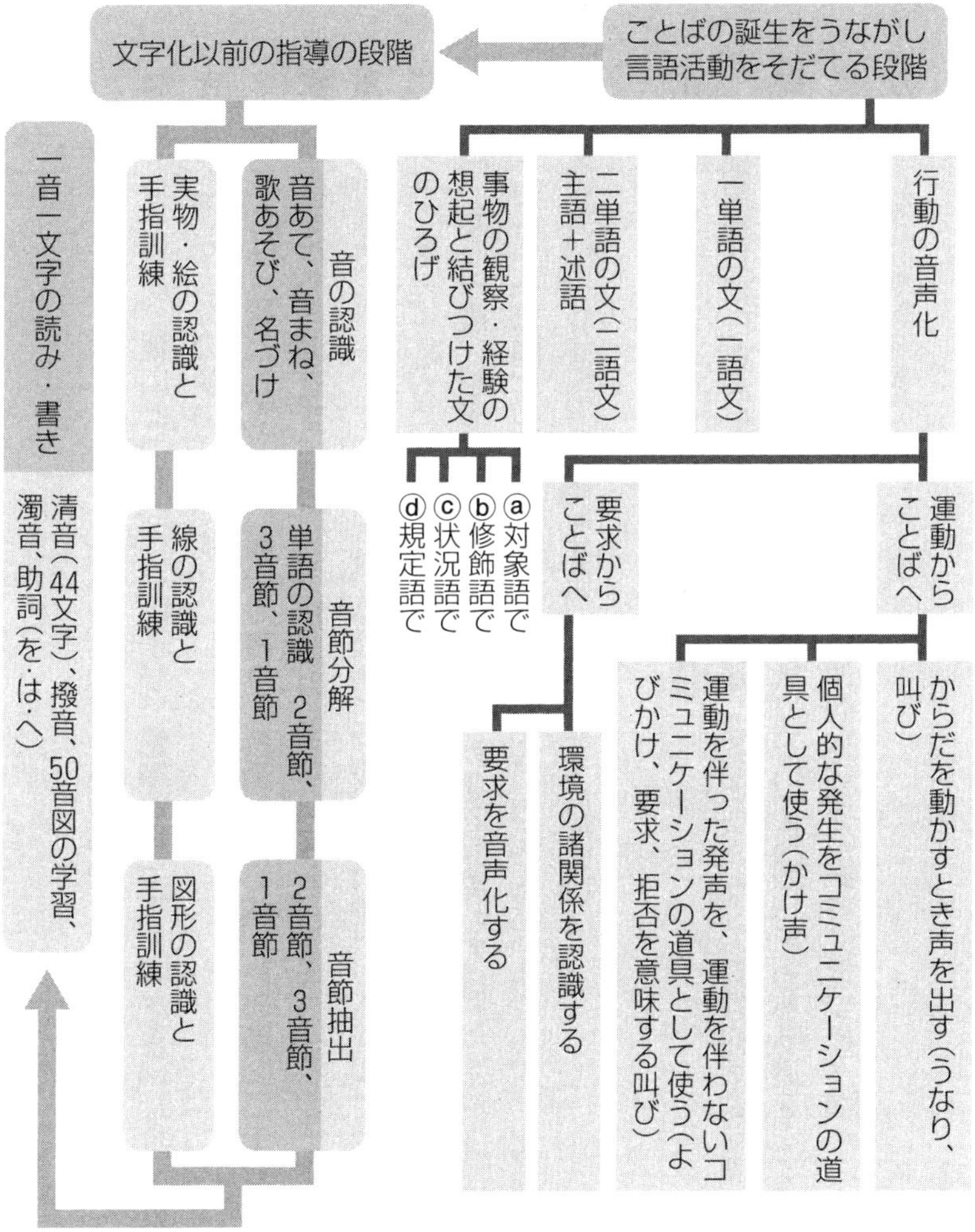

国語科教育―指導内容の系統―文字・単語指導の系統
（近藤他「ちえ遅れの子どもの国語（ひらがな・単語）」1978）

(3) 算数の指導

日常生活のなかで、意図的に数についての体験を十分させましょう。
[例] 買い物やお手伝いなど。

親の願いの第一は、今も昔も「もっと国語や算数の力をつけて!」ということではないでしょうか。親にとっては、わが子が、鉛筆を持って文字を書いたり、計算ができることが何よりの願いなのです。

このことは、親として当然の願いであり、教師としては、この願いに十分こたえる義務と責任があるのです。しかし、授業の現実はどうでしょう。「この子は障がいが重いから理解できない!」などという理由で、単純に計算ドリルを繰り返したり、単に計算式を教えているという光景を見てしまいがちです。

ぜひ、もう一度、指導の原点に立ち返り、授業を見直してほしいのです。そして、お母さんにも「丸暗記の数唱や単に計算ができても役に立ちませんよ。生活に役立つ数の学習をいっしょに考えましょう。」と伝えてください。

小学校・学習指導要領による算数の目標は

学習指導要領による算数の目標は「数量や図形についての算数的活動を通して、基礎的な知識や技能を身に付け、日常の事象について見通しをもち筋道を立てて考える能力を育てるとともに活動の楽しさや数理的な処理の良さに気づき、進んで生活に生かそうとする態度を育てる。」です。

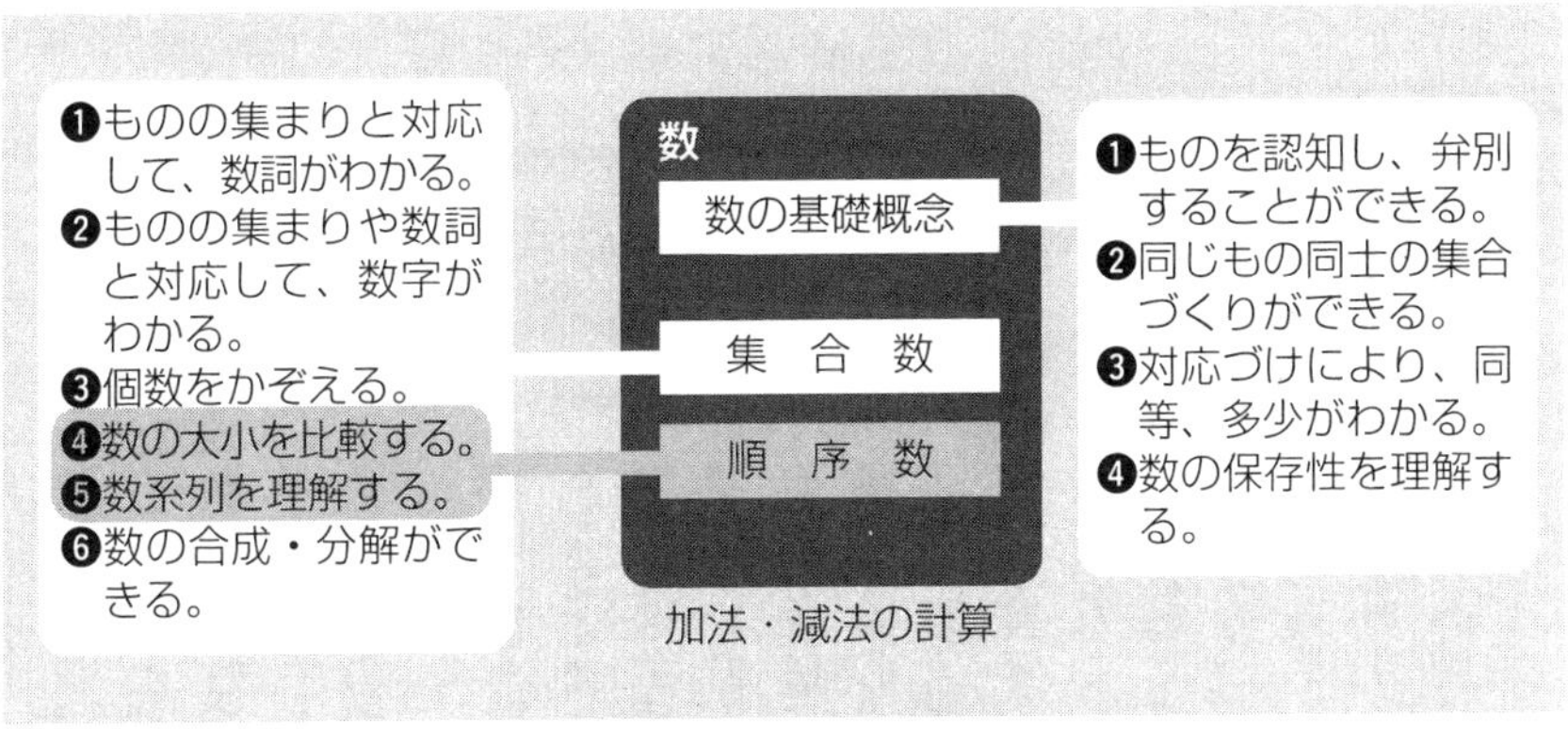

「数と計算」の指導段階表
（川口監修「ちえ遅れの子どもの算数・数学」1978）

特別支援学校関係の学習指導要領では

〈小学部〉

「具体的な操作などをとおして、数量や図形などに関する初歩的なことを理解し、それらを扱う能力と態度を育てる。」として、基本的な数量・形・長さ・重さ・時計などの内容を三段階に設定しています。

〈中学部〉

「日常生活に必要な数量や図形などに関する初歩的な事柄についての理解を深め、それらを扱う能力と態度を育てる。」です。

指導のポイントがずれた形式的なドリル方式だけの授業では、教師の自己満足にすぎず、子どもたちの変容はありません。ぜひ子どもたちの実態にあわせ、日常生活に必要な学習内容をもう一度整理し、数量以前の準数概念（上図参照）について、教師自身が理解し、生活のなかで役立つ算数指導を行いましょう。

教師の仕事は、子どもたちの知識を増やすことだけではなく、子どもたちの知識を生きた知恵に変えていくことなのです。

算数の授業づくりポイント5原則

1
数概念について十分チェック。**〔実態ありき〕**
○しっかりと社会生活に必要な数量や図形などの発達段階をチェックしましょう。
○数の保存性や同等性などの準数概念をチェックしましょう。

2
準数概念をしっかり指導しましょう。**〔指導の原点〕**
○数の概念の前段階として、準数概念について、教師自身が十分理解し、学習内容を工夫しましょう。
○特に「数と計算」の指導段階表をしっかり頭に入れ、あせらずじっくりと生活に役立つ数概念を育てましょう。

3
学校生活全体をとおして数への意識づけを。**〔興味関心を大切に〕**
○プリントの枚数を数え配布させたり、給食時の一対一対応や多い少ないなどの実際的な活動を十分経験させましょう。
○指導効果の上がる教材・教具を多数工夫しましょう。
例：第7章「数の指導：大好きトラック」参照。

4
遊びや具体的体験を十分取り入れましょう。
○授業のなかに具体的な操作活動を十分取り入れましょう。
○操作活動では、発達段階にあわせ、実物➡具体物➡半具体物➡抽象物の順番を考え使用させましょう。

5
将来を見すえた学習内容を大切にしましょう。**〔生活に根ざした授業〕**
○将来を見すえて、実態にあわせ、時計の見方や時刻表の見方・金銭処理・電卓の使い方、レシートの見方なども取り上げましょう。

(4) 合わせた指導：日常生活の指導

日常生活の指導は、子どもたち一人一人の実態にあわせ、日常生活に必要な内容を、実際の生活場面のなかで、生活の流れに沿って指導する指導の形態です。

毎日の繰り返しにより、子どもたちの基本的な生活習慣にかんするスキルを向上させ、ちょっとした支援や自分自身の力でできることを一つでも多く増やし、より良い日常生活を送らせることを目的にしています。

社会参加・自立の言葉どおり、子どもたちは一人一人の実態にあわせ、社会のなかで生活していきます。学校生活場面でできたことが般化し、家庭や社会のなかでも実践できるようになることが大切です。

●主な内容・学校生活場面から

登校時―朝の挨拶・通学の仕方・靴の履脱・着替え、など。
朝の会―天気調べ・健康観察・挨拶や返事・カレンダーワーク、など。
給　食―手洗い・身支度・運搬配膳・食事のマナー・歯磨き、など。
清　掃―掃除用具の使い方及び整頓・掃除の仕方、など。
その他―身だしなみ・衛生観念・衣服の調節、など。

日常生活の指導の内容は、学校生活のほとんどが含まれてきます。子どもたちの自立には時間がかかりますが、面倒がらずに学校生活の流れのなかで、適切な場面をとらえ、繰り返し指導してください。少しずつ支援の量を減らし、自分でできることを獲得させ、自立へと変容させましょう。

日常生活の指導の授業づくりポイント5原則

1 保護者からの聞き取り調査を大切に。**〔実態ありき〕**
○家庭での生活の様子を確実にチェックしましょう。
○基本的生活習慣についての発達段階をチェックしましょう。
○課題を整理し、中心的課題を設定しましょう。

2 **指導の原点**を探りましょう。
○学校生活全体を見直し、実際の場面で繰り返し指導しましょう。
○長期・短期の目標をたて、指導プログラムを作成しましょう。
○少しでも自分でできることを増やし、実態にあわせた自立を目指しましょう。

3 子どもたちの**興味関心を大切に**。
○指導効果の上がる教材・教具を多数工夫しましょう。
（ボタンかけ練習機や第7章「こぼれん君」201ページ参照。）

4 遊びや体験を十分取り入れましょう。
○掃除も楽しい競争意識から・掃除のゲーム化。
○友達の活動の様子も良い手本です。（モデリング）

5 実際の生活に般化させましょう。**〔生活に根ざした授業を〕**
○家庭との連携を図り、協力して指導に当たりましょう。
○衣服の調節や身だしなみ・おしゃれも大変重要です。

(5) 合わせた指導：生活単元学習

社会生活能力検査（S-M検査）はぜひ行ってください。目標が見えてきます。

子ども主体の学校生活の実現を目指し、子どもたちが、自立的な生活をしていくために必要な生活上の課題や目標に沿って一連の目的的な活動を組織的に経験させ、具体的な生活場面における直接的な体験をとおして、生活力や社会性を高めていく指導の形態です。

●子どもたちにとっては

○教師にさせられる生活でなく、楽しい期待の持てる活動。
○子どもたちの生活として自然のまとまりと流れを持った活動。
○見通しが持て、生活上のテーマを持った一連の活動。
であることが大切です。

●テーマや内容について

教育課程全体の視点から、生活単元学習を位置づけ、子ども主体の学校生活になるようにテーマや内容を決定しましょう。また、各学校の教育課程全体を考え、生活単元学習のなかで、遊びや作業学習を生活単元学習として単元化することも十分検討しましょう。

●主な四つの内容

○季節単元：「つゆどきのくらし」、「夏休みのくらし」、など
○行事単元：「楽しい運動会」、「学芸会をしよう」、など
○課題単元：「買い物をしよう」、「カレンダーをつくろう」、など
○偶発（トピック）単元：「お別れ会をしよう」、「お見舞いに行こう」、など

生活単元学習の授業づくりポイント5原則

1
子どもの意見や願いを大切に。**〔実態ありき〕**
○子どもや親の願いを把握し、十分な話し合いを持ちましょう。
○生活力や社会性についての発達段階をチェックしましょう。

2
学校生活づくりから始めましょう。**〔指導の原点〕**
○学校生活全体を見直し、どんな生活上のテーマや内容が良いのか共通理解を図りましょう。

3
一定期間の学校生活にテーマを与えましょう。**〔興味関心〕**
○一日、一週間、一定期間、教師も子どもたちもテーマを持って生活しましょう。
○活動に見通しの持てる楽しい教材・教具を工夫しましょう。

4
遊びや体験を十分取り入れましょう。
○活動内容には、操作活動や体を使った活動を盛り込み、楽しい経験をたくさんさせましょう。

5
実際の生活に般化させましょう。**〔生活に根ざした授業を〕**
○ごっこ遊びから、実体験へと発展させましょう。
○学校生活で高まった生活力や社会性を般化の観点から再チェックしましょう。

(6) 合わせた指導：作業学習

作業学習は、働く作業活動という具体的・総合的活動をとおして、子どもたちの生きて働く力をはぐくみ、社会的自立に必要な生活していくための能力や資質を高めることをねらいとしている指導の形態です。

作業そのものの活動も大切ですが、作業活動をとおして、挨拶や決まり、道具の整理整頓、反省記録の記入、在庫管理、集中力など、子どもたちの実態にあわせ、社会参加自立のための生きる力を大いに育てましょう。

子どもたちが作業を行うときには、「仕事について内容を理解し、見通しを立てて、手順を考えて作業をすすめ、できる限り能率をあげる工夫を考える」ことになります。

そのためには、作業学習の目標として次の三領域があげられています。

①認知的領域

○仕事について内容を理解し、見通しを立てる、手順を考える。

②技術的領域

○能率をあげる工夫、など。

○仕事の模倣、試行錯誤、道具などの扱い。

③情意的領域

○仕事に対する意欲や耐久性、安定して取り組む気持ち。

●作業種選定の留意点

○作業する喜びや完成の成就感が味わえるもの。
○各学校の地域性や特色を最大限に生かしたもの。
○材料などが入手しやすく、継続的に実施できるもの。
○作業工程が理解しやすく、実態にあわせ、協同したり分担ができ、多様な活動が用意できるもの。

作業学習の授業づくりポイント5原則

1 作業に含まれる要素をチェック。**〔実態ありき〕**
○技術面だけでなく、三領域（認知・技術・情意）から実態を把握しましょう。
○子どもの主体性を大切に、願いや意見を把握しましょう。

2 作業内容を十分検討しましょう。**〔指導の原点〕**
○作業種の選定には、十分時間をかけ共通理解を。
○作業内容を分析し、作業工程表を必ずつくりましょう。
○少しずつ補助や支援を減らし、可能な限り自立を目指しましょう。

3 補助具の工夫も大切に。**〔興味関心〕**
○補助具などの工夫を十分行い、できる状況づくりを心がけましょう。
○安全には十分な配慮をしてください。

4 教師自身が働く手本となりましょう。
○子ども同士及び教師が働く手本となりましょう（モデリング）。

5 実際の生活に般化させましょう。**〔生活に根ざした授業を〕**
○つくる活動をベースに、販売活動などへ発展させましょう。

○作業内容が安全で健康的であるもの。
○できるだけ利用価値が高いもの。
○施設設備の状況や担当者の技量にあわせたもの。
障がいの重い子が多くなり、作業学習ができないという声が多く聞かれますが、まず、教師自身の発想を転換しましょう。

そして、障がいの重い子も楽しく参加できる作業種を工夫・検討してください。

(7) 自立活動

自立活動の指導は、子どもたち一人一人の実態にあわせ、自立を目指した主体的な取り組みを促す大切な領域別指導の一つの形態です。

●自立活動の目標は、特別支援学校関係の学習指導要領では

学習指導要領の、自立活動の目標は「個々の児童または生徒が自立を目指し、障害に基づく種々の困難を主体的に改善・克服するために必要な知識、技能、態度及び習慣を養い、もって心身の調和的発達の基盤を培う。」となっています。

自立活動の時間を設けて指導を行う場合は、子どもたちの障がいの状態などを十分考慮し、個別の指導計画に基づいて効果的な指導を進めましょう。

自立活動の授業づくりポイント5原則

1 子どもたちの**実態ありき**。
○自立活動の五つの項目について十分チェックしましょう。
○遅れのある側面ばかりでなく、発達の進んでいる側面をチェックし、さらに伸ばしましょう。

2 個別の指導計画を作成しましょう。**〔指導の原点〕**
○達成可能な長期的及び短期的な計画をしっかりたてましょう。
○焦らずじっくりスモールステップで段階的指導を心掛けましょう。

3 子・親・教師の**共通理解**を深めましょう。
○子どもの意欲や意見を大切に、共通理解を深めましょう。
○成就感を味わえるような指導内容を工夫しましょう。
○家庭と連携し、同じ歩調でかかわりましょう。

4 子ども自身の意識化を大切にしましょう。
○自分の課題を意識化させ、克服する意欲を持たせるため、楽しい教具を工夫しましょう。
○自己評価表などの工夫をお願いします。

5 **専門家との協力**を大切にしましょう。
○専門の医師などの指導助言を大切に連携を深めましょう。

●自立活動の内容は

学習指導要領は、自立活動の内容として「①健康の保持、②心理的な安定、③環境の把握、④身体の動き、⑤コミュニケーション」の五つの大きな区分をし、そのもとに合計二十二項目を示しています。今後は、この現行の五区分に加え、新たな区分として⑥「人間関係の形成」が設けられます。

●小・中学校の特別支援学級における自立活動の取り扱いについて

○必要がある場合は、特別の教育課程を編成できることになっていますので、子どもたちの障がいの状況にあわせ、必要に応じ弾力的に授業時数を設定し、特別支援学校の学習指導要領を参考に「自立活動」を取り入れてください。

○ＬＤ（学習障害）やＡＤＨＤ（注意欠陥多動性障害）などの多様な障がいの児童生徒にも対応できるよう「人間関係の形成」にかんする内容を工夫しましょう。

○子どもの実態ありきですので、きめの細かな個別の指導計画を作成し、自立活動を実践しましょう。

(8) 合わせた指導：遊びの指導

人間の発達で重要なカギを握っているのは子どもたちの「遊び」です。

遊びの指導とは、生活経験や遊びそのものの経験が乏しく、精神発達が未分化な子どもたちに、興味・関心に基づいた遊びをとおして、自ら楽しく活動に取り組ませ、社会性や運動能力などいろいろな能力を総合的に発達させることをねらいとした指導の形態です。

●遊びの指導の内容

「遊び」は、大きく二つに分けることができます。

自由遊びといっても、子ども自身の勝手な遊びとは違います。子どもにとっては自由遊びでも、教師側にはそれなりの戦略と目的をもって活動を準備し、さりげなく支援することが大切です。
課題遊びといっても、教師主導で、無理矢理させる遊びでは困ります。子どもたちの自主性を大切にしましょう。

①自由遊び―子どもたちが自由に取り組む遊びで、遊びそのものを目的にするものです。

②課題遊び―子どもたちの目標にあわせ、遊びを計画的・組織的に整理し、一定の課題にそって取り組む遊びです。

●遊びのなかで育つ力とは

社会性・創造性・判断力・運動能力・心の開放・学習の基礎、などです。

●遊びの拡大の方向は

①遊びの芽ばえ ➡ ②一人遊び ➡ ③二～三人の集団遊び ➡ ④集団活動へ。

遊びの指導のなかで、最良の教師とは、子どもと楽しさを共感できる教師です。教師自身が、子どもの目線になり、遊びの心を持ち、子どもの興味関心から学習を出発させましょう。

●遊びを豊かにする条件とは

○安全への十分な配慮をする。
○子どものありのままの姿の把握をする。
○教師と子どもが一体化し、ある部分では仲間となる。
○子どもの意見や欲求を大切にする。

○遊びの時間帯を子どものペースにあわせ設定する。
○子どもの興味関心を大切にし、題材を組む、などです。

遊びの指導の授業づくりポイント4原則

1　子どもたちの**実態ありき**。
○子どものありのままの姿を把握しましょう。
○遊びの段階をチェックしましょう。

2　指導の**原点を探り**ましょう。
○遊びそのものを充実させましょう。
○子どもたち一人一人が遊べる状況をつくりましょう。

3　子どもたちの**興味関心**を大切にしましょう。
○子どもたちの意見や欲求を大切に題材を組みましょう。
○素材や場面設定を工夫し、遊びに誘いましょう。

4　教師自身が**遊びの心**をもちましょう。
○教師自身が子どもの目線で遊びましょう。
○教師の遊ぶ姿が良い刺激となるようにしましょう。

(9)　総合的な学習の時間

生活単元学習や作業学習など「領域・教科を合わせた指導」との違いについて、大いに類似するところもあり、混乱したり、悩んだりすることがあると思いますが、子どもたちの興味関心に基づき自由に設定できるという利点を生かしましょう。

まずチャレンジです。

教育課程全体をあなたなりに区分けし、整理できれば、総合的な学習の時間も怖くありません。

総合的な学習の時間の利点を生かそう

学習指導要領にある総合的な学習の時間のねらいは次の二つです。

①自ら課題を見つけ、自ら学び、主体的に判断し、より良く問題を解決する資質や能力を育てる。

②学び方やものの考え方を身に付け、問題の解決や探求活動に主体的、創造的に取り組む態度を育て、自己の生き方を考えることができるようにする。

「自ら課題を見つけ」のとらえ方として、特別支援学級の子どもたちでは、「さあー課題を見つけなさい。」といっても、それは無理です。ある程度、条件設定を教師側で行うことから始め、いろいろな選択肢を準備することが大切です。

育てたい子どもの姿を明確にして、子どもの思いを大切にした総合的な学習の時間を展開しましょう。

従来の生活単元学習でできなかったことにチャレンジしたり、ふくらませてみようとすることが大切です。

総合的な学習の授業づくりポイント5原則

1
子どもたちの興味関心を探りましょう。〔**実態ありき**〕
○子どもたちの意見や欲求を子どもたちの目線になり把握しましょう。

2
自己決定を大切に。〔**指導の原点**〕
○まず選択肢を準備し、自分で考える習慣をつけさせましょう。
○自分で考え行動する機会を活動のなかに盛り込み（仕組み）ましょう。

3
迷わず**チャレンジ**する。
○子どもたちといっしょに従来の生活単元学習でできなかったことにチャレンジし、膨らませてみましょう。

4
遊びや体験を十分取り入れましょう。
○頭で考えるだけでなく、楽しい操作活動や体を使った活動を取り入れ授業を展開しましょう。

5
実際の生活に般化させましょう。〔**生活に根ざした授業を**〕
○子どもたちにとって、理解・判断しやすい身近な課題や題材を工夫しましょう。
○知識を生きた知恵（思考➡判断➡決定➡行動できる子）に変えましょう。

6　わかる授業案作成術

あなたは、年に何回、授業研究をしていますか。そして、年に何回、授業案を書いていますか。

驚いたことに、新任教員時代からほとんど授業研究もやらず、授業案も書いたことのないという先生方が現にいるのです。他の先生方にしても、年に一回でも経験すれば良い方ではないでしょうか。

われわれ教師は、新採用の時代から「先生」と呼ばれ、なんの努力もせず向上心のないマンネリ教師でも「先生」と呼ばれ続けていることに問題があるのかもしれません。

経験の浅い教師もベテラン教師も、日々の授業実践で腕を磨き、授業案を作成する過程で、教師としての力量を大きく高めているのです。誰にでもわかるきめの細かい授業案を書くということは、マンネリ教師から脱出し、とても重要な教師の仕事となります。

授業案作成は
重要な教師の仕事です

(1) 授業案の持つ意義

子どもの頃、私もプラモデルづくりに熱中したものです。なれてくると設計図も見ずにかってに組み立てていったり、思い込みで組み立ててしまうことがありました。こんな時は決まって大失敗をし、後で後悔したものです。

授業もプラモデルづくりと同じ面があり、しっかりと計画された設計図がないと授業のねらいを達成し、「わかる・できる・楽しい授業」にはつながりません。

「授業案なんてそんなもの。その場の雰囲気を大切にして臨機応変に子どもたちと勝負だ。」なんて声も聞こえそうですが、これでは、いつまでたっても教師の力量アップにはつながらないのです。

ぜひ、プロの教師を目指すあなたであれば、次の授業案の持つ意義を厳粛に受け止めましょう。そして、もっと授業に仮説を盛り込み、自分自身の文章で主張しましょう。書いたり主張することにより題材や子どもたちの実態の理解が深まります。

授業案の持つ意義をもっと考えて

授業案・指導案・支援案など、呼び方は、各学校でさまざまです！

【授業案の持つ役割】

①参観者のための授業案

学習のねらいや教材解釈・計画・支援の工夫・学習の流れなどを参観者によりよく理解してもらう役割があります。

←文章はシンプルに誰にでも理解できる授業案にしましょう。

授業案全体のレイアウトを工夫し見やすい授業案にしましょう。

②T・T同士のための授業案

複数教師での授業の場合は、題材や支援の方法・役割分担を共通理解するための大切な計画書としての役割があります。

←分担して書いたとしても、論旨が明確につながっている授業案にしましょう。

子どもの動きや教師の分担・支援の方法が見える授業案にしましょう。

③教師自身のための授業案

年に一度でも計画された細案を書くことは、自己満足になりがちな教師という仕事に評価と反省を与え、教師としての力量を高める役割があります。

←教師自身のアイデアと主張を盛り込んだ授業案にしましょう。

子どもたち及び教師自身の評価が設定された授業案にしましょう。

(2) 略案からの出発

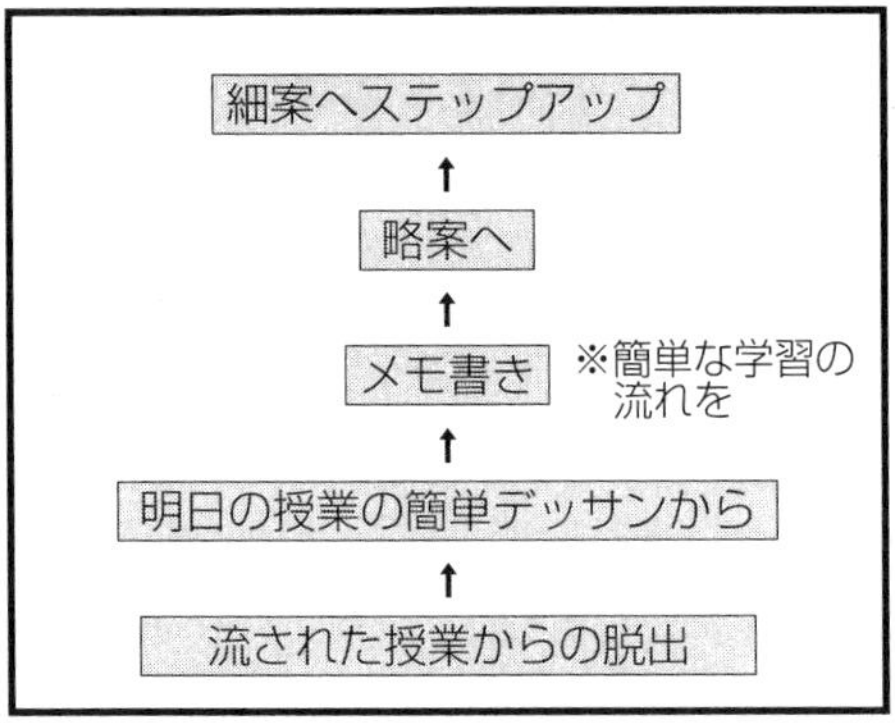

略案からの出発手順

　ふだんの授業で、なんの準備もせずに子どもの前に立ち、授業をしたり、頭のなかだけで授業の流れを構成して指導に当たってはいませんか。

　授業案とは設計図です。建物やプラモデルをつくる時に絶対必要な設計図なのです。この設計図（授業案）が曖昧なものであったり、全然なかったりすれば、何回授業を繰り返しても、子どもたちの貴重な時間を無駄にした、「流された授業」になってしまいます。

　そこで、まず、なんの計画もない授業から脱出し、上図のように学習の流れを簡単に示したメモ書きから始めましょう。明日の授業を簡単にデッサンすることから始めれば、それほど負担にもならず、徐々にあなたなりの略案がすぐに書けるようになるでしょう。

　いつも効果的な授業の設計ができるようにがんばってください。継続は力なりです。授業のデッサン力を高めるためにも、毎日コツコツ略案を書き続ける努力が、授業案（細案）を容易に書けるレベルアップにつながるのです。

―略案例―　各学校で毎日無理なく書けるように工夫してください。

体育・略案　　11月5日（火）3校時（10:30〜）

1．題材名　ジャングル探険（サーキット運動）

2．ねらい　・身体意識を高め各種の運動能力を高める。
・コースを理解し、みんなといっしょに楽しくコースを回る。

3．授業の流れ

導入 12分	1．靴を脱いで学級ごとに整列 2．始めの挨拶 3．準備運動※音楽にあわせて全身を動かす （クマ歩き→「走」の基本運動→寝る）
展開 23分	4．オオカミがきたー！（集合ゲーム） ※音・光などを使い集合ゲーム 5．さあージャングル探検に出発！ ※班ごとにサーキットコースを回る
終結 5分	6．班ごとに集合する 7．本時のまとめ 8．挨拶・後始末

4．確認事項

T·T方式や場の設定などお互いに確認しましょう！

良い文章より
すぐに書ける
ことをめざして！

―略案形式例―　　　（　　　　　　　）　略案

題材名		月　日		校時	
題材について	○題材観など（教師の主張）について記述				
目標					
区分	学　習　内　容		支援の方法及び留意点など		
確認事項	○T・Tの役割分担確認など				

(3) 授業案の書き方のポイント

授業案は書く訓練から

どんなにすばらしい授業を計画しても、そのすばらしい内容を授業案に書き表す技術がなければどうにもなりません。あなたの力量もすばらしい授業もかすんでしまいます。まず、特別支援学校や特別支援学級における授業案では、通常の教育における授業案と特に次の点が大きく違います。十分配慮して書き進めてください。

○一人一人の子どもたちの姿（動き・配慮点・支援の方法）が、より見える授業案。
○T・T方式など教師の役割分担が明確な授業案。

●授業案の形式について

授業案の項目としては、一般的に単元名（題材名）、次に単元設定の理由、単元のねらい、指導計画、本時の授業と言った構成で書かれます。本時の指導にかんしては、本時の目標、本時の展開（学習過程）を書き、展開のなかには教師の活動や役割・子どもたちの活動内容や配慮事項などを含めて書く場合が多いようです。しかし、授業案は特別に一定の形式があるわけでなく、一般的授業案形式例を参考に、教科や教師に応じ、所属校で自由に考え、わかりやすい形式で作成すればよいのです。

これから示す全国各地の授業案形式を参考に、自分だけでなく、どの参観者も理解できるような説得力のある形式を工夫してみてください。

具体的に何をするか
理解できる授業案を

＝授業案形式例＝

A特別支援学校（生活単元）

1　単元名
2　単元について
3　単元のねらい
4　単元の計画
①　計画を立てるに当たって
②　日程と活動の流れ
③　場の設定
④　教師の役割
⑤　展開に当たっての配慮点
5　本時の指導計画
①　ねらい
②　展開
③　子どもの様子とねらい

B特別支援学校（体育）

1　題材名
2　題材について
3　研究との関連
4　目標
5　指導計画
6　生徒の実態
7　本時
①　小題材名
②　主点
③　指導に当たって
④　学習過程
⑤　評価

C特別支援学校（遊び）

1　題材名

D特別支援学校（作業）

1　題材名

2　題材について
3　児童の実態
4　遊びのねらい及び個人目標
5　学習計画
6　本時の学習
①　小題材名
②　題材についての実態
③　本時のねらい及び個人目標
④　学習過程
⑤　準備物
⑥　評価

2　設定理由
3　題材目標
4　年間計画と生徒の目標
5　本時までの指導経過
6　本時の学習
①　本時の目標
②　展開
※別紙添付（作業工程表）

●授業案レベルアップに挑戦

授業が教師の命であるなら、その授業案は教師自身の子どもを見抜く鋭さ、題材にかんする知識・理解の深さ、指導技術の程度を写しだす鏡です。綿密に計画された授業案を書くことは、教師自身の専門的な実力をつける訓練として効果的であり、教師の資質の向上につながります。しっかりと一般的授業案形式を頭に入れ、特別支援学校や特別支援学級の授業案に早く慣れましょう。

それでは、次の点に留意し、あなたの授業案をもっとレベルアップさせましょう。

【授業案レベルアップ作戦】

○題材名のネーミングは授業案の顔です。
・子どもがやってみたいと思う楽しい題材名を工夫しましょう。
・ネーミングは教師の柔軟的思考のバロメーターです。
○授業デッサンを楽しみましょう。
・紙の上で絵を書くように授業の設計図をつくってみましょう。
・授業案全体のレイアウトを決め、用紙に書いてみましょう。
・項目ごとに、必要な内容を短文化し、書き込みましょう。
・読み手が理解に苦しむ長すぎる文章は困ります。
○具体的な工夫や支援の方法を明確にしっかり書きましょう。
○個々への支援の仕方や配慮が見えるように工夫しましょう。
○実態➡学習のねらい➡学習内容➡工夫点➡評価が川の流れのように一本筋をとおるようにしてください。

自分の主張や仮説を十分盛り込みましょう。

●授業案・項目別書き方ポイント

授業案の項目を理解し、あなたが考えている学習にピッタリの授業のレイアウトが完成したなら、授業案レベルアップ作戦の注意事項を意識し、項目別書き方のポイント例を参考に書き進めてみましょう。

授業案・項目別書き方ポイント

授業案　　　日時：場所など

↑

指導者：職・氏名
（T_1など）

○学部・学年・学級を明確に
○指導形態名を明記

1．題材名　←

○ひと目で何をするのかわかる楽しい名前にしましょう
○単元と題材の違いを理解しておきましょう

2．題材設定の理由（題材についてなど）

①児童観（生徒観）、②題材観、③指導観の3つの内容を整理し、筋がとおるように簡潔な文章に心がけましょう。
※①②の順番は内容により変化します。

①児童観

○学級や学部の子どもたちの一般的実態と本題材についての実態を簡潔に書きましょう。
○「～ができない」、「～はできない」と否定的にばかり書くことのないように注意し、子どもたちの良い点を見つける努力をしましょう。
○子どもたちの意見や要求・興味関心も十分把握しましょう。

実態を見抜く眼の大切さ

②題材観

○一般的題材観を書き連ねるより、子どもたちの実態をとおしての題材観を自分なりに理論づけて文章化しましょう。

題材を解釈し理論づけする力

③指導観

○この題材を指導するに当たっての大切な方針・留意点・教師のねらいや願いを簡潔にしっかりと書きましょう。
○何をどう工夫し、どんな手順で学習するのかを明らかにし、指導計画との整合性をとりましょう。
○支援の方法なども明確にしましょう。
※箇条書きにすると見やすく理解しやすいでしょう。

指導方針の明確化

3．題材の目標
↑

○この題材全体で何をねらいたいのか明確にします。
○文末の書き方では、「～させる」、「～する」、「～ようにする」、「～できる」など指導形態、題材によって全国各学校でいろいろです。
教師側の指導目標なのか、子どもたち側の行動目標なのかを各学校で共通理解して書きましょう。

子ども主体の学習とはいえ、教師側の指導目標やねらいも大切にしましょう。

4．指導計画
↑
○本時の内容だけでなく、題材全体の計画がわかるように題材を小題材（ステップ）ごとに区分し、整理して書きましょう。
○本時指導がどこに位置づくか明記しましょう。

－例－

○時間扱い（本時４／○）

題材名	小題材	主な学習内容・工夫など	時数
	※区分など	※ねらいなどを書く場合もあります。	

5．本時の学習

（1） 題材名（小題材名）

（2） 本時の目標

↑

○大目標でなく、達成可能な目標にしぼりましょう。
○グループごとや集団に分けて目標を書くことも大切です。

（3） 児童（生徒）の実態及び個人のねらい

－例－

氏名	障害·疾病など	諸検査など	行動の様子	実態及び支援法など	個人のねらい

○子どもたちの全体像がわかる実態及び本時の授業にかんする実態を整理して書きましょう。

※記号化しても見やすいので工夫してみてください。

○題材目標・本時の目標・個人のねらいは当然関連させて書きましょう。

○実態と照らしあわせて、その時間内に達成できる目標を立てましょう。

○大集団での学習の場合はグループごとに示しても良いでしょう。

○個人のプライバシーには十分留意しましょう。

（4） 準備物および配置図

○特に説明はしませんが、知らせたい大切なものをきちんと明示してください。

○学習過程に明示できる場合は、項を起こすことはありません。

（5） 学習過程

○導入（はじめ）・展開（なか）・終結（終わり）などの言葉で区切り、学習内容及び活動と対応させ、Ｔ・Ｔ方式の教師の動きを明確にし、子どもたちの姿が見えるように支援の方法と留意点を記述することが大切です。

○ どんな活動をするのか誰にでもわかるように図や絵を入れ、楽しいレイアウトを工夫しましょう。

↓

―例―

区分	主な学習内容・活動	支援の方法と留意点など		準備物など
		T1	T2 ～	
はじめ	1．集合整列 大項目と小項目を組み合わせて見やすく書きましょう。	※子どもで分けている場合もあります。 ※個への配慮を十分書き表しましょう。		

（6） 評価

○ 目標の裏返し的な評価はやめ、子どもたちの変容を具体的にとらえる独自の評価表も効果的です。
○ 子どもの変容は教師の指導技術で決まります。常に教師側の指導のあり方も反省できる評価を工夫しましょう。

※授業案形式については、どれが一番良いというものはありません。あなた自身が書きやすい形式を工夫してください。
※研究発表会などの授業では、項目のなかに「指導に当たって」、「テーマへのせまり方」などが入り、題材の分析や指導仮説がより明確になっている授業案が多く見られます。

長すぎず、誰が見ても理解できる授業案が大切です。また、個別の指導計画との関連も十分検討しましょう。

7　授業研究で力量アップ

(1)　一年に一度は授業研究を

尻込みせず、授業研究にチャレンジを

学校現場では、忙しさのためか、授業研究という言葉を聞くと尻込みし、自分に当たらないように下を向いてしまう教師が多いようです。「どうせがんばっても給料は同じだし、このままやらずにすむなら静かにしていよう。」という雰囲気が漂っているような気さえしてしまいます。さらに「どうせ授業研究をしたって、反省会で誰も意見を言わないし、忙しいだけで何も得はない。」と思っていませんか。

これでは教師をなん年経験しても、教師という仕事が楽しくなりません。

教師としての技術は錆びる一方です。

教師としての情熱とプライドはどうしたのでしょう。

目立つ必要はありませんが、機会があったら尻込みせずに、年に一度でいいのです、きちんと計画した授業研究を行ってください。プロの教師として、自分の力量を高めるよいチャンスです。

●授業研究から見えてくるもの

○授業案作成は書く訓練からです。

○子どもたちの新たな実態の発見ができます。

○題材について深く考えられ、理解が深まります。
○自分の授業案や授業が第三者に客観的に評価され、良い刺激となり、教師自身の力量アップにつながります。
○T・T同士の連携を深め共通理解に役立ちます。

←

ふだんの授業に般化します（教師にも子どもにも）

(2) 先生方の授業研究会を利用しましょう

「利用」というと、ちょっと良い印象は受けませんが、この「利用」が大切なのです。自分でできる授業研究の発表は、ふつう多くても年に一度しかありません。しかし、一年間をとおせば、他の先生方が苦労した授業研究を発表することは多いでしょう。ぜひ、その機会を利用しましょう。

●参観者として授業研究への参加の仕方

○第一に参観した授業の良さを必ず見つけだしましょう。
○次に「自分だったらこうしたい」という課題意識をもちましょう。
○授業反省会や参観アンケートを大切にしましょう。

あなたにとって授業研究をやることはとても大切ですが、しかし、それ以上にあなたが参観者として同僚の先生方の授業研究に参加するときが大切なのです。

意識と意欲を持って授業研究会に臨みましょう

よく学校現場から、「指導主事訪問をしても、指導主事からはお褒めの言葉だけで、自分たちが期待している指導がない。」とか、「反省会をしても、仲間の教師はご苦労さんとはいうものの、何も意見をいってくれない。」などの不満が多く聞かれます。

しかし、あくまで授業研究会は自分たちのためにやるものですから、ぜひあなた自身が自分の考えをしっかり持って、聞きたいことを整理し反省会に臨むことが大切です。

あなた自身が子どもたちを大切にした意見を述べること、そして、アンケートに自分の意見や感想を誠意を持って記入することが授業者に対する礼儀なのではないでしょうか。その意識の変化と努力が、さらに教師の力量をアップさせるのです。

授業研究会への参加意識の変化が授業を見抜く眼を高めます。

第7章

教材・教具づくりのプロの技

この章では、プロの技として、「わかる・できる・楽しい授業」に欠かせない楽しい教材・教具づくりを紹介します。

学校の倉庫に眠っている物品や身近にある材料を生かして、あなたのアイデアで楽しい教材・教具に変身させてください。

1　教材・教具とは

一般的に教材・教具とは、次のように意味づけられていますが、どうしても分けきれない部分が多く、「教材・教具」として、併記して使われる場合が多いようです。

○**教材**：教育目標を達成するための教育内容、または教育内容を学習させるための素材であって、教育活動をすすめていくための直接的な媒体です。
○**教具**：教材をとおして、ある内容を学習させる場合に用いる道具であり、手段としての物的な要素が強く、教材に比べて教育活動をすすめていくための間接的な媒体です。

学習意欲や理解力が乏しい障がいのある子にとっては、教材・教具開発の意義は大きく、学習に対して、いかに興味関心を引き出し、理解を助け、「できる状況」を提供できるかという、良い授業のための絶対必要条件となります。

教材（授業そのもの・指導内容など）の工夫は、個を大切にした特別支援教育において、どの授業においても最低必要条件です。

特別支援教育における教具とは、大きくは次の四つに分けられます。

①補助具としての教具　↓　食事場面や作業学習での補助具など

②学習の中心的課題の理解を直接的に助ける教具　↓　国数の教具など
③学習の中心的課題の理解を間接的に助ける教具　↓　指人形など
④雰囲気づくりに役立つ教具　↓　場の設定などに使われる小道具

2　学校探検をしよう

(1)　倉庫は宝の山

あなたは、自分の学校のどこに何があるか、あるいは、どのような配置や構造になっているのか詳しくわかりますか。

学校のなかには、梱包されたままの備品やネジが一つとれただけで修理すればすぐに役立つ教材・教具がたくさん眠っていませんか。

教師という職業は、往々にして、自分の責任分担以外はまったく無関心であったり、他の教師が以前につくった価値ある教材・教具でも、活用しないというのが現実のようです。

しかし、教材・教具作成に必要な予算もままならない現状では、自分のアイデアとちょっとした工夫で、廃棄処分になった備品や使い古した木材などのつまった倉庫は宝の山といえます。そして、体育館を含め校舎内外の学習環境を十分チェックすることは、「わかる・できる・楽しい授業」に大いに役立ちます。

ぜひ、教材・教具づくりの前に、この学校探検をお勧めします！

【学校探検チェック項目例】

	学校探検チェック項目	チェック欄
①備品	○各備品状況はどうなっていますか。	
	・しっかり保管されていますか。	
	・備品台帳とあっていますか。	
	・使いやすく整理されていますか。	
	・修理の必要なものはありますか。	
	・活用の啓蒙をはかっていますか。	
②教材・教具	○自作の教材・教具はどうなっていますか。	
	・しっかり保管されていますか。	
	・使いやすく整理されていますか。	
	・教材・教具一覧表が作成されていますか。	
	・活用の啓蒙をはかっていますか。	
③倉庫	○学校の倉庫はどうなっていますか。	
	・使ってもいい廃材はありますか。	
	・壊れた椅子や机はありますか。	
	・その他、利用可能なものはありますか。	
④校舎内外	○校舎内外の様子はどうなっていますか。	
	・体育館の間取りをチェックし有効活用はできますか。	
	・校庭の地形や遊具の配置をチェックし、有効活用はできますか。	
⑤その他	○人的環境などはどうですか。	
	・教材・教具作成が得意な先生はいますか。	
	・保護者の協力はもらえますか。	
	・金銭面はどうですか。	

※あなたの学校にあわせ、チェック項目を工夫しましょう。

(2) もっと身近な物を活用しよう

学校探検チェック項目で、自分の学校の実情を理解しておきましょう。どの学校の倉庫も宝の山だったのではないでしょうか。

ぜひ、活用できるものは、自分のアイデアで生き生きした教材・教具に変身させましょう。

さて、次に、ぜひチャレンジしてもらいたいことは、ちょっとした使い方の工夫で有効な教材・教具に変身させ、楽しい授業が展開できる身近な物の工夫・活用です。大がかりな教材・教具ほど、製作に時間がかかり、しかも簡単には活用しにくいという欠点が出てきます。

材料としてどこでも手に入り、ちょっとした工夫で楽しい授業展開に役立つ身近にある物の活用をお勧めします。

身近にある新聞紙や空き缶は、すぐに楽しい教具に大変身します。

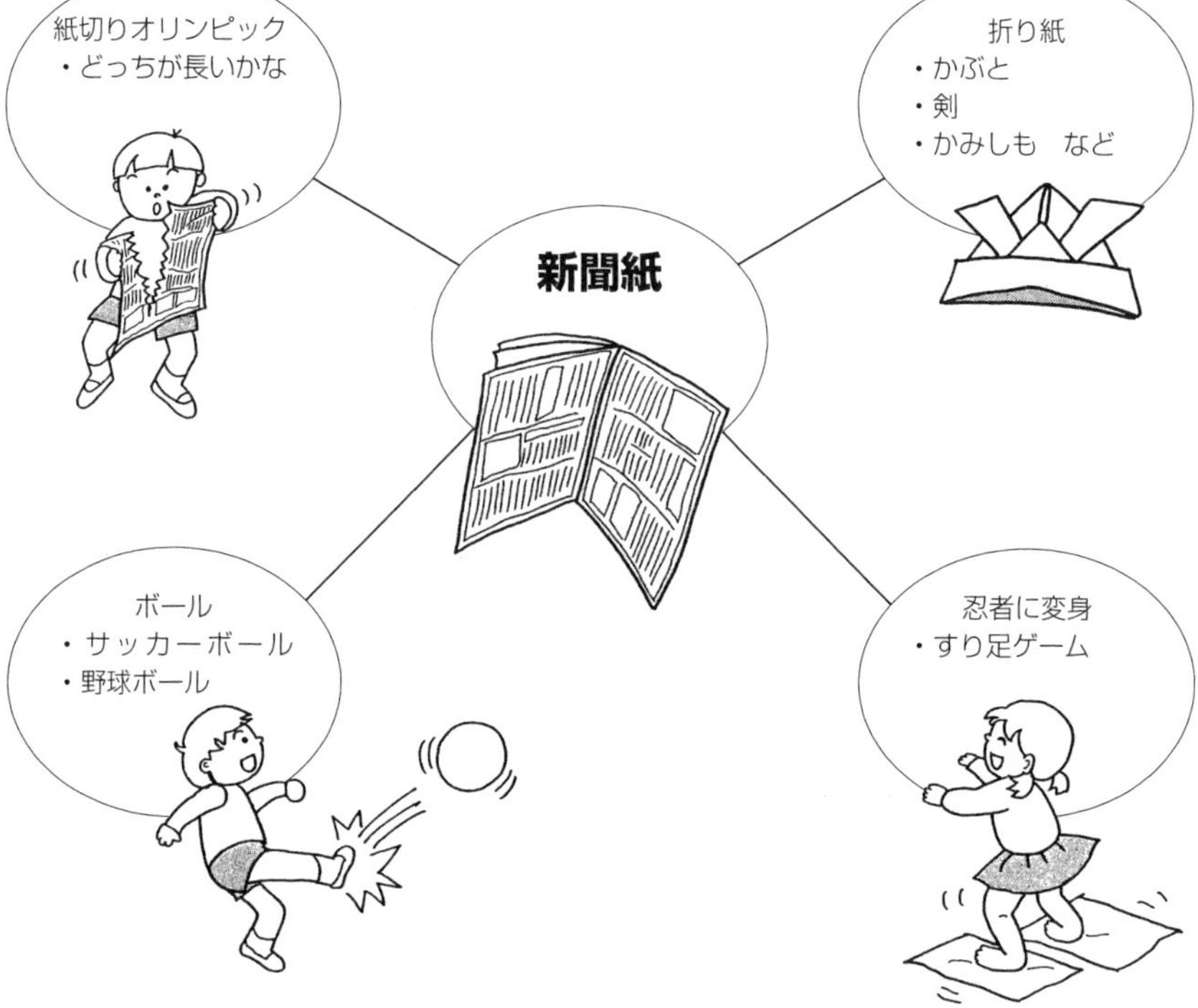

さあー身近なもの、新聞紙を活用してみましょう！

どこにでもある新聞紙を教室に準備しておくだけで、使い方一つで、いろいろなゲームができるのです。

ぜひ、工夫してみてください。

忍者に変身すり足ゲームは、身体意識を高め、楽しいゲームとなりますよ。

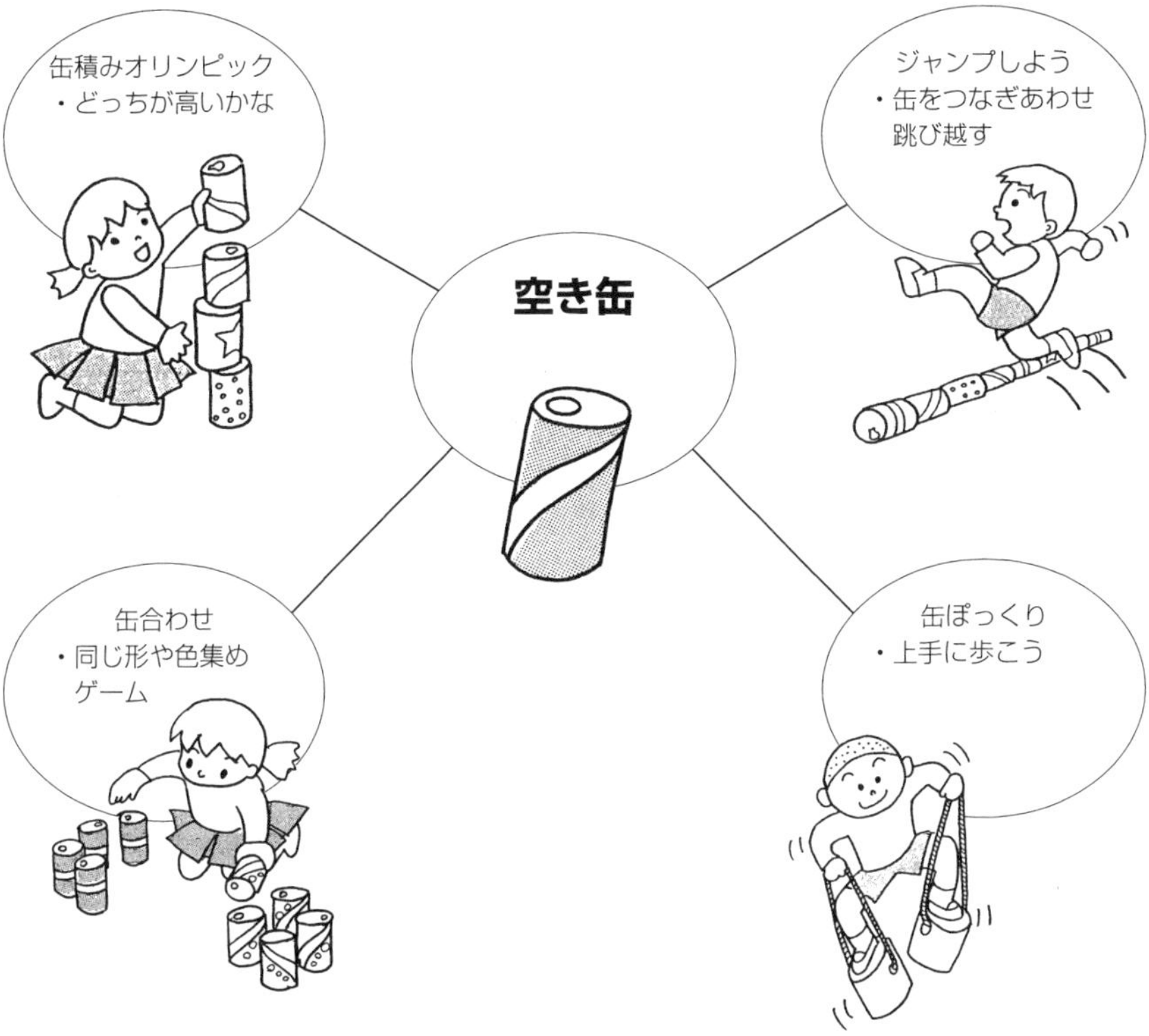

さあー身近なもの、空き缶を活用してみましょう！

いろいろな大きさや種類の空き缶を集めておくと、それだけで楽しい教具となります。

お金をかけずにできる簡単教具をいろいろ考えておくと便利です。

さあー身近なもの、ロープを活用してみましょう！

地域のホームセンターに行くと、太さや長さ、色あい、材質など、本当にいろいろな種類のロープがあります。

保管場所もとらず、身近にあるいろいろな種類のロープは、教材・教具の原点です。

ぜひ、このロープのよさを生かして学習や遊びに大いに生かしてください。

3　教材・教具アイデア発想法

(1)　教材・教具開発の視点

学校探検や身近な物の活用も卒業し、いよいよ自分のアイデアで、教材・教具を開発する番です。

まず、次の開発の視点を頭に入れてください。

【教材・教具開発の五つの視点】

1　子どもの身体発達及び精神発達に即したもの。
2　操作が簡単で繰り返し使用できるもの。
3　がんじょうで安全なもの。
4　子どもの興味関心を引きつけるもの。(形・色・大きさ・香りなど)
5　使用後、収納・管理がしやすいもの。
○学校裏にゴミのように積まれた教具にならないように。
○つくった先生しか使えないものでは困ります。

(2)　教材・教具開発の手順

教材・教具開発の視点が頭に入ったならば、さあーいよいよ開発の手順に従って、

チャレンジあるのみです。

頭を柔軟にして、子どもたちにとって楽しい教材・教具を開発してください。

自分で教材・教具を開発する前に、まず、指導に役立つ教材・教具の情報を自分の目と耳で集めておくことが大切です。（まず情報収集から）

←

○既製のものを組み合わせて使ったり、他の目的のために利用できないか考えましょう。
○既製のものに改良を加えて活用できないか考えましょう。
○独自のものを創意工夫してみましょう。

←

では次の手順でチャレンジを。

←

次の手順シートを活用しよう。

いろいろな発想が浮かんで
こないときは、この手順に従って
あなたもチャレンジ！

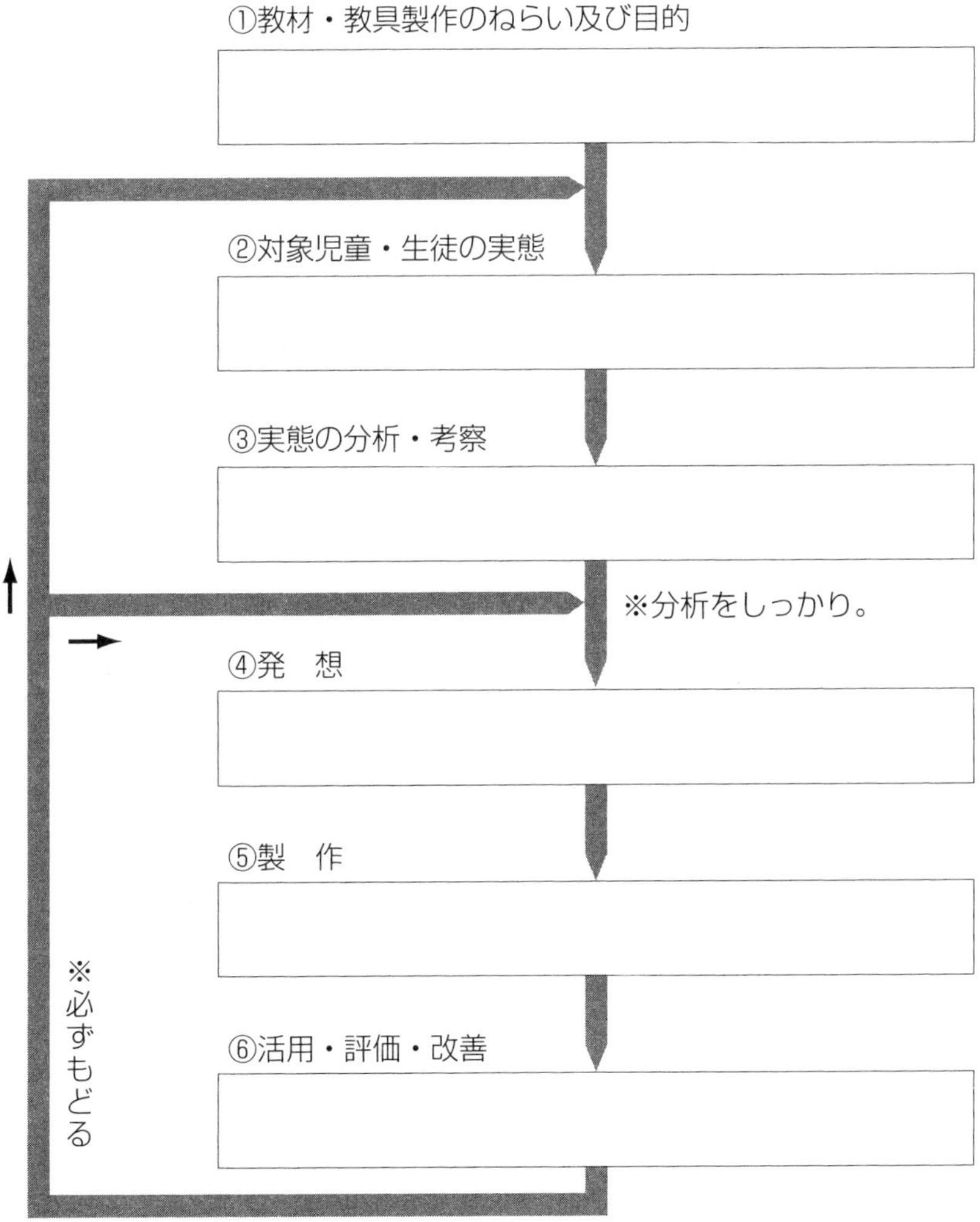

教材・教具製作手順シート

教材・教具成功の3原則

1 子どもの興味や必要性から出発した教具ですか。

2 どこでもすぐに使用できますか（学習環境）。

- 学習環境も教材・教具成功のカギを握る大切な要素です。
- 教具の位置、教室空間、机の配置、色彩などを十分工夫しましょう。

3 使用するためのプログラムを考えてありますか（支援の方法）。

- 同じ教具でも使い方や学習プログラムの違いで効果が大きく違います。
- 使い方の手順や言葉がけ、ポジショニング、各種支援などの学習プログラムを十分に検討しましょう。

前ページのシート図のように、まず①何をつくりたいか、製作のねらい及び目的をはっきりさせる、②子どもの実態をしっかりつかむ、③分析をしっかりし、考察を加える。

この三つを上手に料理し、発想・製作にチャレンジしましょう。どんな教材・教具のプロでも最初からすべてを満たした完全なものはできません。どんなに小さく単純な教材・教具であっても、子どもたちの実態をよく見抜き、なんのために自分がその教材・教具を工夫するのかをはっきりさせ、子どもたちの姿が見える生きた教材・教具になるようにがんばりましょう。

木工の得意な先生、にがてな先生、すばらしいアイデアを発想できる先生など、それぞれ得意分野が違います。一人の力よりグループで教材・教具を開発することをお薦めします。

教材・教具は、そのままではただの箱であり、価値のない物でしょう。生きた教材・教具にするために命を吹き込むのはあなた自身なのです。ぜひ、教材・教具成功の三原則を頭に入れ、教材・教具を支える学習環境や支援の方法を十分検討し工夫しましょう。

さあー、それでは参考となるアイデア例をご紹介します。

教師同士が協力しあいアイデアと技術を出しあいましょう！

〔アイデア例①・補助具としての教具〕

〈食事指導：こぼれん君〉

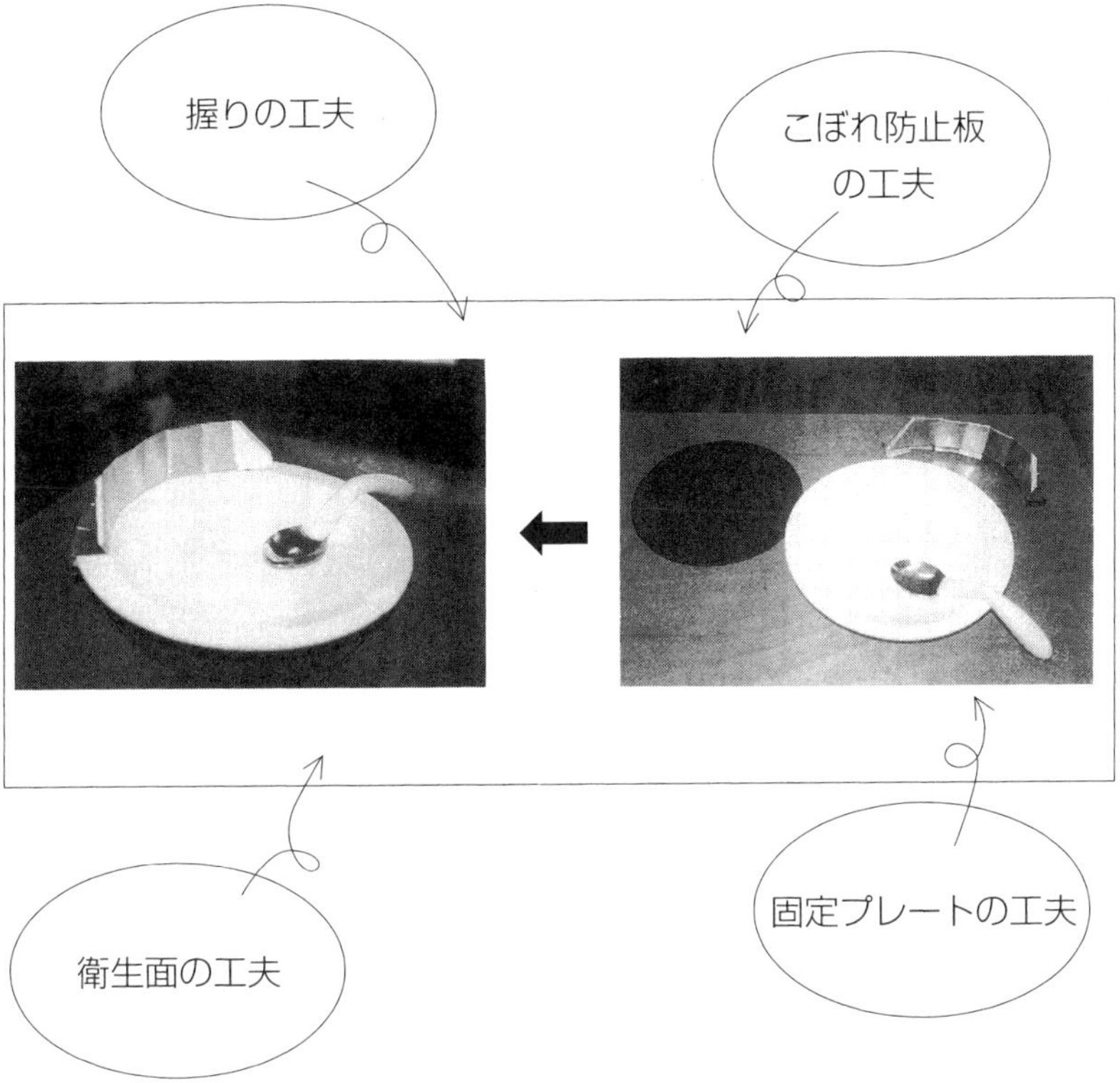

どんな教具

手足にマヒのあるMちゃんに対し、できるだけ自力で食事ができるようにスプーンや食器を工夫しました。

工夫点

○Mちゃんが持ちやすいようにゴムでスプーンの握りをつくりました。
○取りはずし自由になるように、こぼれ防止板を取り付けました。
○衛生面に配慮し、こぼれ防止板を煮沸できるようにしました。
○皿が動かないように固定プレートを敷きました。
○指導段階表を作成し、食事指導に役立てました。
○ポジショニングにも注意し、補助の仕方を検討しました。

（三浦卓也氏（宮城県）製作）

〔アイデア例②・学習の中心的課題を直接的に助ける教具〕

〈数の指導：大好きトラック〉

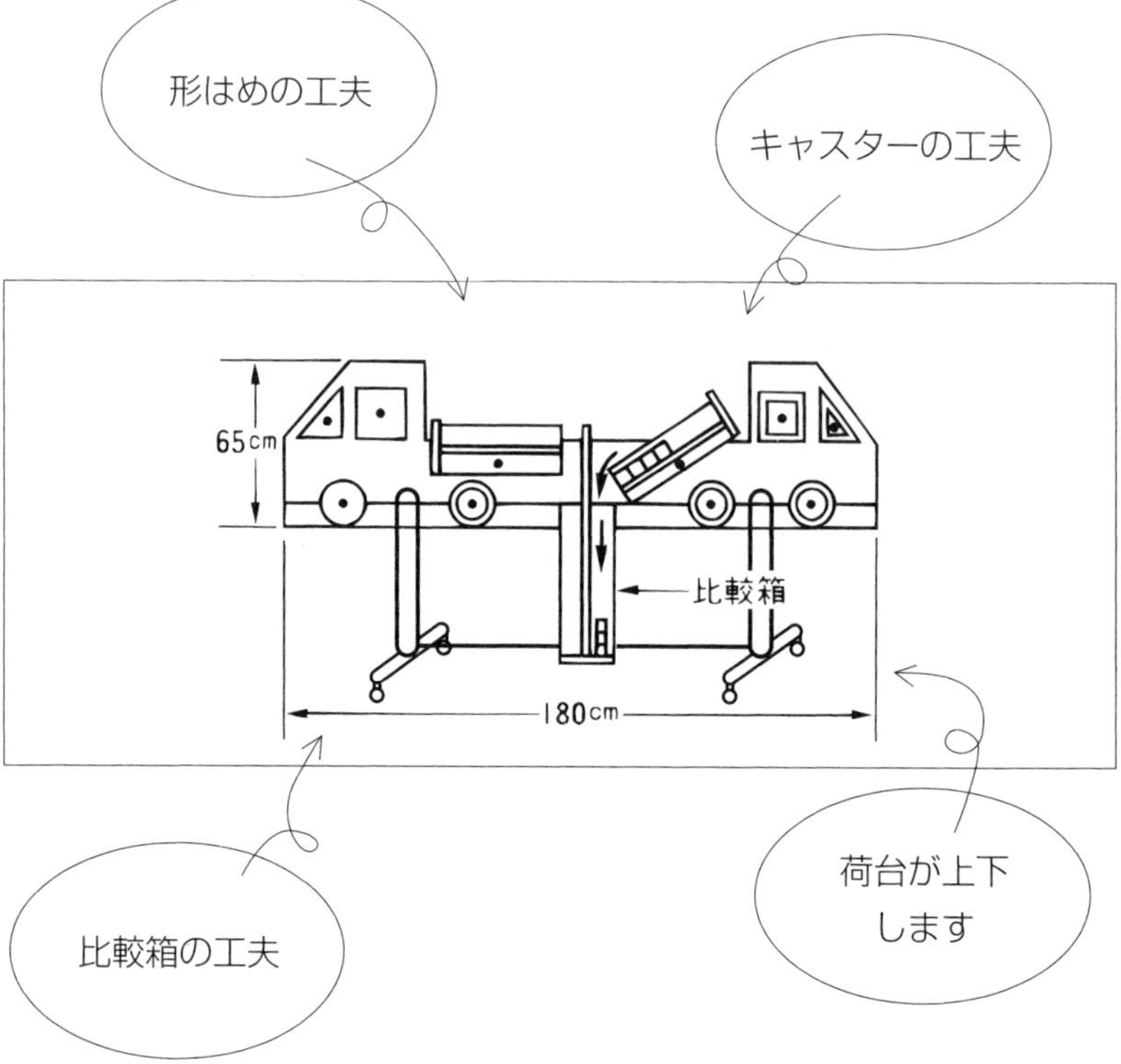
形はめの工夫
キャスターの工夫
65cm
比較箱
180cm
比較箱の工夫
荷台が上下
します

どんな教具

子どもたちが大好きなトラック自動車を工夫し、形の弁別・大小・多少・比較などの数の基礎概念が、楽しく学習できる教具です。

工夫点

○活用しやすくするため、移動式キャスターに取り付け、子どもたちの目線にあわせ、自由に移動可能としました。

○トラック自体の形や向きを工夫しました。

・窓やタイヤを形はめにしました。

・トラックの荷台を動かせるようにし、比較箱に落ちるように工夫しました。

○指導プログラムを作成し、段階的に活用させました。

（著者製作）

〔アイデア例③・学習の中心的課題を間接的に助ける教具〕

〈ぼくらの先生・けいちゃん人形〉

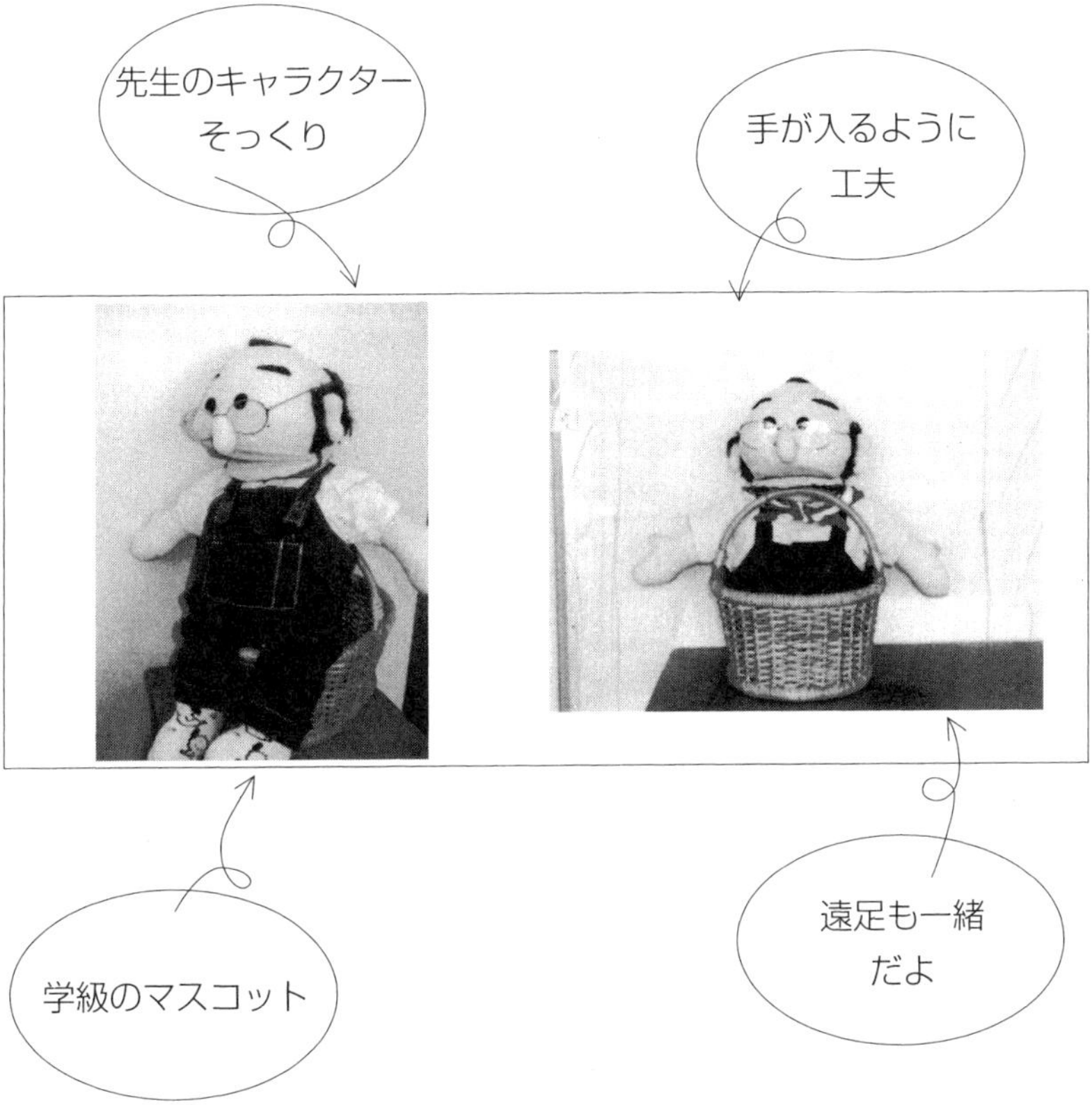
先生のキャラクターそっくり
手が入るように工夫
学級のマスコット
遠足も一緒だよ

どんな教具

特に学習時間などに活用し、子どもたちの興味関心を高め、意欲を引き出す学級のマスコット人形です。

また、このマスコット人形は、T先生手作りで、しかもT先生のキャラクターそっくりの人形です。

工夫点

○子どもたちの意欲を引き出し、学級づくりに生かせるようにしました。

○担任そっくりな人形で担任手作りです。

○けいちゃん人形二号では、体の後ろから手を入れて口を動かせるように工夫しました。これからも変身します。

（富澤京治氏（宮城県）製作）

〔アイデア例④・雰囲気づくりに役立つ教具〕

季節の壁面飾り・おに太郎

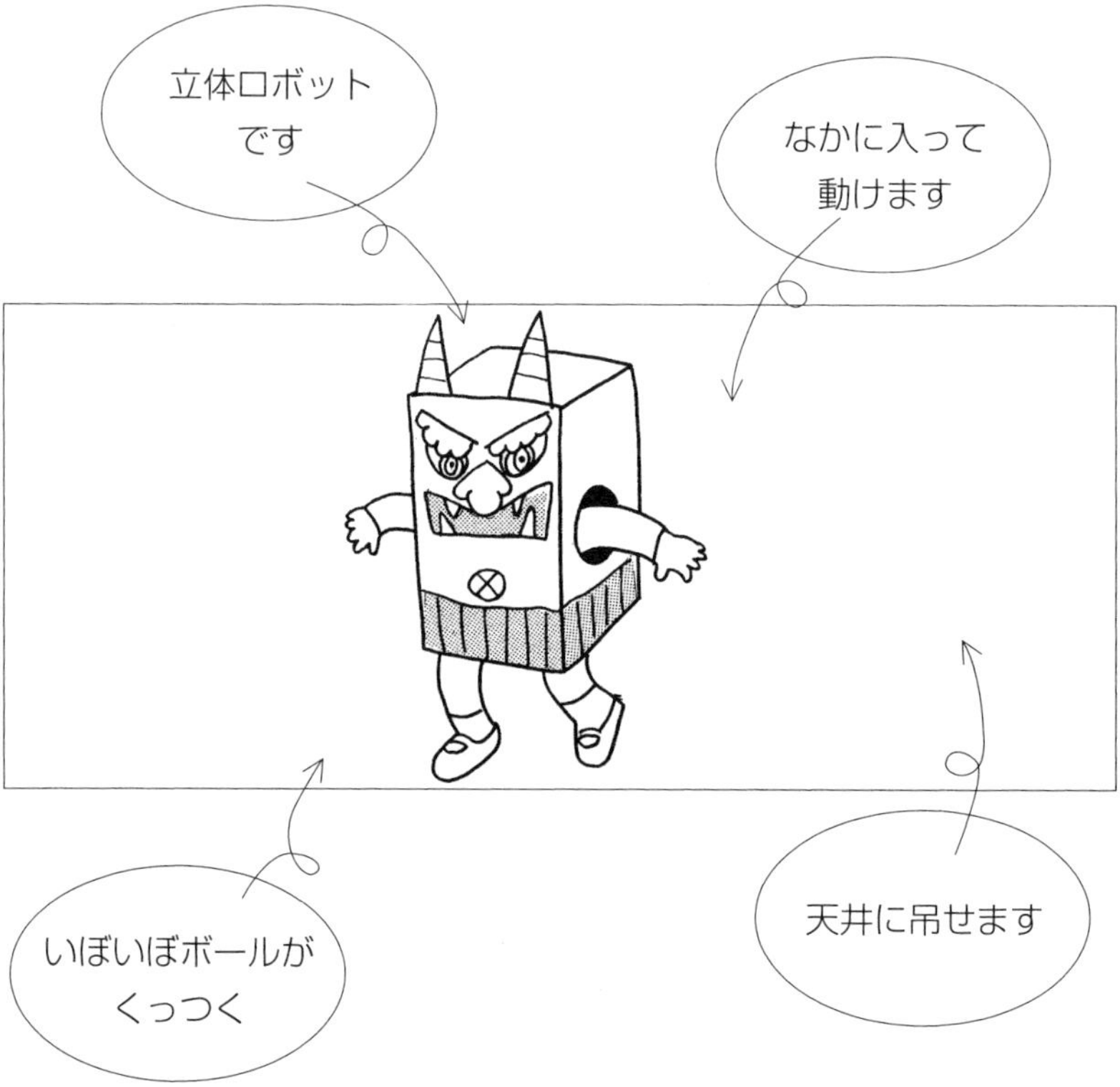

どんな教具

季節の壁面装飾から発展した教具で、学級の雰囲気づくりに役立つおにの立体ロボット（節分の時期）です。

工夫点

○子どもたちが自由に形を考え色を塗り、作製しました。
○子どもたちや先生が入って遊べるように段ボールを利用し、立体おにロボットにしました。
○マスコットとして、教室に吊り下げられます。
○フエルトを利用し、ゲームで使えるようにいぼいぼボールがくっつきます。

（著者製作）

第 8 章

実践研究のプロの技

この章では、プロの技として、教師力アップに欠かせない実践研究の方法について紹介します。

まず、生きた授業から出発し、実践レポート、さらには理論的な実践研究へと発展させましょう。

ふだんからこの実践研究を意識することが、教師としての実践力を磨くことになるのです。

1　情報収集の大切さ

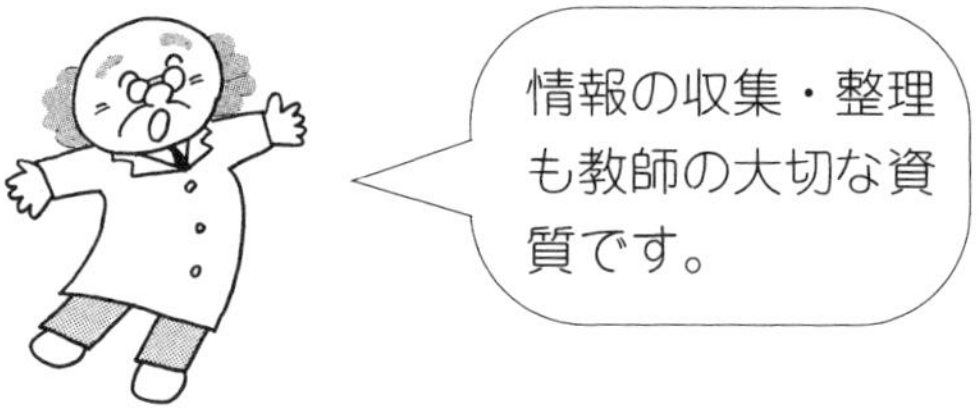

常に世の中は大きく変化し、新しい情報が氾濫《はんらん》しています。たくさんの情報をうまく整理し、活用することもプロの教師の大切な資質の一つです。自分で実践研究を進めようとする時でも、先行研究などの情報収集は欠かせない要素の一つとなるのです。ぜひ、あなたも次の手順に従って多くの情報を集め、実践研究に活用しましょう。

【情報収集の手順】

①あなた自身の心と頭のアンテナを高くしましょう。

← ※関心が深まり気づきが多くなります。

情報が集まる

←

②集まった情報を整理しておくことが大切です。

○まず付箋《ふせん》をつけるなどして整理しましょう。

○コピーし、ノートに貼りだすのも効果的です。

←

（例）
らくがきノート①特別支援教育情報
らくがきノート②研究関連情報
らくがきノート③教育一般・時事・人生関連情報

のように、ノートを分けることも大切です。

↓

③ぜひ、時間がある時にパソコンに入力し整理しましょう。いざという時にすぐに編集し使えます。

○データを保存する時は、検索しやすいように、書庫であるファイルを整理し、データ名の入力にも気をつかいましょう。

2　まねからの出発

どんなにベテランの教師でも、最初は誰でも指導技術が未熟であり、実践研究をしようと思っても、その取りかかり方すらわからないのが現状です。でも、悲観することはありません、誰でもがとおってきた道なのです。

しかし、ここから先がプロの教師に近づくための分かれ道になってしまうのです。実践研究の理論も方法もまとめ方もわからないのは当たり前です。そんなことで悩む

必要はまったくありません。

まず、先輩教師に聞くこと。そして、多くの雑誌や論文、特に各学校の先輩が行ってきた実践研究に目をとおすことです。そのなかにきっとあなたが共感する、あなたがやりたいと思っている内容と似かよった実践研究があるはずです。まずそれをそのまま参考にし、まねてみましょう。まねから出発することがあなたの実践力を大きく高め、しだいに実践スタイルを確立させることにつながるのです。

それでは、次の手順に従ってあなたの実践スタイルを確立させてください。

【実践スタイル確立手順】

①子どもたちの実態から「こんな子どもになってほしい・こんな実践をしたい・こんな風なまとめをしたい」というターゲットを決めましょう。

↓

②やってみたい実践に関連した情報を集めましょう。
※授業案・実践記録・論文などの関連部分を収集し熟読しましょう。

↓

③まず、学習内容や計画・工夫点をまねて同じように実践開始です。実践のまとめ方は、参考実践記録などのまとめ方のスタイルをそのまま使ってみましょう。

↓

④対象児の実態の違いにあわせ、少しずつ修正しましょう。
↓
⑤知らず知らずのうちに実践力がアップします。
↓
⑥慣れてきたら早めに自分の実践スタイルをつくりましょう。

3　生きた授業からの出発

(1)　ふだんの授業を大切に―授業は楽しく主張を持って―

「研究」というと、どことなく堅苦しく、冷たいイメージで受けとめられがちですが、まず、自分が担当した学級の子どもたちの〝成長・発達〟に責任を持ち、指導がどうだったかを評価するために「まとめ」をするだけなのです。

この「まとめ」こそが「教育研究」です。

すばらしい指導者は、子どもたち一人一人が生き生きと活動できる授業を展開し、子どもたちの成長の姿が見える実践研究をまとめることができるのです。ふだんの授業と実践研究は表裏一体であり、生きた授業からの出発こそが生きた実践研究につながり、教師としての力量をアップさせるのです。

P（計画）→D（実施）→C（評価）→A（改善）の習慣を大切に！

【生きた授業から実践研究への手順】

①あなたの専門はなんですか。その専門を生かしてください。
↓※必ず授業に生かせるはずです。
②やりっぱなしの授業でなく、子どもたちが学校を楽しみにしてくれる授業を展開しましょう。
↓
③流された授業から早く脱出してください。
われわれ教師も、授業を楽しみましょう。
↓
④ふだんの授業を大切にしましょう。
行き当たりばったりの授業をやめましょう。
↓
⑤メモ書き程度の授業デッサンから始めましょう。
A４一枚程度の略案をつくり、授業に臨みましょう。
計画準備された授業は、アイデアや工夫でいっぱいになるはずです。
教師の財産が少しずつ蓄積されます。
↓
⑥少しずつ主張を盛り込みましょう。
仮説ある授業に発展させましょう。

↓

⑦必ず授業をまとめましょう。

学習の様子を記録し、指導前、指導後の変容をとらえましょう。

P→D→C→Aの習慣を身につけましょう。

(2) 実践レポート作成に挑戦しましょう

Ａ４一枚の略案から出発し、ふだんの授業を大切にした実践を深められるようになったら、次に、Ａ４二枚程度の実践のまとめにチャレンジしてみましょう。

Ａ４二枚程度なんて簡単だと思っていませんか。Ａ４二枚こそが大切なのです。そのなかにどんな内容を盛り込むか、そして、誰が読んでも理解できるように文章を整理しスリム化する必要があります。

「継続は力なり」です。それでは、次の手順に従ってチャレンジしましょう。

【実践レポート作成手順】

①実践研究のキーワードを決めましょう。

↓

②キーワードを生かして、どんな実践研究なのかを説明できるように200字程度で文章にまとめましょう。

実践のキーワードを大切に!

③200字程度の抄録を柱に、まとめ方のデッサンをしましょう。

④デッサンを参考にA4二枚程度の実践をまとめましょう。
学級や本児の実態。
実践の工夫や計画・支援の方法。
指導中の様子や変容。
今後の課題や問題点などを書き加えましょう。

⑤よくばらず、A4二枚程度のすっきりした実践レポートづくりを心がけましょう。
年に一度は必ずまとめましょう。

それでは、実践レポート作成例をご紹介しましょう!

【数の基礎概念を高める指導】

○キーワードは。
数の基礎概念・教具「トラック」。
○200字程度の抄録

A4用紙2枚の実践レポート
教具「トラック」を工夫した数の指導を紹介します。

算数学習が苦手な小学部低学年の子どもたちに対し、数の基礎概念を高める教具「トラック」を作成し、実践を試みた。
その結果、子どもたちは、楽しく遊びに参加でき、少しずつ「数の同等性」や「数の保存」の力を高めることができた。

数の基礎概念を高める指導

〈はじめに〉

知的に障害のある子は、一般的に抽象能力や論理的思考が劣るため、算数学習は苦手である。具体的な経験を通して、数の基礎概念（①個別化、②類別、③同等性、④数の保存）作りから指導を行うことが有効であると言われている。

本校うめ組（小学部低学年）では、楽しく遊びながら数の基礎概念を高めるための教具「トラック」を作成し指導を実践してきたので、その内容と結果を報告する。

なお教具「トラック」は、特殊教育教材教具開発研究募集において佳作になった。

〈学級の実態〉

うめ組（小学部低学年）は、2年生4名、3年生3名、計7名（男5名、女2名）で編成。

発語、対人関係、言語理解の各能力が1歳程度（遠城寺式）の児童からＩＱ50（大脇式）まで、能力に差がある児童たちの学級である。情緒的に問題のある児童も多く、全般的に注意の集中に欠けている。

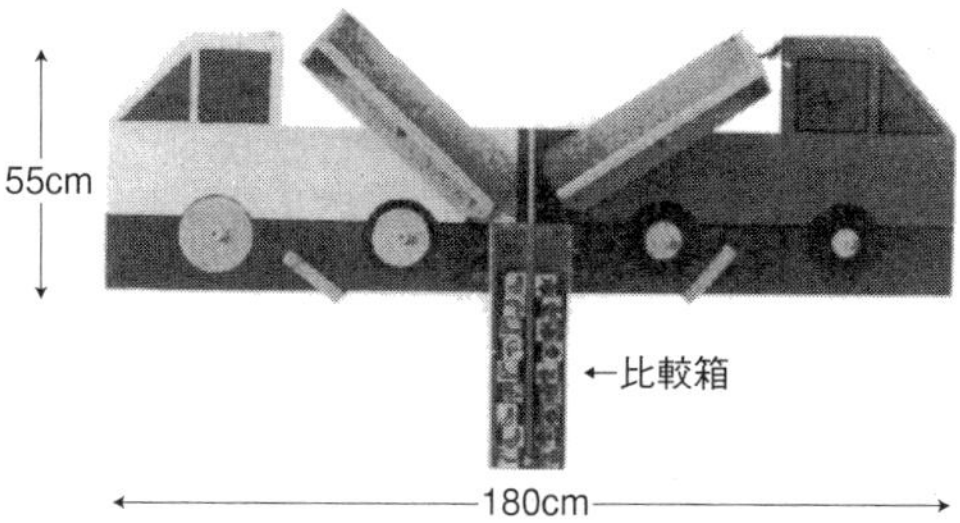

写真1　完成品

（数の基礎概念についての実態）

対象児	①個別化	②類　別	③同等性	④数の保存
T・O	○	○	×	×
M・Y	○	△	×	×
K・T	○	○	×	×
M・Y	○	○	×	×
O・T	○	○	○	×
A・M	○	△	×	×
H・M	○	○	×	×

○―できる　△―できるときもある　×―できない

〈教具「トラック」の作成〉

・数の同等性、数の保存に関する能力が低いため、競争意識を持たせ、楽しく遊びながら1対1対応による数の比較や形の弁別をさせるため、〈上図〉のような教具を作成した。

・トラック2台を後ろ向きに合わせ、荷台が動くようにした。2チームで、荷台に積木を積むゲームができるようにした。

・荷台を上下させると積木が比較箱に落ち、左右の荷台にのせた積木の数がすぐ比較できるようにした。

・トラックのタイヤ、窓を型はめにし、子どもに興味を持たせるようにした。

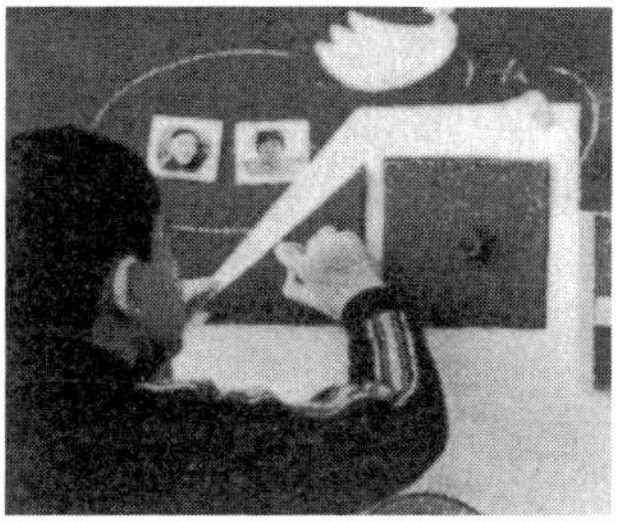

写真2　型はめ

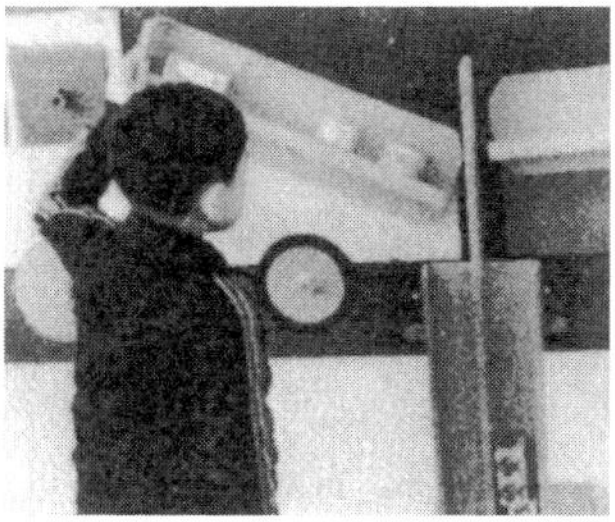

写真3　荷台の操作

〈教具「トラック」を使った指導〉

(1)　指導目標

・教具「トラック」に興味を持たせ、自分から進んで遊ぶことができる。
・タイヤ、窓などではめ絵をする。
・比較箱を利用し、1対1対応による数の比較ができる。
・荷台上の積木の置き方を利用して、数の保存性を理解させる。

(2)　指導計画

第一次	トラックで遊ぼう ・荷台操作の仕方を教える ・タイヤ、窓をはめ込み、トラックを完成させる
第二次	トラックに荷物を積もう ・2種類の積木（バナナと魚）の仲間分けをさせる ・トラックに積む競争をさせる
第三次	どっちが多い ・比較箱を利用し、1対1対応させ、積木の同等 ・多少を理解させる

(3)　指導過程

①　トラックで遊ぼう

・類別の不確実な2名は、教師の指示で荷台に積木を積んだり、窓、タイヤの型は

写真5　左右の比較

写真4　積木つみ競争

めをしようとする行動が見られるようになった。
・休み時間でも、友だち同士かかわって、トラック操作を楽しんでやるようになってきた。
② トラックに荷物を積もう（ゲーム）
・2チームに分かれてのゲームで、2種類の物の仲間分けやトラックゲームができるようになった。
・どちらのチームが勝ったかなど、勝敗に興味を示す児童が多くなってきた。
③ どちらが多いか
・荷台に積まれた状態では積木の数の比較ができなかったが、比較箱を利用してどちらが多いか、どちらが勝ったかを理解することができるようになった。
・数の同等性の理解ができてきた児童は、積荷の状態と比較箱の関連を理解し、数の保存性がわかってきた。

〈おわりに〉

数の学習に対する意欲を高め、類別、同等性、数の保存など数の基礎概念を高める教具を作成し、数指導を具体的に実践したことにより数に対する興味が高まり、積極的に数の学習に取り組むようになってきた。このような結果が得られたのは児童の実態を確実に把握し、その実態に合わせた教具の作成と、それを利用した指導を着実に実行してきたためと考えられる。

これらの指導の効果的な成果を確実に定着させるとともに、今後も数に対する意欲を高めていくため、教材・教具の工夫に努めたい。そして、知的に障害のある子に対する数指導のあり方を探っていきたいと考えている。

（辻「実践障害児教育」Vol.152）

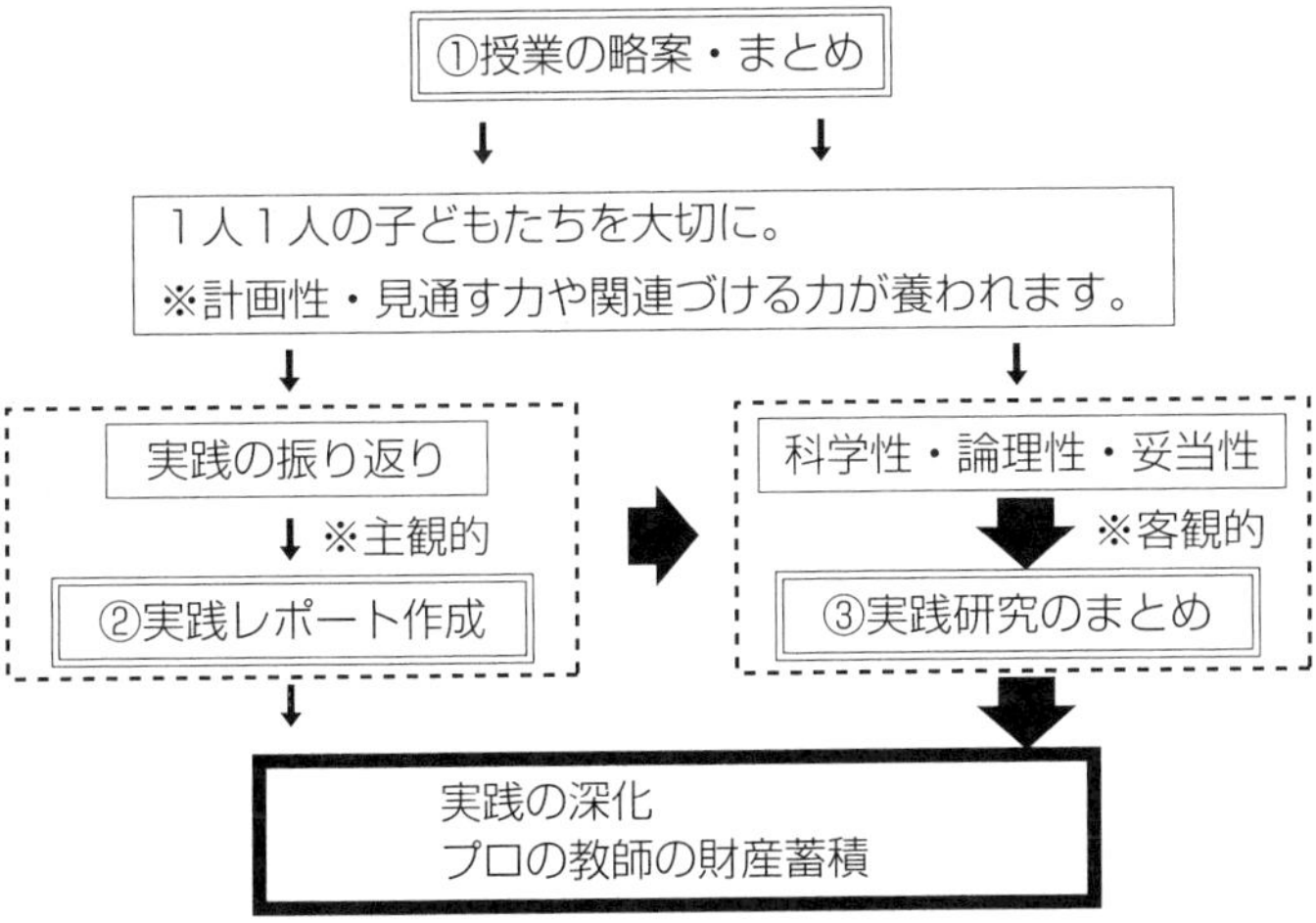
①授業の略案・まとめ
１人１人の子どもたちを大切に。
※計画性・見通す力や関連づける力が養われます。
実践の振り返り
※主観的
②実践レポート作成
科学性・論理性・妥当性
※客観的
③実践研究のまとめ
実践の深化
プロの教師の財産蓄積

実践レポートから実践研究へ

4　研究的見方になれよう

最近の月刊誌などでは、見て・読んで誰でもがわかりやすい実践レポートだけが掲載されるようになってきています。その背景には、教育界の変化など、教師の活字離れが進んでいることもあるでしょう。読んで誰でもがわかり、私も実践してみようという親しみやすい内容に変化しています。しかし、数年前までは、特別支援教育に関係した月刊誌でも、鋭い視点で子どもたちを見つめた実践力のある教師の実践研究が多く掲載されていたものでした。

教師には時間もなく、実践レポートをまとめることだけでも、大変なことだということもわかります。しかし、プロの教師の財産を増やすには、上図「実践レポートから実践研究へ」のように主観的な実践レポートから一歩踏みだし、研究的な目で子どもたちを見抜き、そこから温かな支援や指導法を見つけだすことが、やはり大切なのではないでしょうか。

あなたは、どうしますか。プロの教師を目指し、ぜひ実践レポートから一歩踏みだしましょう。そして、教師の財産である見抜く眼（科学性・論理性）も育てましょう。

教師にとって、実践研究をとおして自分の実践をまとめ、文章化するという作業は、常日頃の授業のP（計画）-D（実施）-C（評価）-A（改善）につながり、実践の深化を意味します。それは教師の財産蓄積につながるのです。

(1) 研究の種類

学校のなかで行われている研究といっても、①～⑥のようにいろいろあります。しかし、教育現場では、当然、子どもの姿が見える研究が中心となります。子どもを抽出した事例研究や、授業の結果をまとめ、指導内容や指導方法を明らかにしていく実践的研究が中心です。

教育研究の種類としては次のようなものがあります。

①理論的研究
②教材開発研究
③調査研究
④実験的研究
⑤事例研究
⑥実践的（指導法の改善的）研究

学校で行われる研究は、①～⑥の研究が相互に関連しあい、重複している研究が多いのです。

研究とは、「考える」、「わかる」ということの前進または深まりの過程ですので、この研究をとおして、大いに教師としての力量を高めましょう。

(2) 研究アドバイス・書き方、まとめ方

【実践研究をとおして高まる力とは】
○子どもの良さを見抜く力。
○柔軟な発想で、授業をデッサンし創造する力。
○指導に反省を加え、検証する力。
○資料や文章をまとめたり、書いたり・読みとったりする力。
○わかりやすく発表する力。

●研究を始める前の心構え

研究を始める前の心構えとして、実践レポート作成手順を思いだしてください。

自分たちの研究スタイルや研究課題にあわせ、まず先行研究を十分に行い、資料をたくさん集めましょう。まねからの出発が大切です。

次に、柔軟な思考で、いろいろな方向から考え、まず研究の構想を大切にし感想文的なまとめにならないように、しっかりと研究デザインを考えてから実践研究にとりかかりましょう。

出だしの準備が肝心です。

項立て例・1

○研究主題
1．主題設定の理由
2．研究目標
3．研究仮説
4．実態調査
5．指導方針
6．指導計画
7．実践経過及び結果
8．結果の考察
9．まとめと今後の課題

項立て例・2

○研究主題
1．はじめに
2．研究目標
3．研究仮説
4．実態調査の結果及び考察
5．指導方針
6．指導計画
7．実践経過
8．結果及び考察
9．おわりに

【研究を始める前の心構え】

①「何を知りたいのか」、「何を明らかにしたいのか」目標をはっきりさせましょう。

↓

②研究のキーワードを決めましょう。

↓

③研究デザインを決め、方向性を明確にしましょう。

※科学性や論理性・妥当性を大切にし、実態調査の段階から検証方法なども検討しておきましょう。

●実践研究の書き方・まとめ方

実践研究の項立てについては、これでなくてはならないという決められた形式はありません。上表「項立て例1・2」を参考にぜひ、あなたの主張が研究のまとめから読みとれるように項立てを工夫してください。

それでは次に、実践研究の項目ごとに、書き方及びまとめ方の配慮点をお話しましょう。

①研究主題の大切さ

研究主題は研究の顔です。できるだけ研究テーマをしぼって、明確に

研究主題は研究の顔です。しっかり考えましょう。

しましょう。

研究主題は次の三つの条件を整えましょう。

【方向性】研究の目指している方向、目的、目指す姿。

【内容性】研究の分野、領域が焦点化され、内容が具体化。

【方法性】課題解決に向けて加えようとしている手だての明確化。

サブテーマとの関連を明確にしましょう。あくまでも研究主題は、

メインテーマ ＞ サブテーマ の関係です。

主題を受けてのサブテーマになっているか吟味しましょう。

②主題設定の理由について

主題設定の理由に含まれる三要素は、〈目的・内容・方法〉です。

文章を整理し、主語述語をはっきりさせましょう。

重要語（キーワード）の概念規定をしっかりさせましょう。

大いに先行研究などの文献を引用し、自分たちの考えの部分と明確に分けて論述しましょう。

引用文献番号はしっかり付けましょう。

③研究目標について

できるだけ研究対象の分野・領域を限定し焦点化して、研究目標を具体的に示しましょう。

○研究対象の限定	○研究のポイント	○検証方法の確立
↓	↓	↓
「○○において、	○○を○○することによって、	○○なるであろう」
①場・内容など	②手だての工夫	③ねらい・目指す子ども像

研究仮説の書き方

④研究仮説について

仮説には次の三つの機能があります。

○研究の対象（領域）を限定する。

○研究のポイント（重点）を決め、集中させる。

○研究の結果を予測し筋道を立てる。

この三つの機能をしっかり頭に入れ、上表「研究仮説の書き方」のような文章構成を心がけましょう。

⑤研究構想について

研究の流れ図をベースに構造化をはかりましょう。

綿密な計画のなかにも途中で変更でき、柔軟に対応できるファジーな計画も必要です。

⑥研究の概要（研究実践）について

○実態調査について。

・実態調査の目的を明確にし、必要な調査を実施しましょう。

・主題にかんする調査、検査を確実に行いましょう。

・実態調査結果の考察については、主観的な感想は避け、結果から読みとれる事実のみを整理しましょう。

・事前事後の評価の観点もデッサンしておきましょう。

○指導方針について。

・実態調査の考察結果から、読みとれる事実を整理し、指導計画、内容、方法などを明確にして指導方針を決定しましょう。

○指導実践について。

・P（計画）→D（実施）→C（評価）→A（改善）のサイクルが理解できるよう読みやすい文章に心がけましょう。

・計画は、支援の方法や工夫点が明確になるよう、具体的に記述しましょう。

・指導の経過についても、子どもたちの様子が見える記述が大切です。

○結果とその考察について。

・結果の処理の仕方については、主観的な文章表現にならないように、図表や結果の数量化、有意差などの検証を行い、できる限り妥当性をもたせましょう。

⑦研究のまとめと今後の課題について

○まとめ方のポイントについて。

・研究のまとめは、研究の目標にそって、結果から読みとれる事実のみを整理し、研究全体についてまとめましょう。

・今後の課題は、本研究にそった課題とし、解決の見通しの持てる内容としましょう。

串刺しの論理で項目同士を関連させましょう。

(3) 疑問から出発した実践研究紹介

それでは、疑問から出発し、基礎研究をベースにした実践研究を紹介しましょう。

この三位一体の実践研究は、私にとって、子どもたちの可能性と実践研究の大切さを教えてくれた実践の一つであり、教師としての財産です。

なお、この実践研究は、次の三つの系統的な研究から出発し、膨大な論文となっているため、ここでは、三つの論文をまとめ、全体的な研究概要の一部を紹介します。

教師の財産
三位一体の実践研究

〈なぜ坂道を極端に怖がるの、Aくん〉

① 実験的研究
「傾斜反応における姿勢保持能力について」
←　※子どもたちのバランス能力の実態を把握する。

② 事例研究
「Aくんの傾斜反応における姿勢保持について」
←　※Aくんに焦点を当てバランス力を高める。

③ 実践的研究
「バランス能力を高める楽しい体育指導について」
※個人の効果を全体に生かす。

A君のバランス能力を高める指導

(1) 山道の下りを怖がるA君**（個人を見つめる）**

A君はダウン症で、小学部四年生です。発音は不明瞭ですが、指示理解は高く、日常的な会話はほぼできている状態です。また、性格はとても明るく、情緒も安定しており、活動意欲もおう盛です。

私がA君を初めて担任した四月のことです。学校の近くの森へ、学級の友達全員で散歩に行きました。山道の上りは楽々歩いていたA君ですが、帰り道、山道

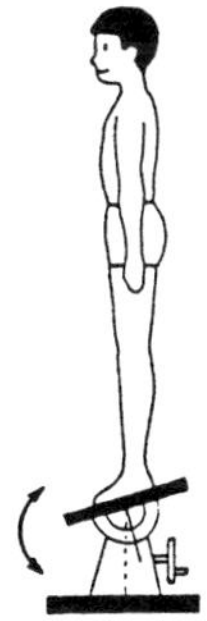

図1　久保式角度計

が下りになった途端、急に「怖いよー。歩きたくないよー。先生おんぶ。」とだだをこね始めたのです。A君より運動が苦手な子どもたちでも、あまり抵抗なく歩けた山道の下りなのに、普段の活発なA君からは想像もできない様子でした。最初は甘えてふざけているとばかり思っていたのですが、いくら時間をかけ、なだめても、一人で山道を下りようとはしません。その日はしかたなく、私といっしょに、ぎっちりと手をつなぎ、ゆっくりと山道を下り、学校へ帰ってきたのです。もちろん、A君の額には、大つぶの汗がいっぱいでした。

A君の山道の下りに対するあまりの抵抗に、私も疑問を感じ、学校生活の様子を観察することにしました。その結果、A君は三十センチの高さの平均台などは、なんとか横向きで渡れるのですが、山道の下り坂同様に階段の下りも怖がることがわかりました。

(2) 原因はどこに**（実態を掘り下げる）**

山道の下りを極端に怖がるA君の原因を探るため、A君のバランス能力をもう少し詳しく調査しようと考えました。

そこで、バランス能力の調査の一つである久保式角度計（図1―手動式・永島医科機器製）を使用し、台の傾斜の変化をA君がどのように感じ取り、傾斜に合わせた姿勢保持がどの程度できるか実態調査を行いました。

その結果、A君は傾斜に合わせた姿勢保持がほとんどできず、前方に対する静的バランス能力に、かなりの落ち込みが見られたのです。また、台の傾斜とともに直立のまま全身が傾き、落下してしまい、山道の下りを極端に怖がってしまう一つの原因になっていると思われました。

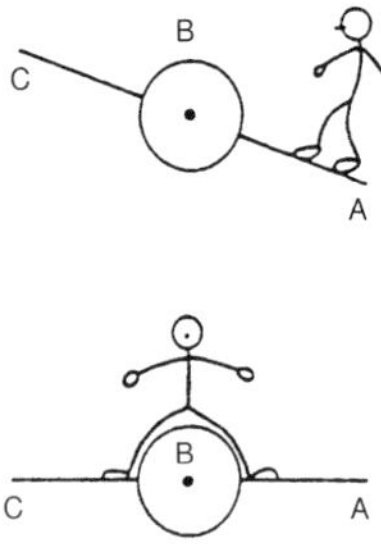

図3　教具使用例

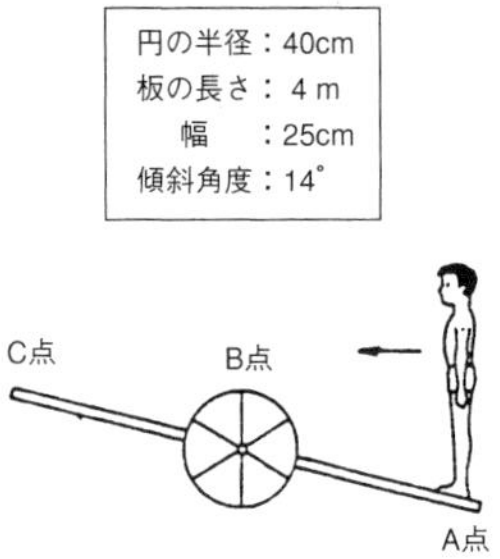

図2　教具「ヤジロベー」

(3) 教具「ヤジロベー」の工夫**(指導内容・方法の工夫)**

A君は、傾斜に合わせた姿勢保持ができず、バランス能力にかなりの落ち込みが見られたため、指導の効果を高めるために、次の点に、留意し、教具を工夫し指導することにしました。

○楽しく遊びながら姿勢保持の能力を高められるような教具を工夫する。
○教具は前後に傾斜し、A君が自分の姿勢変化を感じ取れるものとする。
○A君の傾斜に対する恐怖心を少なくするため、指導開始当初は、補助を確実に行う。
○傾斜の変化を感じ取りやすくするため指導は裸足で行う。

以上の点を踏まえ、試行錯誤を繰り返した結果、図2のように円柱の電線巻きを利用し、A君が板の上を歩くと、自分の体重で傾斜がゆっくり変化する教具「ヤジロベー」を開発しました。また、この「ヤジロベー」は傾斜する板を自由に取り替えることができ、傾斜角度を変化できるようにし、楽しく遊びながらバランス能力を高めることができるように工夫しました。

教具の使用方法については、図3のようにAからBへ歩き、傾斜変化するB点でバランスを保ち、BからCへ移動したり、B点に両足を広げて立ち、左右の板が床に着かないようにバランスを保つようにさせました。

詳しいヤジロベー遊びについては、表2の通りです。

(4) A君が渡れた**(楽しい実践・評価・生活への般化)**

練習開始当初、A君はA点からB点への上りでも、怖がってしまい歩こうとしなかったものの、細かいステップを工夫し、段階的に指導した結果、自分からヤジロベー遊びを楽しむようになり、ヤジロベーの傾斜の変化に合わせ、写真①・②のよ

写真1

写真2

指導時間（単位：時間）

グループ	A	B	C
そり遊び	5	3	2
ヤジロベー遊び	3	4	3
ペダルをこごう	1	2	4

うにゆっくり渡れるようになりました。

また、指導後の久保式角度計によるバランス能力調査結果でも、かなりの向上が見られ、傾斜に合わせた姿勢保持ができるようになってきました。

日常生活場面への般化の様子では、あんなに怖がっていた山道の下り坂も、なんなく歩けるようになり、片足ずつしか降りられなかった階段でも、交互に足を運び降りられるようになったり、A君にとっては、「ヤジロベー遊び」が、かなり自信につながったようです。

(5) 体育の授業への発展

「ヤジロベー遊び」を通して、A君のバランス能力を高めることができたため、小学部全員の子どもたちのバランス能力の実態を調査し、実態から三つのグループに分け、九時間取り扱いで、そり遊び（表1）、ヤジロベー遊び（表2）、ペダルをこごう（表3）という題材を設定し、体育の授業へ発展させました。

（辻「学校体育」1993）

より科学的な眼で子どもを見つめ、できる状況をつくってあげることは、子どもたちのためだけでなく、あなた自身の教師としての力量アップにつながります。

表 1 「そり遊び」

題材名	そり遊び	指導時数	Aグループ5　Bグループ3　Cグループ2
ねらい	・いろいろな姿勢でバランスをとりながらそり遊びをする。 ・２人協力して、引っ張ったり、引っ張ってもらったりする。		

学習活動・内容	指導上の留意点
（1）床の上で  床に足を開いて座り、前後左右のバランスをとりながら、棒を引っ張ってもらう （2）クローラーで 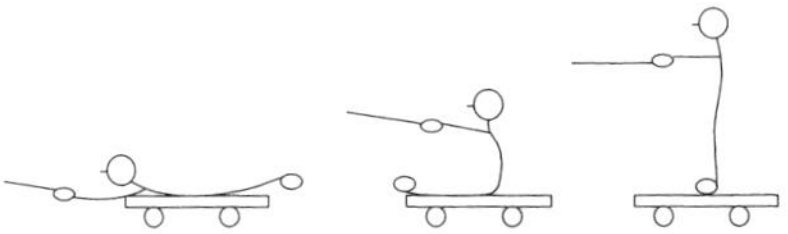 （伏臥位）　（座位）　（立位） 姿勢を変化させクローラーで遊ぶ	（1）について 床の上を尻で滑るため、体育館の床をきれいにしておく。滑りやすいように、体を後方に傾けさせる。棒を引く時は、急激に強く引かないようにさせる。 （2）について 立位移動では、後方に転倒しないようにゆっくり棒を引かせ、補助する。引っ張られた時のバランスに注意させる。

表 2 「ヤジロベー遊び」

題材名	ヤジロベー遊び	指導時数	Aグループ3 Bグループ4 Cグループ3
ねらい	・B点（傾斜変化地点）で重心の移動に合わせ姿勢保持させ、バランス能力を養う。 ・B点に立ち、両足で板が水平になるようにバランスをとらせる。		

学習活動・内容	指導上の留意点
使用教具　ヤジロベー  電線巻きの円の中心に板を固定したもの 円半径40cm 板長さ4m 幅25cm 傾斜角度14° （1）A→B→Cとゆっくり歩いて移動。 （2）B点で両足を開き正面を向いて立ち、板が水平になるように左右のバランスをとる。	（1）について B点で腰を引いたり前のめりになったりしないように、体を後方にさせ、バランスをとらせる。 （2）について 腰を少し曲げさせ、左右の体重移動から指導する。

表 3 「ペダルをこごう」

題材名	ペダルをこごう	指導時数	Aグループ1　Bグループ2　Cグループ4
ねらい	・左右の重心の移動をスムーズに行い、ペダルをこいで前進し、バランス能力を養う。		

学習活動・内容	指導上の留意点
（1）ペダルをこごう 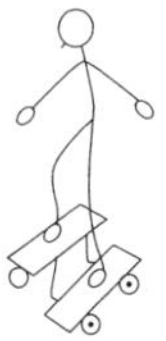 左右に重心を移し替えペダルをこぎながら、バランスを保ち、前進する	・左右に重心を移す時にバランスが崩れやすいので、手をひろげゆっくりバランスをとりながら、行わせる。 ・腕を少し曲げさせ、前方にペダルをこぐような感じで前進させるようにする。

(4) 校内研究を活性化しよう

教師である自分を変え、授業を変え、学校を変えるためには、教師同士の切磋琢磨と共同作業が必要です。そして、先生方の実践研究への意識を高めるために、どうしても校内研究を活性化させる必要があるのです。

ぜひ、校内研究という共同作業をとおして、教師一人一人の実践研究への意識と力量を高めましょう。

○校内研究とは、子どもの実態から出発し、子どもの変容の姿で立証される研究です。

○校内研究は活発な研究授業会から。

・教師同士お互いに切磋琢磨し、学びあいましょう。

・研究の姿が見える授業案及び研究授業を意識しましょう。

・授業者も参観者も互いの考えをいいあえる授業反省会にしましょう。

校内研究とは

学校において	子どもの教育のために	教師が共同で行う研究
↓	↓	↓ ※これが問題
各校の教育課題	授業が実践、検証の場	協力、連携

校内研究の
活性化こそ、
教師の意識
を変え、学
校を変える
のです！

授業研究会のポイント

授業者	○研究との関連が明確な授業案づくりを心がけましょう。 ○遅くとも前日までには、授業案を配布し、当日の授業のポイントなどを説明しましょう。
参観者	○参加意欲及び意識を持ち、授業案を事前に見てくるのは、授業者に対する礼儀です。 ○自分の感想や考えを持ち、一人一言発言を心がけましょう。また、アンケートは必ず提出してください。 ○人の授業から学び、見抜く眼を高めましょう。
研究主任など	○研究との関連が明確な授業案例を提示しましょう。 ○参加意欲を高める反省会や進め方の工夫をお願いします。 ○アンケートの準備と結果のまとめは忘れずに。

ささやかな実践の積み重ねや参加意識の変化が大きな「教師の力量」の差となっていくのです。ぜひ、校内研究や実践研究に対する自分自身の意識を変えましょう。

●発表会資料のまとめ方と研究発表の仕方について

①「研究のための研究」に陥らないように「子どもの姿」が見えることが大切です。
②科学的、論理的、妥当性を追究し、一貫性のあるまとめ方が大切です。
○串刺しの論理でがんばりましょう。

多くの人に理解してもらおうとする努力が大切です。

③見てわかる報告書とは（より多くの人に理解してもらう努力を！）

○まずはレイアウトや形式を工夫しましょう。

○文はできるだけ短く、わかりやすい表現が大切です。

○主語、述語の関係をしっかりさせましょう。

○文体を統一して論述してください。

○効果的な図式化を工夫しましょう。

　図式をわかりやすく説明する解説文も必要です。

○串刺しの論理で、項目同士を関連させる「つなぎの文章」が大切です。

④聞いてわかる発表とは

○何を訴えたいのか、筋書きを大切にしましょう。

・研究をそのまま順番に発表するだけでは芸がありません。

○視聴覚機器を効果的に活用しましょう。

・使う必然性を常にチェックしてください。

○今はプレゼンテーションの時代です。

・レイアウト、色彩、文字の大きさでだいぶ効果が違います。

○発表者は、少しでも前を見て発表しましょう。

・自分なりの見やすい発表原稿を作成し、時間内で話す練習をしましょう。

青葉語録

話せる友　遊べる友
仲間づくりが
実戦力を高める！

仲間づくりのできない教
師からは、自由な発想も
アイデアも浮かびません。
大いに遊び、話し、仲間
の輪を広げましょう！

第 9 章

特別支援教育のプロの技

この章では、特別支援学校が地域のセンター的機能を十分に果たし、特に小中学校における特別支援教育を効果的に推進するため、特別支援学校や小中学校に、今、何が必要なのかを解説します。

ぜひ、それぞれの立場で、困っている子どもたちのために、しっかりした学校・学級基盤をつくり上げましょう！

幼稚園、保育所、高等学校でも、ぜひ参考にしてください。

1　特別支援教育は、すべての教育のなかで！

平成十九年四月一日、文部科学省初等中等教育局長より、「特別支援教育の推進について」の通知が出され、特別支援教育の新たなスタートの年となりました。

これからの時代は、教育全体のなかで、すべての教師が、特別支援教育への理解を深め、子どもたち一人一人のニーズを的確に把握し、特別支援教育的な視点を大切にした教育を展開することが望まれています。

特別支援教育は、読者のみなさんもご存じのように、今までの特殊教育の対象から通常の学級に在籍しているあまり知的には問題のない発達障害の子どもたちまでも、対象が拡大しています。

そのため、まだ、対象児童生徒や担当教師の立場の違いにより、今までの障がい児とごっちゃに考えて苦労している現実も見受けられています。

まず、特に小中学校における通常学級のなかで、展開される特別支援教育については、特別支援教育は、特別な教育でなく、当たり前の教育だという意識からスタートしてほしいと思います。

それでは、特別支援教育をさらに理解するための基本的なポイントと手順を説明しますので、まず、この理解と実践から始めてみてください。

きっと、読者のみなさんの意識も変わります。

特別支援教育は、
特別な教育ではなく！

(1)「教育基本法」に明示

新しい教育基本法の目指す方向！

改正後の教育基本法（平成18年法律第120号）	改正前の教育基本法（昭和22年法律第25号）
（教育の機会均等） 第四条　すべて国民は、ひとしく、その能力に応じた教育を受ける機会を与えられなければならず、人種、信条、性別、社会的身分、経済的地位又は門地によって、教育上差別されない。	第三条（教育の機会均等）すべて国民は、ひとしく、その能力に応ずる教育を受ける機会を与えられなければならないものであつて、人種、信条、性別、社会的身分、経済的地位又は門地によつて、教育上差別されない。
2　国及び地方公共団体は、障害のある者が、その障害の状態に応じ、十分な教育を受けられるよう、教育上必要な支援を講じなければならない。	←（新設）

平成十八年十二月に、六十年ぶりに新しい「教育基本法」が公布・施行されました。特にそのなかで、上のように、第四条「教育の機会均等」のなかに新たに「障害のある者」への教育の明確な位置づけが規定されています。

これは、「障害のある者」が十分な教育を受けられるよう、教育上必要な支援を講ずる必要があることを規定し、特別支援教育の考え方が、すべての教員に理解され、すべての教育のなかで展開されることを意味しているのです。

しかし、現実は、これからが始まりであり、スタートラインに立ったばかりです。

某有名雑誌の管理職としておさえておきたい最新教育ポイント「新しい教育基本法」の解説内容に、残念ながら「障害のある者」への教育の明確な位置づけの規定は説明されていませんでした。

教育の視点を何に置くかや立場の違いにより、まだまだ、特別支援教育の推進には、ほど遠く、教師の意識改革が必要です。

(2) 「特別支援教育の推進について」の通知の重さ

平成十九年四月一日、文部科学省初等中等教育局長より、「特別支援教育の推進について」の通知が出されました。

この通知のなかには、特別支援教育の全国的な現状や課題を踏まえ、今後、特別支援教育のさらなる推進のために必要な方向性や視点が明確に示されているのです。

本書をお読みの管理職のみなさんは、もう一度この通知に目を通し、この通知の意味する重みを実感してください。

特別支援教育の方向性

【著者の視点から見た主な内容】

1　特別支援教育の理念
○知的な遅れのない発達障害も含めて
○全ての学校で実施
○共生社会の形成の基礎

2　校長の責務
○認識を深め、リーダーシップを発揮

3　特別支援教育を行うための体制の整備及び必要な取り組み
(1)校内委員会の設置 (2)実態把握 (3)コーディネーターの指名
(4)個別の教育支援計画の策定と活用 (5)個別の指導計画の作成
(6)教員の専門性の向上

4　特別支援学校における取り組み
(1)特別支援教育のさらなる推進 (2)地域におけるセンター的機能
(3)教員の専門性の向上

5　教育委員会などにおける支援
○基本的な計画
○支援体制や学校施設整備の整備充実
○理解啓発

など

6　保護者からの相談への対応や早期からの連携
○就学先決定に際して保護者の意見聴取を義務づけ

7　教育活動などを行う際の留意事項など
(1)障害種別と指導上の留意事項
(2)学習上・生活上の配慮及び試験などの評価上の配慮
(3)生徒指導上の留意事項 (4)交流及び共同学習、障害者理解など
(5)進路指導の充実と就労の支援 (6)支援員などの活用 (7)学校間の連絡
※(1)〜(7)は留意事項などが明示。
※特に(3)生徒指導上の留意事項として、「表面に現れた現象のみにとらわれない」という文言が明記されていました。

2 それぞれの立場で役割の確認を！

平成十九年度は、特別支援教育の新たなスタートの年となり、全国の小中学校及び特別支援学校では特別支援教育の充実に向け、各校の実情にあわせた積極的な取り組みが盛んに行われています。

しかし、学校現場の現状は、まだまだ不十分な現実もあり、特別支援教育に関し、無関心な教師も見受けられ、意識改革のレベルに留まっている学校さえあるようです。

ぜひ、そのような学校では、次の手順に沿って、自校の特別支援教育についてチェックし、特別支援教育を推進させましょう。

(1) 小中学校では！

役割分担再チェック

●校内組織を見直し、役割分担を再チェックしましょう！

特別支援教育の視点は、特別なものでなく、学校全体の教育のなかで、当たり前に実施されるべきものとなりました。

当然、コーディネーター一人だけが、特別支援教育の推進を担うのでなく、校長のリーダーシップのもと、それぞれの立場の職員が、自分の役割を再確認し取り組むことが大切です。

協力・協調を！

そこで、左記の特別支援教育推進状況チェックリストを参考に校内組織を見直し、

特別支援教育推進状況チェックリスト　〈作図：辻〉

Ⅰ　学校として〈校長・教頭〉	Ⅱ　コーディネーターとして	Ⅲ　通常の学級担任教科担任として	Ⅳ　その他〈特担・養教など〉
〈校内支援体制整備の確立〉 ①機能する校内支援委員会の設置 ②コーディネーターの明確な位置付け ③教職員の更なる意識啓発 ★管理職自身の経営ビジョンの大切さ★ ★学校全体の問題としてチームで話し合い支援してください★	**〈校内支援委員会の推進など〉** ①学校の特別支援教育推進プランは！ ②校内支援委員会の開催 ・実態調査結果の整理及び検討 ・個別の教育支援計画及び指導計画などの策定は！ ③保護者の相談窓口 ・実際の相談や関係機関の紹介など ④担任への支援を推進していますか！ ・具体的支援の調整 ・事例の累積 ⑤情報提供・発信！ ・学校独自のお便りなどの工夫は！ ⑥地域支援ネットワークの活用は！	**〈気づきと理解からの出発〉** ①日常の行動観察を大切に ・教師自身の気づきの感度を高める。 ・児童の出すサインに気づき、つまづきや困難などの状況理解に努める。 **〈しっかりした学級づくりから〉** ・かかわりや指導、支援を見直す。 ・具体的支援を工夫検討する。 ※まず、声がけや板書 ・提示の工夫・連絡帳の工夫などから ・具体的支援計画の作成 ・コーディネーターと連携し必要に応じ保護者との面談 など	**〈特担〉** ・まず、担当学級の基盤整備 ・特別支援教育へのより深い理解 ・校内支援委員会などへの協力 ・各種検査の実施や相談などへの協力 ・実態の見方や具体的支援の工夫への援助 ・各種情報提供 など **〈養教〉** ・清潔で利用しやすい保健室の環境整備 ・心の居場所づくりへの協力 ・校内支援委員会などへの協力 など

通常の学級の担任・特別支援学級の担任・コーディネーターとしての役割分担を再チェックしましょう。

チェックリストＡＢＣ実施の重要性

●チェックリストＡＢＣを活用しましょう！

自校の特別支援教育推進状況はどうでしたか。

先生方の発達障害に対する「気づき」を高めるためにも、必ずチェックリストＡＢＣ（文部科学省の調査で使用した項目）の活用をお勧めします。242ページから記入しやすくしたものを載せていますので、ぜひご活用ください。

職員同士が話し合いながら協力して、チェックリストＡＢＣを実施すれば、子どもたちの実態を見抜く訓練にもなり、共通理解が高まります。

また、実施結果を各校の実情にあわせ、一覧表にし、支援の方向や具体的支援内容などを明示すれば、さらに校内の特別支援教育への意識は高まるでしょう。

まだ、チェックリストＡＢＣを活用していない学校があれば、241ページのチェックリストＡＢＣの実態調査手順に従い実施してみてください。

それでは、著者が宮城県教育委員会で特別支援教育推進を担当した際に計画実施したチェックリストＡＢＣ実施例を紹介します。

チェックリストABCの実態調査手順について

第1段階から第4段階の手順に従って、「気になる子」をチェックしてください。最終第4段階まで進んだ児童生徒にだけ、「チェックリストABC」を実施します。

【実態把握の進め方】

みなさんの学校・学級に「気になる子」はいませんか！

↓

第1段階

担任等の目で見て、学習面や行動面等で他の子とどうも様子が違うなど、**「気になる子」**がいないかどうかチェックします。

↓ いる　　いない ⇨ 終了

第2段階

第1段階でチェックした子について、下記の**「大まかな13項目の観点」**で、どの部分がどの程度気になるか整理します。その結果、学年等で共通理解を図る必要のある子はいましたか。

↓ いる　　いない ⇨ 終了

第3段階

LD、ADHD等の**「チェックリストABC」**を実施した方がよいと思われる子はいましたか。

↓ いる　　いない ⇨ 終了

第4段階

「チェックリストABC」（P242～244）を実施します。
行動観察は、複数の目でチェックするようにしましょう。

○大まかな13項目の観点

① 話がうまく聞けない
② 自分の思いをうまく伝えられない
③ 文章を読むことが苦手
④ 文字を書くことが苦手
⑤ 算数が苦手
⑥ 自分の考えをまとめることが苦手

⇨ **チェックリストAへ（学習面）**

⑦ 気が散りやすい
⑧ 落ち着きがない
⑨ 衝動的な言動がめだつ

⇨ **チェックリストBへ（行動面）**

⑩ 友達とのつきあいが苦手
⑪ コミュニケーションに偏りがある
⑫ 特定のものにこだわる
⑬ その他気になる行動がある

⇨ **チェックリストCへ（行動面）**

◇チェックリストA　学習面（「聞く」「話す」「読む」「書く」「計算する」「推論する」）

	観　点	ない 0点	まれにある 1点	時々ある 2点	よくある 3点	領域毎 合計
1	聞き間違いがある（「知った」を「行った」と聞き間違える）					
2	聞きもらしがある					
3	個別にいわれると聞き取れるが、集団場面では難しい					
4	指示の理解が難しい					
5	話し合いが難しい（話し合いの流れが理解できず、ついていけない）					
6	適切な速さで話すことが難しい （たどたどしく話す。とても早口である）					
7	言葉につまったりする					
8	単語を羅列したり、短い文で内容的に乏しい話をする					
9	思いつくままに話すなど、筋道の通った話をするのが難しい					
10	内容をわかりやすく伝えることが難しい					
11	初めて出てきた語やふだんあまり使わない語などを読み間違える					
12	文中の語句や行を抜かしたり、または繰り返し読んだりする					
13	音読が遅い					
14	勝手読みがある（「いきました」を「いました」と読む）					
15	文章の要点を正しく読みとることが難しい					
16	読みにくい字を書く （字の形や大きさが整っていない。まっすぐに書けない）					
17	独特の筆順で書く					
18	漢字の細かい部分を書き間違える					
19	句読点が抜けたり、正しく打つことができない					
20	限られた量の作文や、決まったパターンの文章しか書かない					
21	学年相応の数の意味や表し方についての理解が難しい （三千四十七を300047や347と書く。分母の大きい方が分数の値として大きいと思っている）					
22	簡単な計算が暗算でできない					
23	計算をするのにとても時間がかかる					
24	答えを得るのにいくつかの手続きを要する問題を解くのが難しい（四則混合の計算。2つの立式を必要とする計算）					
25	学年相応の文章題を解くのが難しい					
26	学年相応の量を比較することや、量を表す単位を理解することが難しい（長さや、かさの比較。「15cmは150mm」ということ）					
27	学年相応の図形を描くことが難しい （丸やひし形などの図形の模写。見取り図や展開図）					
28	事物の因果関係を理解することが難しい					
29	目的に沿って行動を計画し、必要に応じてそれを修正することが難しい					
30	早合点や、飛躍した考えをする					
	段階別の点数（評価点×該当数）	**0点①**	**点②**	**点③**	**点④**	
	総合計（①+②+③+④）				**点**	

◎6つの領域の内、少なくとも1つの領域で合計12点以上をカウントした場合、学習面に問題があると思われる。

◇チェックリストB　行動面（「不注意」「多動性ー衝動性」）

		観点	ない	時々ある	しばしばある	非常にしばしばある	領域毎合計
			0点	0点	1点	1点	
不注意	1	学校での勉強で、細かいところまで注意を払わなかったり、不注意な間違いをしたりする					
	2	課題や遊びの活動で注意を集中し続けることが難しい					
	3	面と向かって話しかけられているのに、聞いていないようにみえる					
	4	指示に従えず、また仕事を最後までやり遂げない					
	5	学習課題や活動を順序立てて行うことが難しい					
	6	集中して努力を続けなければならない課題（学校の勉強や宿題など）を避ける					
	7	学習課題や活動に必要な物をなくしてしまう					
	8	気が散りやすい					
	9	日々の活動で忘れっぽい					
多動性ー衝動性	10	手足をそわそわ動かしたり、着席していても、もじもじしたりする					
	11	授業中や座っているべき時に席を離れてしまう					
	12	きちんとしていなければならない時に、過度に走り回ったりよじ登ったりする					
	13	遊びや余暇活動に大人しく参加することが難しい					
	14	じっとしていない。または何かに駆り立てられるように活動する					
	15	過度にしゃべる					
	16	質問が終わらない内に出し抜けに答えてしまう					
	17	順番を待つのが難しい					
	18	他の人がしていることをさえぎったり、じゃましたりする					
		段階別の点数（評価点×該当数）	**0点①**	**0点②**	**点③**	**点④**	
		総合計（①＋②＋③＋④）				**点**	

◎①②を０点に、③④を１点にして計算する。
◎少なくとも１つの領域で合計６点以上をカウントした場合「不注意」「多動性ー衝動性」に問題があると思われる。
◎「時々ある」「しばしばある」などの観点は、程度差を示す。

◇チェックリストC　行動面（対人関係やこだわりなど）

	観　　点	いいえ 0点	多少 1点	はい 2点
1	大人びている。ませている			
2	みんなから、「○○博士」「○○教授」と思われている（例：カレンダー博士）			
3	他の子どもは興味を持たないようなことに興味があり、「自分だけの知識世界」を持っている			
4	特定の分野の知識を蓄えているが、丸暗記であり、意味をきちんとは理解していない			
5	含みのある言葉や嫌みをいわれてもわからず、言葉どおりに受けとめてしまうことがある			
6	会話の仕方が形式的であり、抑揚なく話したり、問合いが取れなかったりすることがある			
7	言葉を組み合わせて、自分だけにしかわからないような造語を作る）			
8	独特な声で話すことがある			
9	誰かに何かを伝える目的がなくても、場面に関係なく声を出す（例：唇を鳴らす、咳払い、喉を鳴らす、叫ぶ）			
10	とても得意なことがある一方で、極端に不得手なものがある			
11	いろいろなことを話すが、その時の場面や相手の感情や立場を理解しない			
12	共感性が乏しい			
13	周りの人が困惑するようなことも、配慮しないでいってしまう			
14	独特な目つきをすることがある			
15	友達と仲良くしたいという気持ちはあるけれど、友達関係をうまく築けない			
16	友達のそばにはいるが、１人で遊んでいる			
17	仲の良い友人がいない			
18	常識が乏しい			
19	球技やゲームをする時、仲間と協力することに考えが及ばない			
20	動作やジェスチャーが不器用で、ぎこちないことがある			
21	意図的でなく、顔や体を動かすことがある			
22	ある行動や考えに強くこだわることによって、簡単な日常の活動ができなくなることがある			
23	自分なりの独特な日課や手順があり、変更や変化を嫌がる			
24	特定の物に執着がある			
25	他の子どもたちから、いじめられることがある			
26	独特な表情をしていることがある			
27	独特な姿勢をしていることがある			
	段階別の点数（評価点×該当数）	**0点①**	**点②**	**点③**
	総合計（①＋②＋③）		**点**	

◎合計22点以上をカウントした場合、対人関係やこだわりなどの問題があると思われる。

(2) 特別支援学校では！

基盤のしっかりした学校

●特別支援学校の現状

特別支援教育が、各地域で推進され、特別支援学校の地域へ向けてのセンター的機能も充実してきました。

しかし、その陰で、特別支援学校自体の弱点と問題点も大きくなってきています。

各都道府県では、特別支援学校の教員の採用方法や人事交流のあり方がだいぶ違うようですが、どの都道府県でも、専門性の高いはずの特別支援学校が、特別支援教育に初めて携わる教員の増加に悩んでいるのも現実であり、研修のあり方や教師の育成の面で、校長先生方や教育委員会が、苦労している状況です。

また、高等部生徒の増加などで、特別支援学校が、大規模化してしまい、施設の狭隘《きょうあい》化や教師間の連携の面でも大きな課題が見えてきています。

全国どこの特別支援学校でも、多かれ少なかれ、先生方の一番の悩みや関心事は、子どもの指導面より、T・T（チーム・ティーチング）などの人間関係が課題のようです。

特別支援学校が、特別支援教育の重責を担い、地域へのセンター的機能を十分果たすためにも、特別支援学校自身の内部の力を十二分に蓄え・育て、しっかりした自校の学校基盤づくりが求められているのです。

期待され、信頼される特別支援学校を目指すための5原則

1 子どもたちや教職員、保護者の笑顔を大切にしましょう。
2 センター的機能の前に、自校の教育基盤を見直しましょう。
3 教師の専門性を高めるため、校内研修会などを充実させましょう。
4 小中学校の現状や特別支援教育への理解を深めましょう。
○40人学級のなかで奮闘している教師の悩み
○発達障害やチェックリストABCについての理解　など
5 地域から期待され、信頼されるコーディネーターを育てましょう。
○特別支援学校のコーディネーターは「地域の顔」
○内部（自校）や外部への情報発信を大切に
○幼稚園や高等学校を視野に入れた特別支援教育の推進を!

3　特別支援教育の推進のために

(1)　教師自身の手で、特別支援教育入門書づくりにチャレンジ

著者の所属する宮城県立角田養護学校（知的障害を主とする特別支援学校）では、毎年、人事異動で特別支援教育未経験の先生方が多く転勤してきます。

毎日の子どもたちの指導やかかわり方、「個別の教育支援計画」の策定、「個別の指

導計画」作成、特別支援教育の流れの理解などで悩んでしまい、うまく新学期をスタートできない先生方も見受けられます。

そこで、そんな悩みを抱える先生方の助けになればと考え、全職員で、初めて特別支援教育を担当する教員のためのノウハウ本「かくよう入門Q＆A」作成に取り組みました。

この取り組みのなかで、初めて特別支援教育を担当する先生方の具体的な悩みの意識調査なども実施し、そのなかから課題解決が必要な項立てをつくり上げるなど、経験の浅い先生方だけでなく、ベテランの先生方にとっても協力して共同作業を進める大切さや特別支援教育のノウハウの再確認の機会にもつながりました。

また、本冊子を地域の小中学校や関係機関に配布し、活用いただいたため、地域の特別支援教育推進にも大いに役立ちました。

ぜひ全国の各特別支援学校でも、各校オリジナルの「かくよう入門Q＆A」作成をお勧めします。

(2)「個別の教育支援計画」と「個別の指導計画」

特別支援教育を推進させるための重要なカギの一つは、「個別の教育支援計画」の策定や「個別の指導計画」の作成です。

しかし、学校現場の現状は、「この二つの計画の関係は?」「形式は?」「手順は?」などなど、どうすればいいんだろうという悩みばかりが聞こえてきます。

「個別の教育支援計画」と「個別の指導計画」にかんしては、詳しく解説した本がたくさん出版されていますので、ここでは簡単に「個別の教育支援計画」と「個別の指導計画」の関係や策定作成手順が理解できるよう前述のノウハウ本「かくよう入門Q＆A」から、本校の特別支援教育コーディネーター小澤ちはる教諭が分担執筆した内容を一部抜粋してご紹介します。

ワンペーパーで図式化されていますので、ぜひ参考にしてください。

なお、全国の特別支援教育コーディネーターのみなさんも、自校の内容をワンペーパーにまとめておくことをお勧めします。

教育支援計画策定や指導計画作成には、課題などが明確となる「ICFの視点」の活用が有効です。
※ICFとは「国際生活機能分類」
※詳しくは国立特別支援教育総合研究所ホームページ参照

【個別の教育支援計画・指導計画　４原則】

１　作成することが目的ではなく、作成することによって子どもたちへの支援の最適化を図り、子どもを変容させ、成長させることが大切です。

２　本人や保護者の願いを大切に、将来を見すえた計画から出発することが大切です。

３　関係機関や家庭と連携を深め、情報交換や連絡を密にしましょう。
※保護者との関係では、
○インフォームド・コンセント（十分な情報と同意）
○アカンタビィリィティ（説明責任）
が大切です。

４　十分活用できるよう利便性や継続性を考慮し取り組みやすい形式・内容を工夫しましょう。

Q「個別の指導計画」と「個別の教育支援計画」とはどのような関係なのですか？

A　長期的スパンで策定する「個別の教育支援計画」を踏まえ、「個別の指導計画」をきめ細かに作成するという関係です。

学校（担任など）が作成した原案を、関係者・機関が対等な立場で協議し、連携して実施する確認がなされた時点で策定となる。それを行う場（支援会議など）が必要。

保護者との共通理解や連携・協力を大切にしつつも、学校（担任など）が責任を持って作成する。

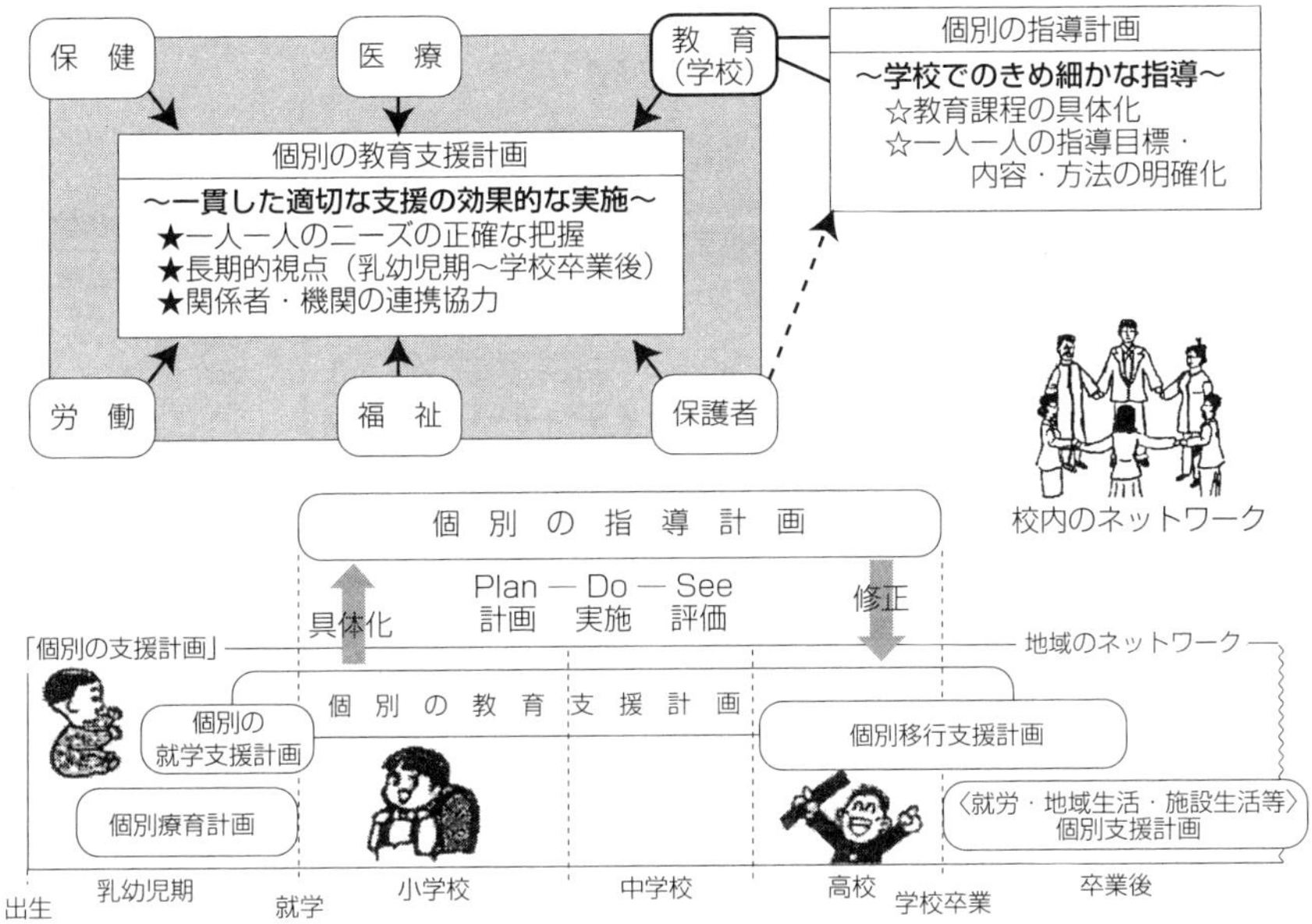

【解説】

	個別の教育支援計画	個別の指導計画
主な内容	○ニーズの内容　○支援の目標　○支援の内容 ○支援を行う者・機関など　○評価・改訂・引き継ぎ	○実態把握　○指導の目標 ○指導の内容・方法　○評価
背景	「個別の支援計画」とは、「障害者基本計画」（H14）に示された関係機関が役割を分担して支援を行う計画の総称。ライフステージに応じて必要な支援や中心となる関係機関が異なる。地域や機関などによって呼称はさまざまだが、上記のような支援計画がある。「個別の教育支援計画」もその１つで、学校などの教育機関が中心となって策定する学齢期の支援計画である。「新障害者プラン」（H14）のなかで、特別支援学校に在籍する児童生徒について、H17年度までに策定するよう示された。これを受け、「今後の特別支援教育の在り方について（中間まとめ）」において「個別の支援計画」の概要が示された。	学習指導要領では、自立活動の指導と重複障がい児の指導について「個別の指導計画」を作成し、個々の実態に応じてきめ細かく指導するよう定められている。特別支援学校や特別支援学級では、自立活動や重複障がい児に限らず、在籍する児童生徒の学習活動全般にわたる指導計画を作成することが広く行われてきた。

〈「かくよう入門Q＆A」宮城県立角田養護学校、2007：分担小澤ちはる〉を本書にあわせてレイアウトしたもの

Q「個別の指導計画」と「個別の教育支援計画」の実際はどうなっていますか？

A　次のように取り組んでいます。

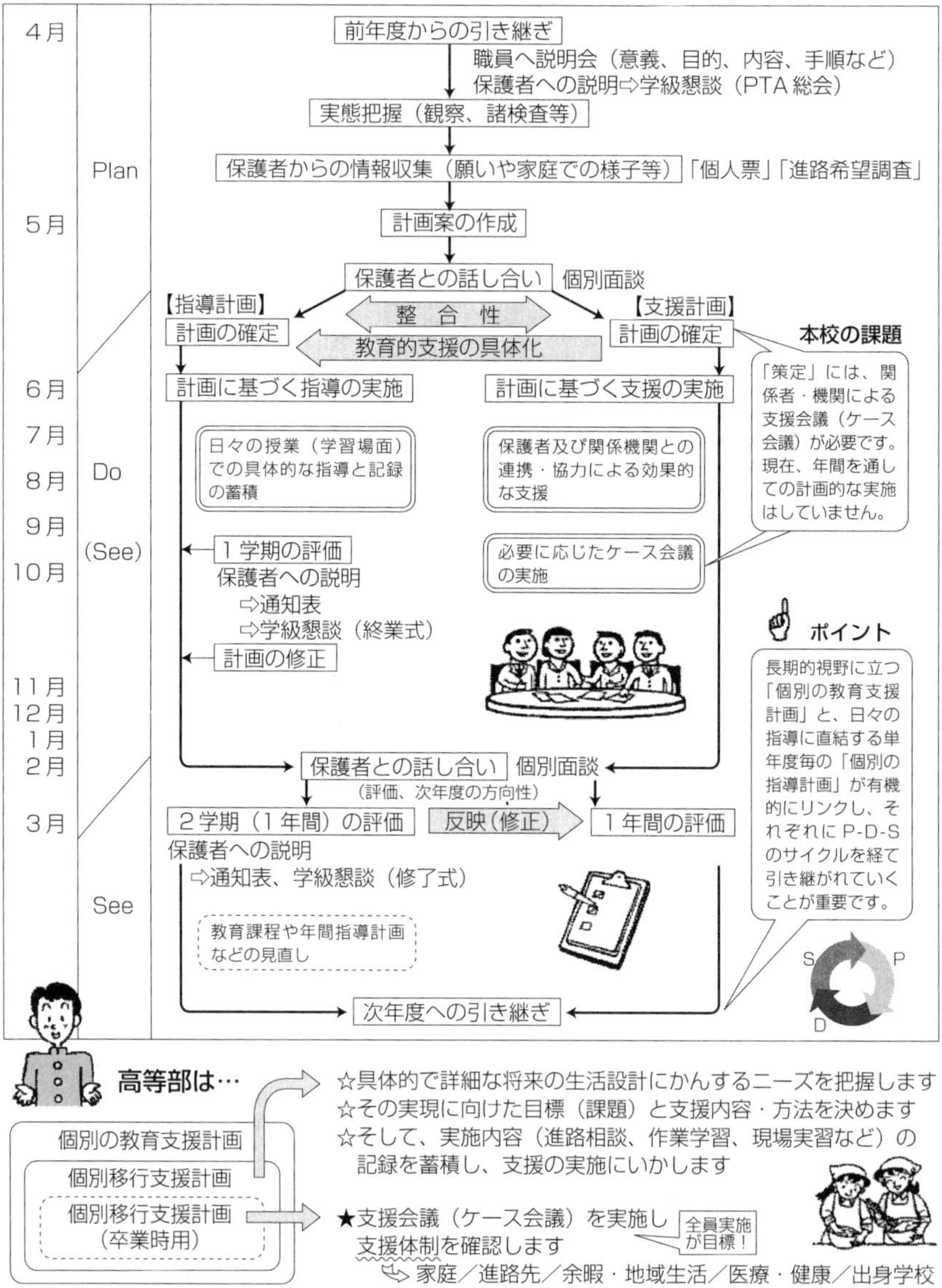

〈「かくよう入門Q&A」宮城県立角田養護学校、2007：分担小澤ちはる〉
を本書にあわせてレイアウトしたもの

【個別の教育支援計画・形式例（A特別支援学校）】

※A校では、個別の教育支援計画とあわせた実態表や個別移行支援計画（高等部）を作成している。なお、個別の指導計画ともリンクさせている。

<table>
<tr><td colspan="4">個別の教育支援計画　　　○学部○年○組○番氏名</td></tr>
<tr><td>本人保護者の願い</td><td>※現在及び将来の学校生活や社会生活、家庭生活への希望を記入する。</td><td>教師の願い</td><td>※本人の実態を的確に把握し、本人・保護者の願いを受け止めた立場から考えた内容を記入する。</td></tr>
<tr><td>長期目標</td><td colspan="3">※小学部、中学部、高等部のそれぞれの卒業を見すえた目標を本人・保護者・教師の三者で決定し記入する。</td></tr>
<tr><td>短期目標</td><td colspan="3">※学期ごとや長くとも一年間の目標を本人・保護者・教師の三者で決定し記入する。</td></tr>
<tr><td></td><td>支援内容
（具体的な実施内容及び手立てなど）</td><td>支援機関
担当者など</td><td>具体的支援内容にかんする経過及び課題など</td></tr>
<tr><td>学校</td><td></td><td></td><td></td></tr>
<tr><td>家庭</td><td></td><td></td><td></td></tr>
<tr><td>地域余暇</td><td>※居住地校学習の希望や放課後活動などについても記入のこと。</td><td></td><td></td></tr>
<tr><td>福祉医療</td><td>※現在受けている支援や受けたい支援について具体的に記入する。</td><td></td><td></td></tr>
<tr><td>労働進路</td><td>※個々のニーズにあわせ現在受けている支援や受けたい支援について具体的に記入する。</td><td></td><td></td></tr>
</table>

平成○年○月○日

記入者　保護者　署名　及び　捺印

記入者　担　任　署名　及び　捺印

【個別の指導計画・形式例１（Ｂ特別支援学級）】

単元名			
子供の願い		保護者の願い	
長期目標		短期目標	
学習内	支援と手だて	学習の様子	評　価

【個別の指導計画・形式例２（Ｃ通級指導教室）】

名前						担当			
通級	日時・回数・形態など					作成	平成○年　月　日		
年間指導目標		指導		指導方法					
				留意点					
指導目標		形態	指導内容など	5月	6月	7月	8月～		
学習		個別							
運動		小集団							

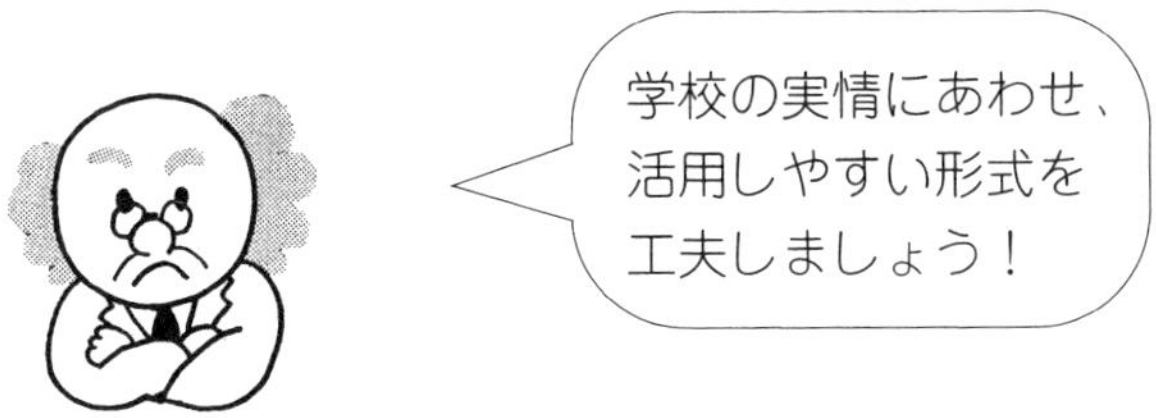
学校の実情にあわせ、
活用しやすい形式を
工夫しましょう！

【個別の指導計画・形式例３（D 特別支援学校）】

対象児：		
指導期間：		
指導形態と指導者：		
指導方針：		
長期目標１：		
学期	短期目標（個別指導）	課題
1		
2		
3		
学期	短期目標（グループ指導）	課題
1		
2		
3		
【その他配慮事項など】		

4　特別支援教育推進の陰に！

全国各地へ講義や講演で出かけると、どの地域でも多かれ少なかれ、特別支援教育の充実発展とは裏腹にこんな声が聞こえてきます。とても残念なことですが、特別支援教育推進の陰に、次のような大きな課題が見えてきているようです。

いくつか主な事例を紹介します。みなさんは、どう考えますか。

(1)　障がいのレッテルを貼りすぎる教師

- うちの担任は、我が子を学習障害（ＬＤ）と決めつけて困る。
- 授業も下手で、教室経営や学級指導ができていないのに。

先生しっかり！


あるお母さんから、こんな相談を受けました。

「我が子は確かに落ち着きがなく、周囲の子と比べるとテストの成績もあまり良くないのですが、我が家では、あまり問題を感じていません。それなのに、うちの担任は、我が子が学習障害じゃないかと決めつけ、レッテルを貼って困っています。」

詳しく話を聞いてみると、保護者を学校に呼び出し、投薬を勧めたり、医者を紹介したりするとのことでした。

そのお母さんは、すぐ次のようなこともいい始めたのです。

「あの先生は、子どもたちの掌握の仕方や授業が下手で、教室もいつも汚いんです。」

「あの先生は、周囲の教師が、問題に思っていない子どもまで、少しでも問題行動や学習の遅れが疑われる子どもを担任すると、すぐに学習障害じゃないかと自分勝手に決めつけ、教師としての自己責任は二の次で、その原因を障がいのせいにし、発達障害のレッテルを貼ってしまうんです。」

このような事例を読者のみなさんは、どう考えますか！

お母さんの話だけを一方的に聞くわけではありませんが、このような話は、全国で多く聞かれている現実です。

教師は、子どもたちの問題を発達障害という障がいのせいにし、教師自身が障がいをつくってはいけません。

本書136ページでも紹介しましたが教師の仕事の大きな一番目は「わかる・できる・楽しい授業」です。そのためには当然しっかりした学級づくりが大切になるのです。

先生方、現実から逃げないで、まず教師としての自分を振り返り、その子の問題行動等の原因を見つめ直しましょう。

継続は力なり！

(2) 四月の人事異動で、また最初から

- 積み上げた特別支援教育への意識や校内組織も、職員が変わると機能しない。
- 毎年、一からのスタートで、特別支援教育の充実にはほど遠い。

ある学校のコーディネーターの先生からこんな相談を受けました。

「うちの学校は、毎年四月には、先生方の異動が多く、せっかく職員の意識が高ま

り、特別支援教育の推進が軌道に乗っても、また一からのスタートとなってしまうんです。」

読者のみなさんの学校では、どうですか！

学校現場では、毎年人事異動はつきものです。特別支援教育の問題に限らず、多様な個性と資質を持っている先生方が転勤してくることは、ごく当然の成り行きです。こんな時こそ管理職のリーダーシップとコーディネーターの手腕が試される時です。一からの出直しとなっても、慌てずに各校の特別支援教育推進ビジョンを提示し、職員の共通理解から始めましょう。

校長先生にも学校経営ビジョンのなかにしっかりと特別支援教育の視点を明示してもらい、機会あるごとに特別支援教育推進の大切さを話してもらいましょう。コーディネーターだけが、苦労し悩むことのないように、徐々に前年度のような機能する校内組織を復活させてください。

やはり、特別支援教育充実のカギは、子どもたちのことがいつでも話題にできる「明るい雰囲気の職場づくり」のようです。

(3) 診断名の不思議

- この子は本当に自閉症なの？
- この子の診断名は本当に学習障害でいいの？

多くの教育相談を担当していると、事例のような場面に遭遇します。

確かに診断名を下すのは、医者であり、「(1)障がいのレッテルを貼りすぎる教師」で述べたように、教師の仕事の範疇ではありません。

しかし、友人の医者に聞いても、「そりゃ～当然、専門の違いによって、見立ての違いや薬の処方の違いはあるよ。」「診断がむずかしい子どもたちも多いので、医者によって、診断名が違う場合があるよ。」というのが現状のようです。

お母さんも先生方も、診断名だけに振り回されるのはやめましょう。

障がいの前に、子どもたちは、一人一人個性が違います。まず、その個性と実態をしっかり見つめましょう。

また、お母さんや先生方は、お医者さんからの意見だけが、正しいかのように錯覚し、振り回されていませんか。

お医者さんから「この子の障がいは～～です。～～学級がいいですよ！」「学校の先生方はもっとしっかりしてください。この子にはこんな内容の個別指導が必要です。」などといわれても、結局子どもたちの良さを伸ばし、教育するプロは先生方なのです。

特別支援教育にかんしても、教師自身が「自覚と責任」をしっかりと持ち、お母さん方や医者と本当の信頼関係を築き上げ、連携を深めましょう。

活用されてこそ光り輝く！

(4) 活用されない各種計画など

- 形式などが煩雑で、時間がかかりすぎる。
- 保護者と共通理解が図れず信頼関係が築けない。

自覚と責任！

特別支援教育への取り組みが充実してきている現在、全国どこの特別支援学級や特別支援学校でも、「個別の教育支援計画」策定や「個別の指導計画」作成に向け、膨大な時間と労力を費やし、まず形式検討の会議を持ったり、記入方法についての話し合いを持ち、分厚い「個別の教育支援計画」や「個別の指導計画」をつくり上げ、整備しているようです。

しかし、膨大な各種計画をつくり上げてしまうと、それだけで満足してしまう先生方も多いのが現実のようです。

また、親と教師の相性があわない。いつまでも話がかみあわないなどの理由で、共通理解を図りながら、いっしょにつくり上げ、親と教師の架け橋になるはずの「個別の教育支援計画」や「個別の指導計画」の策定・作成が、スムーズに運ばず、絵に描いた餅になっているケースもあるようです。

あくまで、「個別の教育支援計画」や「個別の指導計画」は、保護者や本人の希望を大切に共通理解を図りながらつくり上げるものであり、日々の子どもたちの指導・支援に十分に活用されなければなりません。

「シンプル・イズ・ベスト」です。

十分に活用され、継続的に引き継がれる形式や記入方法になっているか再チェックしましょう。

第10章

プロの技　番外編

　この章では、プロの技番外編として、ふだんの学校生活のなかで、先生方やお母さん方にすぐに役立つ心構えを紹介します。

　ぜひ、心を空にして読んでみてください。必ず、プロの教師となるヒントが見えてきます。

　もっともっと、教師という仕事に自信と誇りを持ちましょう。

第1章から第9章までの教師のプロの技を見てみると、通常の教育も特別支援教育も、教育の仕事や基本的な教師の姿勢は、どちらも同じであることがわかります。

しかし、実際のところ学校現場の現実はどうでしょう。どの学校も忙しく、会議や学級事務に追われ、肝心の子どもたちの指導や授業がおろそかになっていませんか。

少しずつでいいのです。その教師側の障害を改善し、子どもたちがいきいき活動できる学級や学校を創造しましょう。そして、われわれ教師一人一人の意識を変化させ、少しの努力を積み上げていきたいものです。

せっかく教師を目指し、教師という仕事を続けていこうとしているのですから、少しでも教師という仕事に誇りと喜びを持ち、「実践」という教師のいとなみに自信と責任を持ち、教師という仕事を実践学にまで高めようではありませんか。

それでは、ここで実践学の番外編として、仕上げの心構えを紹介したいと思います。

1　プロの教師を目指す先生方に望むこと

(1)　しっかりと本を読んでいきましょう

月刊誌や専門書を購入し、情報を仕入れていますか。最初は、ただ机の上に積んでおくだけでもいいのです。あなたのそばに情報があれば、ときどきでいいですので、月刊誌や専門書を開いてみてください。そこには知りたい生の情報がたくさんあります。

本の効果的活用を！

ぜひ、次の手順で月刊誌や専門書を活用しましょう。

【月刊誌・専門書の活用術】

①先輩教師から役立つ月刊誌や専門書の情報をもらいましょう。
②何冊かぜひ購入しましょう。
③本棚の奥深くしまわずに必ず机の上に置きましょう。
④すべて読む必要はありません。
まず目次を確認し、どんな内容がどこにあるのかチェックしましょう。
どこに何が書かれているかだけ記憶しておきましょう。
⑤今のあなたに必要な部分には必ず付箋をつけておきましょう。
必要なときに必ず熟読しましょう。

(2) 情報を仕入れて整理しましょう

あなたが求めれば、今の時代、情報を欲しいだけ入手することが可能です。インターネット・専門書・月刊誌・研修・講演・親・先輩教師・子どもなどから、たくさんの情報を得ることができるのです。

しかし、膨大な情報も整理されなければ、粗大ゴミ同様に価値のないものになってしまいます。第8章でもお話したように、参考となる部分は、

○コピーしてノートに張り付け整理する。

○パソコンに入力する。
など、自分なりの情報収集や整理の仕方を工夫することです。

(3) 手書きの良さを見直しましょう

現代は、パソコンが普及し、指導計画や指導案までが簡単にダウンロードできる時代です。

毎年繰り返される授業研究会の指導案も、日付を変え、子どもたちの実態を若干変えるだけで簡単にできあがってしまいます。それで本当に満足なのですか。教師としてのプライドはどこにいってしまったのですか。授業に、そして子どもに自信と責任を持てるのですか。

人は誰でも、楽な方に流されやすいものです。しかし、こんなことでは、どこかで見たことのある形式的な指導案はできたとしても、あなたのアイデアが泣いてしまいます。もっと自分を試し、自分自身を活性化していきましょう。

そのためには、ぜひ手書きで、授業の構想などをどんどんデッサンすることをお勧めします。どんどん増えたメモ書きが大切なのです。パソコン入力はそれからで十分でしょう。自分で手書きすることが脳を刺激し、豊かな発想力を育てるのです。

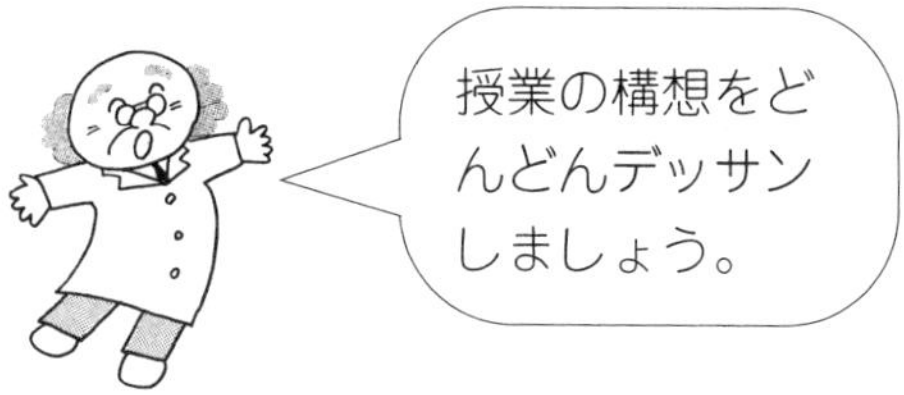

(4) 特別支援学級は学校の顔

学級に閉じこもり、教師自身が、特殊な付き合いにくい人間になっては困ります。

特別支援学級は学校の中心であり、学校の顔なのです。あなた自身、学校の中心的存在になれるように努力しましょう。

●特別支援学級からの発信のために

①開かれた特別支援学級を目指し、学級便りや学級紹介パンフレットを整備し、校内や地域に配布しましょう。

②学校のコーディネーターとして、子・親・教師の声に耳を傾け、教育相談を担当できるまでになりましょう。

③通常の教育にも関心を持ち、四十人を相手にしても動じない指導力を身につけましょう。

※特別支援学校の先生方も①～③の意識を大切にしましょう。

(5) 各種研修会提出レポート（A4用紙一枚程度）もしっかりと

研修会の研究協議では、どこの都道府県でも、参加条件として研修会レポートを義務づけ、提出させているところが多いのではないでしょうか。誰でも、一度や二度はA4一枚程度のレポートを提出した経験があるはずです。たかがA4一枚程度の研究協議レポートなのですが、主催者側からすると、されど研究協議レポートなのです。なんでこんなに違うのかと首を傾げてしまうレポートも多いのも事実です。

○論旨がずれ、内容が読みとれないレポート。
○出題意図からはずれ、自分勝手な文章構成のレポート。
○子どもの欠点や愚痴ばかりが記述されているレポート。

○いつも提出期日が守れない教師。

など、思い当たるところはありませんか。

　子どもたちに宿題をだし、その成果を期待する教師であればなおさらのこと、しっかりと教師の宿題をこなしてほしいのです。たかがA４一枚程度の研究協議レポートといわず、出題の意図を読みとり、明快な文章を心掛けましょう。そして、子どもたちと同様に教師の宿題を大切にし、自分自身の力量を高めましょう。それでは、次の作成手順を参考にがんばってみてください。

【研究協議レポート作成手順】

①必ず提出期限や提出方法を確認しましょう。

○付箋に書いて机上に張り付けておくと確実です。

○提出までの簡単な作成手順スケジュールを立てましょう。

②出題のテーマや意図をしっかり頭に入れましょう。

○テーマに沿って自分の担当の子どもや学級の様子を整理しましょう。

○書きたい内容をまず箇条書きにしてください。

③A４の紙を一枚準備し、項立てとレイアウトをデッサンしましょう。

○②で書いた箇条書きを項立てたデッサンのなかに割りふりましょう。

④項立ての内容にあわせ、箇条書きを文章化しましょう。

○主語述語の関係をしっかりさせましょう。

○工夫した点や取り組みを具体的に記述しましょう。

○子どもの良さを見つけだし、肯定的な文章に心がけましょう。
○子どもたちのプライバシーには十分注意しましょう。

2　特別支援学校などの教育を経験したいと思っている先生へ

通常の学級のなかにも、特別な配慮を必要としている子どもたちがたくさん在籍しています。その子どもたちに頭を悩ませ、なんとかしようと努力を繰り返しているあなたは、もう特別支援教育に一歩足を踏み入れているのです。

これからの時代、もっともっと特別支援教育が、通常の教育のなかで実践されていくことになります。そのため、通常の学級の教師は今まで以上に特別支援教育についての知識が必要になり、障がいのある子どもたちの教育のなかで培ってきた手法や実践法がさらに重要になってきます。

厚生省の障害福祉課長の経験のある現宮城県知事の浅野史郎氏もある雑誌のインタビューで次のように述べています。

「人間は何か社会に貢献するために生まれてきたという人間観から問い直さなければならない。障がい児を知ることが今からの教育の在り方にヒントを与えてくれる。あの子たちも成長しているのです。昨日できなかったことが、今日できるようになる。今日できなくても明日できるかもしれない。誰もが一生懸命生きている。あの子たち一人一人の生きる力を共有することが、これからの教育に欠かせない。」

ぜひ、あなたも教員生活のうちで、一度は特別支援学校や特別支援学級を経験してみてください。この子どもたちとの出会いがあなたの人生観や教育観を大きく変えることになるでしょう。

特別支援教育も通常の教育もなんら違いはありません。子どもへの思いやりとやる気があれば、少しの努力で楽しく仕事ができるはずです。

最初から専門書を読む必要はありません。知識ばかりが増えて、子どもたちを先入観で見てしまいかねないからです。まず、心で子どもたちを感じ、子どもたちから多くを学びましょう。特別支援教育についての勉強を深めるのはそれからで十分です。専門書でない、私のこの「実践学」の本を暇な時に熟読してください。そうすれば、あなたも特別支援教育への道を踏みだす勇気がわいてくるはずです。

3　お母さん、ご苦労様

親と教師は良きパートナー

お母さん、第1章の子どもから学ぶを読んでいただけたでしょうか。

お母さん方のご苦労は十分わかります。しかし、「どうせ先生は、こういう子を持ったことがないからね。」とおっしゃるまえに、子どもたちの成長のために、教師と良きパートナーとなってください。

未熟な親、成熟した親、未熟な教師、熟練した教師、どちらの側にもいろいろな親や教師がいるものです。お互いに本音でつきあえる関係をつくりましょう。それが開かれた学級であり、開かれた学校なのです。

良きパートナーとなるためにお互いに努力しましょう！

お母さん！　権利の主張ばかりでは誰もあなたを支援しなくなります。あなたが変わらないと子どもも変わりません。私たち教師といっしょにお互いに自分自身を見つめ変わりましょう。

子どもたちにとっては「親は最良の医師」であり、「教師は最良の支援者」なのです。親も孤立せず、協調性を持ちましょう。親と教師の関係は嫁姑の関係と似ています。つかず離れず、良きパートナーとなりましょう。

良きパートナーとして、子どもたちをより良く育てるために、家庭でもできる次の点をお願いします。

●家庭では次の点に注意してください

①親自身が意識を変えましょう

○一番大変で、苦しんでいるのは本人です。

○子どもを肯定的な目でよく観察し、子どもの弱い点や強い点を正しく理解しましょう。

○既成の価値観にとらわれず、多様な考え方で柔軟に対応しましょう。親の意識が先に変わらなくてはいけません。

○友達や兄弟と比較しないようにしましょう。

②家庭でできる配慮点

○生活のなかでほめることが大切です。「やればできる」という自己達成感を持たせましょう。

○具体的で簡単な短い指示をだしましょう。

［例］「もっとがんばって書いてね。」のような抽象的指示は駄目です。「指に力を入れ強く書いてね。」などの具体的な指示が大切です。

○父親と母親は役割分担をしてください。感情的にいっしょに叱ることは避けましょう。

○お手伝をさせましょう。役割分担の大切さや社会性を養いましょう。「食卓の準備」、「お風呂の水はり」、「米とぎ」など、本人が興味を示すものが長続きするでしょう。

○小さな判断を大切にし、本人に決めさせましょう。「夕食はカレーとスパゲティーどちらが食べたいの。」と問います。

○社会性を育てるために小さな体験を大切にしましょう。近くのコンビニへ買物に行くなど、一人で街に行ける力をつけましょう。

教師自身も、変わる努力をしますので、ぜひ、お母さん方にも、学校と家庭が連携を深め、良きパートナーとなるために、本書全体をお読みいただき、学校で行われている特別支援教育や教師の仕事を少しでも理解してください。

4　教師の実践は学問である

すばらしい教育評論家が、実際に子どもたちと向き合いすばらしい実践を展開でき

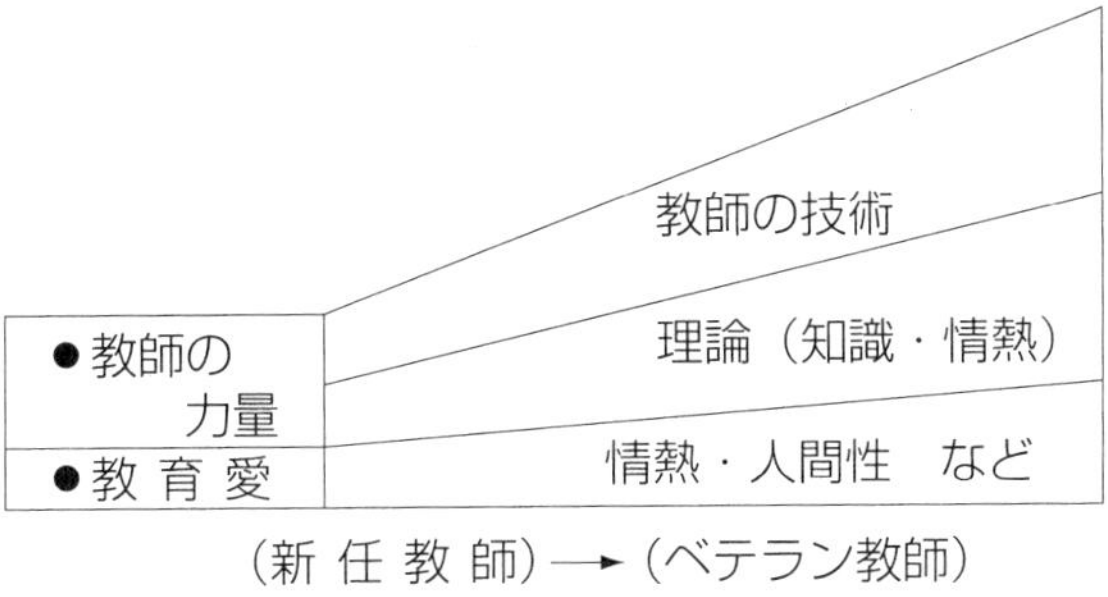

教師の資質・力量

るとは限りません。

理論は理論に過ぎないのです。その理論に実践という命を吹き込み使いこなすか空論に終わらせるかは、教師の資質・力量にかかってきます。

子どもたちの反応は、教師のかかわり方一つで違います。上図「教師の資質・力量」のように教育実践は、理論だけでは対応できません。教育実践には教師それぞれの隠された技術が光をはなちます。それが教師にとっていちばん大切な資質(宝)ではないでしょうか。われわれ教師は、その技術の向上に力を注ぎ、その技術にもっと誇りと自信を持ちましょう。そして、ベテラン教師は、ぜひこの技術を実践学として胸を張って後輩教師に伝えていきましょう。

教師の実践学5原則

1 理論に勝るとも劣らない教師の技術をマスターしましょう。
2 教師の技術に自信と誇りを持ちましょう。
3 教師の技術を「実践学」にまで高めましょう。
4 「実践学」を若い教師に伝える努力をしましょう。
5 教師の仕事を楽しみ、「実践学」を深めましょう。

あとがき

「教師の資質・専門性・力量」そして「プロの教師」って何でしょう！

「体育の教師」を目指した若き時代。まさか私が特別支援教育（障がい児教育）にこれほどまで全力投球し、その日々の実践から本を出版できるとは思いもよらないことでした。

自分の若き日の目標であった「体育の教師」にはなれませんでしたが、それ以上に私の教師人生は充実感でいっぱいです。

・「教師の生き方」を教えてくれた学校や仲間との出会い。
・日々の指導で悩んだ時、いつも支えてくれた先輩や仲間たち。
・抱っこやオムツの取り替え方まで笑顔で教えてくれたお母さん方。
・私の未熟な指導でも、笑顔で頑張ってくれた子どもたち。
・指導技術の基本を学ばせてくれた一冊の本との出会い。
・全国各地での講演会や講義を通して、全国の仲間の輪の広がり。

等々

私の教師としての生き方に大きな影響を与えてくれた子どもたちや保護者、そして先輩や同僚、仲間との出会いの素晴らしさと不思議さを実感しています。

私にとって、「プロの教師」とは、「感性豊かな心を持ち、すべての出会いに感謝し学ぼうとする教師」です。

これからの特別支援教育の充実発展を支えていくのも、感性豊かに出会いから学ぼうとする教師たちです。それには読者の皆さん一人一人の意識の変化と教師力アップが鍵となるのです。

子は教師で変わり、教師の豊かな感性が学校、教育を変えるのです。

「一生懸命の子どもたち・お母さん・教師には、
あなたらしい一生懸命の大きな花が咲く。」

この言葉を願い、ぜひ、お互いに伸びようとする芽を自分自身の中に育て、「プロの教師」を目指しましょう。

私の38年間の経験知や実践が、教師を目指す学生の皆さんや全国各地で頑張っている若手教師の皆さんの意欲にさらに火を付け、力量アップに少しでも役立つことを願っています。

最後に、今回の出版に際して、日本文化科学社時代から大変お世話になった現在フィリア出版社の長尾幸憲さんや私の教員としての生き方に多大な影響を与えてくれた子どもたち、保護者の皆様、県内外の多くの先生方に改めて心から御礼と感謝を申し上げます。

二〇一五年四月

辻　誠一

〈参考・引用文献〉

1）畑山博著「教師　宮沢賢治のしごと」小学館ライブラリー，1992.
2）秋山仁著「賢治に習え、納得の授業」教育と情報，2月号，1998.
3）島田実恵子外編著「歌あそび百科」，1986.
4）小林芳文著「ムーブメント教育の実践」，1985.
5）小林芳文著「重度重複障害児（者）の感覚運動指導」コレール社，1992.
6）松原達哉編著「第4版・心理テスト法入門」日本文化科学社，2002.
7）群馬県教育研究所連盟編著「実践的研究のすすめ方」東洋館出版，1995.
8）辻誠一著「実践ヒントシート96」日本文化科学社，1992.
9）辻誠一著「実践ヒントシート109」日本文化科学社，1997.
10）辻誠一編著「気になる子どものつきあい方」明治図書出版，1998.
11）全国LD親の会編「きみといっしょに」朝日新聞厚生文化事業団，1996.
12）野村東助他編集「自閉症児の診断と指導」学苑社，1993.
13）宮城県精神薄弱教育研究部編「やさしい指導案の書き方」1994.
14）竹田契一監修「LD児サポートプログラム」日本文化科学社，2000.
15）上野一彦他編著「LDの教育—学校におけるLDの判断と指導—」日本文化科学社，2001.
16）日本LD学会編「LDの見分け方」日本文化科学社，1997.
17）川口廷監修「ちえ遅れの子どもの算数・数学」，1978.
18）近藤原理他編著「ちえ遅れの子どもの国語（ひらがな・単語）」，1978.
19）阿部芳久著「障害児教育・授業の設計」日本文化科学社，1997.
20）宮城県特殊教育センター編「特殊学級担任の知恵袋」2001.
21）「盲学校，聾学校及び養護学校　学習指導要領」文部科学省，2000.
22）宮本茂雄・林邦雄・細村迪夫・武田洋編著「障害児のための指導技法ハンドブック」コレール社，1987.
23）高橋三郎・大野裕・染矢俊幸訳「DSM-Ⅳ　精神疾患の分類と診断の手引き」医学書院，1995.

※その外にも，宮城県特殊教育センター等での講義資料等を参考にさせていただいた。

〈参考・引用した著者の実践研究関係〉

1）「重度・重複障害児を楽しく学習に参加させるための教材教具の工夫」実践障害児教育，Vol.123，1983.
2）「意欲を高める楽しい朝の会」実践障害児教育，Vol.136，1984.
3）「意欲を高める楽しい体育指導ーなわを使った運動ー」実践障害児教育，Vol.148，1985.

4)「数の基礎概念を高める指導(トラック)」実践障害児教育，Vol.152，1986.
5)「なぞなぞ遊びを通してのことばの指導」国語指導12ヶ月，1987.
6)「動きづくりから体力づくりへのステップ」実践障害児教育，Vol.176，1988.
7)「意欲を高めるサーキット運動（ジャングル探検)」実践障害児教育，Vol.200，1990.
8)「親との意見調整の進め方(進路指導は今)」実践障害児教育，Vol.210，1990.
9)「砂遊び(シリーズ・遊びの教材研究)」実践障害児教育，Vol.228，1992.
10)「粘土遊び(シリーズ・遊びの教材研究)」実践障害児教育，Vol.229，1992.
11)「精神薄弱児のタイミングコントロール能力に関する指導ーボール回避動作の指導を通してー」発達の遅れと教育，Vol.323，1985.
12)「タイミングコントロール能力を高める楽しく体育指導」発達の遅れと教育，Vol.344，1986.
13)「精神薄弱児のボデーシェマに関する研究ーOT児の傾斜反応における姿勢保持についてー」発達の遅れと教育，Vol.358，1987.
14)「バランス能力を高める楽しい体育指導」発達の遅れと教育，Vol.374，1989.
15)「運動イメージを高める体育指導ー緩衝能動作を中心にー」発達の遅れと教育，Vol.386，1990.
16)「バランス感覚を育てる」発達の遅れと教育，Vol.388，1990.
17)「障害の重い生徒でも主体的に取り組める作業学習を求めてー本校高等部基礎作業班の実践からー」発達の遅れと教育，Vol.395，1990.
18)「遊びの指導ー分科会報告ー」発達の遅れと教育，Vol.459，1996.
19)「運動・スポーツにおける安全指導ー持久走・機械器具を使った遊び・スキー・スケートー」発達の遅れと教育，Vol.460，1996.
20)「遊びを通してーー本のロープからの出発ー」発達の遅れと教育，Vol.463，1996.
21)「解説・体育の指導事例から何を学か」精神薄弱児の指導事例5，1983.
22)「楽しいバランス遊びー授業を面白くする教材の見つけ方，生かし方ー」障害児の授業研究，Vol.17，1989.
23)「自動車大好きT君の数指導・1」障害児の授業研究，Vol.22，1990.
24)「自動車大好きT君の数指導・2」障害児の授業研究，Vol.23，1990.
25)「自動車大好きT君の数指導・3」障害児の授業研究，Vol.24，1990.
26)「授業の合間にリフレッシュゲーム」障害児の授業研究，Vol.26，1991.
27)「友達の顔をおぼえよう」障害児の授業研究，Vol.28，1991.
28)「かず遊び・みんなで遊べる丸太積木ゲーム」障害児の授業研究，

Vol.33, 1992.
29）「進路指導の授業化・がんばれメッセージ」障害児の授業研究，Vol.36，1992.
30）「授業がはずむ学習カード・まねっこカード」障害児の授業研究，Vol.41，1993.
31）「運動会種目BEST36・ジャングル探検競走」障害児の授業研究，別冊No.2，1994.
32）「授業がはずむ自作プリント・夏だ！元気に泳ごうカード」障害児の授業研究，Vol.56，1995.
33）「運動遊び・さあ！鬼をやっつけろ」障害児の授業研究，Vol.58，1996.
34）「手軽に作れる教材・教具楽しい30のアイデア－養護訓練・元気にジャンプ！－」障害児の授業研究，別冊，1996.
35）「場の設定！指導の基本を見なおそう」障害児の授業研究，Vol.63，1997.
36）「集団や新しい環境に不適応を示す子」障害児の授業研究，Vol.71，1999.
37）「小学部（はう・くぐる・とぶ）の実践」文部省：体育指導の手引き，1987.
38）「精神薄弱児のより良い体育指導をめざして」日本体育社：学校体育，2月号，1993.
39）「さあ～身近なものが支援グッズに大変身！」障害児の授業研究，Vol.，2004.
40）「障害のある子との学級づくり・授業づくり」発達の遅れと教育，Vol.560，2004.
41）「教材をつくる（選ぶ）ときのヒント」発達の遅れと教育，Vol.564，2004.
42）「障害児の授業研究誌に出会って！」障害児の授業研究，Vol.100，2005.
43）「体力づくりのための4つのポイント」障害児の授業研究，Vol.103，2006.
44）「特別支援教育の学級経営・グループ活動での配慮・指導」特別支援教育研究，Vol.591，2006.
45）論説「教師の感性と授業づくりのプロの技」肢体不自由教育，Vol.774，2006.
46）「特別支援学校のセンター的活用」特別支援教育ハンドブック，2007.
47）「地域に根ざす」小中学校内分校の学校経営，特別支援教育の展開1巻，2007.
48）「元気いっぱいの学校づくりを目指して！—小中学校内分校を抱える学校経営—」，特別支援教育研究，Vol.605，2008.

著者紹介

辻　誠一（つじ　せいいち）

1953年、宮城県仙台市に生まれる。

1976年、宮城教育大学卒業（保健体育専攻）。

多賀城市立多賀城小学校、宮城県立光明養護学校、宮城県立名取養護学校、宮城県特殊教育センター指導主事、大郷町立粕川小学校教頭、大和町立鶴巣小学校教頭、宮城県教育庁障害児教育室、宮城県立角田養護学校校長、宮城県特別支援教育センター所長、宮城県立光明支援学校長を経て現在、東北福祉大学准教授。「教師力アップ」をテーマに、全国各地で講義・講演を実施。

著書：障害児教育実践ヒントシート96、改訂増補障害児教育実践ヒントシート109、教師力アップ・改訂特別支援教育のコツと技（以上、日本文化科学社）、子どもを見つめる事例研究の進め方（東洋館出版社）

編著：障害児学級ブックレット　気になる子どもとのつきあい方（明治図書）

2015年５月15日　第１版第１刷発行

学生・若手教師のための特別支援教育のコツと技（実践編）

著　者　辻《つじ》　誠一《せいいち》

発 行 所　フィリア
〒180-0006　東京都武蔵野市中町2-12-8-510
Tel. 0422-51-6554　Fax. 0422-51-6592

発 売 所　星雲社
〒112-0012　東京都文京区大塚3-21-10
Tel. 03-3947-1021　Fax. 03-3947-1617

印刷／製本　藤原印刷株式会社

ISBN978-4-434-20637-5 C3037